创想新时代

福建师范大学协和学院文化产业系教师论文集

伍明春 袁勇麟 主编

海峡出版发行集团
海峡文艺出版社

图书在版编目(CIP)数据

创想新时代:福建师范大学协和学院文化产业系教师论文集/伍明春,袁勇麟主编. —福州:海峡文艺出版社,2021.3

ISBN 978-7-5550-2690-7

Ⅰ.①创… Ⅱ.①伍…②袁… Ⅲ.①文化产业—中国—文集 Ⅳ.①G124—53

中国版本图书馆 CIP 数据核字(2021)第 156366 号

创想新时代

——福建师范大学协和学院文化产业系教师论文集

伍明春　袁勇麟　主编

责任编辑　蓝铃松
出版发行　海峡文艺出版社
经　　销　福建新华发行(集团)有限责任公司
社　　址　福州市东水路 76 号 14 层
发 行 部　0591—87536797
印　　刷　福建东南彩色印刷有限公司
厂　　址　福州市金山浦上工业区冠浦路 144 号
开　　本　720 毫米×1010 毫米　1/16
字　　数　380 千字
印　　张　23
版　　次　2021 年 3 月第 1 版
印　　次　2021 年 3 月第 1 次印刷
书　　号　ISBN 978-7-5550-2690-7
定　　价　100.00 元

目　录

第一辑　中国语言文学

第二辑　艺术设计

第三辑 广告学

第四辑 影视动画

第五辑 音乐舞蹈

第六辑 学前教育

第七辑　文化创意

第八辑　思政教育

第一辑　中国语言文学

二合同体汉字的形音义探析*

◎王进安** 何海菊***

摘　要：同体构字是汉字的一种特殊造字方法，是汉字造字文化的一种特殊表现。同体构字有多种类型，数量最多的是二合体。从字形上看，二合同体字的两个构件相同，两个构件之间有多种结合方式。从语义上看，二合同体字与原独体字的关系可以大致分为语义相同、语义有关联和语义不同三大类十多个小类，呈现出复杂的语义关系。从语音上看，二合同体字与原始字之间的语音关系大致可以分为音读相同、相近、有关联和不同等四种情况，前三者所占的比重比较低，而最后一种所占的比例最大，超过一半；二合同体字与原始字之间的语音关系具有显著的“表音不明确”的特点。

关键词：同体构字；二合同体；结构类型；语义联系；语音联系

同体构字是汉字的一种特殊造字方法，是汉字造字文化的一种特殊表现。所谓“同体构字”就是构成汉字的两个或多个部件是完全相同的。学术界也称

---

* 基金项目：福建省 2016 年社科规划一般项目“同体会意字的形音义研究”（编号：FJ2016B264）。

** 王进安，男，福建省漳州市长泰区人，教授、博士生导师，主要从事汉语史研究。

*** 何海菊，女，河南省杞县人，助理研究员，福建师范大学 2020 级博士生，主要从事汉语研究。

之为“叠文”“同体重复字”“同符合体字”和“叠体字”等①。以《汉语大字典》[1]（以下简称《大字典》）所列汉字为对象进行统计，同体构字的绝对数量并不多，总共还不足400个。依据同体构字的构字部件数量，大体可以将同体构字分为二合同体、三合同体、四合同体，直到八合同体。其中，二合同体数量最多，占一半以上；其次为三合同体；未见七合同体，六合同体和八合同体各只有一个字。对于这类同体汉字的研究成果已有不少，较深入研究的，如清代文字学家王筠及当代学者石定果（1996）、陈伟武（1997）、裘锡圭（2005）和殷寄明（2006）等，但多侧重于形义的研究，且多是对《说文解字》（以下简称《说文》）叠文的研究，侧重于音的研究，内容则相对较少。本文以《大字典》的收录为依据，进行穷尽式分析，重点关注数量最多的二合同体字，尤其是侧重于二合同体字语音的探析。

一、二合同体汉字的结构类型

二合同体汉字是指由两个相同的成字部件（或偏旁）相叠或相并构成的汉字。经笔者统计，《大字典》共收录247个二合同体汉字②。两个相同的部件组合方式不同，二合同体字的字形结构就不同。就其字形结构而言，二合同体字分为左右结构、上下结构、包围结构等三种形式。左右结构的最多，如：林、朋、耕、竝、竸等；上下结构的其次，如：吕、出、圭、三、畕、棗等；包围结构的，就笔者统计的情况来看，只有“回”和“𨵿”两个字。二合同体字虽然是由两个部件构成，但并不一定都是会意字，学术已有定论。如裘锡圭指出：“重复同一偏旁而成的表意字，并非都是会意字。有的字如‘艸’和‘絲’，跟它们的偏旁是繁简体的关系，应该看作象物字”[2]133。殷寄明指出：“叠文有两类。一类是同体会意字……叠文的另一类，结构形式上与同体会意字相同，但其性质非同体会意字，它们的形体结构是它们所指称的客观事物直观的反映”[3]23。二合体的两个相同部件的位置关系也可能有变化，从而形成不

① 殷寄明在《〈说文解字〉精读》一文中认为：“汉字系统中有些文字是由两个相同的构件相叠加而构成的，借清代文字学家王筠的话称之为叠文。”其他叫法，可参见马超《近年来叠体字研究概述》的相关介绍。

② 据陈伟武先生统计，共有217个二合同体字。

同结构类型的字，如：吕叩回、出屾、炎炏、奻𡚾、双叒、从会、㚉多、棘棗、喆嚞、牪犇等，构件相同但结构不同，其音义也多相应发生变化，音义没有发生变化的只有个别，如㚉多，都同“多”，都是“多”的古文。这与部分二合体会意字的构件位置发生变化可以形成异体字的情况是不同的，如群羣、鹅鵞、略畧等。

此外，有些二合同体字，其两个构件原来并非完全一样，而是通过讹误、变形或其他方式的变异而形成两个一样的原始字，如出（上面由甲骨文“足”形讹误而来）、䩰（左边由“革”讹误而来）、㗊（有学者指出上面本由“雨”讹误而成）等，但这类字很少，不到10个。

二、二合同体汉字与原独体字的语义联系

同体构字是一种十分特殊而又有趣的造字方法。由于是同体构字，弄清其形音义关系显然十分有趣和重要。有趣的是，相同构件不同组合，竟然会形成大不相同的音义关系；重要的是，这些同体汉字与原独体字的音义关系呈现十分复杂的情形，如果没有弄清其关系，极易造成混淆与迷惑。下面简列几个关于语义分析的观点。清代文字学家王筠在解释“叠文同异”时就曾指出：“凡叠三成文者，未有不与本字异音异义者矣。其叠二成文，则音义异者固多，而同者亦有之。”[4]185 从同异的角度分析了二合、三合同体字与原独体字（本字）之间的音义关系。石定果认为：“语言作为符号系统，必须经济实用，这是符号系统的基本设计原则。语言成分不允许有过量的羡余率，完全等义或基本等义的词（字）滥无节制，就必然妨害语言交际。造新字的目的是反映原有之字所无法表达的概念。会意字中的同体重复字，绝大多数是与原独体字有区别的。”[5]161 他进而总结了同体会意字四个方面的语义功能，分别是：表示复数、表示强化、表示派生新义和关系位，较为深入地总结了同体重复的会意字与原独体字的语义关系。陈伟武则认为可把同符合体字的“字义类例”为：表众多义、表强化义、表疾速义、表弱小义、表骈偶义、表联系义、表背反义、表摹状义和表拟声义等九类。同时，他还在“字义类例”外列了“同符合体字繁简无别例”“同符异构例”和“同源例”与之并列，后二者其实是分析同体字之间的关系，与原独体字的语义关系无关，只有“同符合体字繁简无别例”是分

析与原独体字的语义关系。这样一来，字义关系共可以归为十类。此外，陈先生还强调指出："表疾速义、表摹状拟声义亦多是三符合体字。表骈偶义、联系义、背反义则以二符合体字为主。"[6]114 总体而言，这样的分析是比较全面和准确的。黄高飞指出二合部首的重复同体字的字义情况有："举二以言其多""并列义与对立斗争义"和"程度的增加"三类[7]49—50；三合部首字往往有"盛"或"多"的意义；四合部首字往往也有"多"或"极"之义。以上所举例子关于语义方面的分析，主要针对同体汉字的整体来分析，可以让我们大致看出同体汉字与原独体字的语义联系概况。

专门针对二合同体字与原独体字的语义关系进行分析的，主要有陈棣方的《〈说文解字〉二体叠文说略》一文，指出二体叠文的表意功能主要体现在：强调数量的众多、表示程度的强化、表示特殊关系和表示某种状态等四种[8]71—72。就二合同体字与原独体字的语义关系而言，也可以化用王筠的话作为总体上的概括，即"异者固多，而同者亦有之"。也就是说，从大的层面来说，可以分为语义相同、语义有关联和语义不同三大类。二合体与原独体语义相同的，数量很少，如糸絲、余畬、水沝等。大量是语义有关联的，这部分字占了二合同体字的65%以上。部分是语义不同的，这一类字总量不多，约占二合同体字的15%。语义有关联和不同的，可以再细分若干类。语义上的联系，笔者认为陈伟武先生所分十类，除了少数比较特殊的二合同体字外，大致能够囊括二合同体字与原独体字的语义关系。比较特殊的字，如户（开门）、䶛（乐器名）、圭（瑞玉）和孖（传说中的鱼名）等。户、䶛与原独体字有密切的语义联系，存在语义引申但又很特殊，无法归入上述任何一类，笔者暂时将其归为"表引申义"，属于有关联的内容；而圭与孖则没有直接的语义关联，更难归类，但不能忽视这一类字的存在，笔者暂且将其归为"语义不同"一类。

三、二合同体字与原独体字的语音联系

二合同体汉字除少数属于"繁简无别"或"象物字"外，大都是合体会意字。而会意字的表意功能较强，表音功能较弱，这为我们辨析其音读增加了不少困难。正如陈伟武所认为的："同符合体字表音不够明确，故有一字多读的现象……这些音读之间并无必然的、直接的联系。也就是说，同符合体字一字

多读带有随意性……简言之，同符合体字的弱点不外两方面，一是表音不明确，一是表义不明确，也即朱骏声所谓‘音义俱阙’的意思。同符合体字的弱点大致就是会意字的弱点。”[6]115 陈先生的话不无道理。二合同体字的音读与原独体字的音读关系较为复杂，大致可以分为音读相同、相近、有关联和不同等几种情况，语音不同或者说二者的语音关系“不够明确”的情况占大多数。弄清二合同体字与原独体字的语音关系和总体面貌，对于我们全面认识同体字与原独体字的音义关系，无疑具有十分重要的意义。为了弄清这一问题，笔者试从以下几方面进行分析。

（一）二合同体字的几种注音方式

由于本文所涉及的二合同体字，主要依据《大字典》所收录的字，其来源十分复杂，音注来源也显复杂，从其注音方式就可窥见一斑。以《说文》是否收录为标准，其注音方式可以分为三种类型：

第一种类型是《说文》有收录，但只有注释没有标音，或者“义音皆阙”。如从、豩、棘、甡和圭等五字，《大字典》所释分列如下：

从：《说文》：“从，二入也。两从此。阙。”段玉裁注：“此‘阙’，亦谓音读不传也。”

豩：《说文》：“豩，二豕也。豳从此。阙。”段玉裁注：“谓其义音皆阙也。”

按：甲骨文有象豕相逐之行，当即此字。

棘：《说文》：“棘，二東。曹从此。阙。”

甡：《说文》：“甡，众生并立之貌。从二生。《诗》曰：‘甡甡其鹿。’”王筠句读：“据字形为义也。二生，故曰众；分左右，故曰竝。”朱骏声通训定声：“从二生，会意。按：生亦声。”

圭：《说文》：“圭，瑞玉也，上圆下方。公执桓圭，九寸；侯执信圭，伯执躬圭，皆七寸；子执穀璧，男执蒲璧，皆五寸。以封诸侯。从重土。楚爵有执圭。珪，古文圭从玉。”

以上前三字属于一小类，《说文》有收录但没注音，而且标明“阙”，无论段玉裁说其是“义音皆阙”或者是“音读不传”，应该主要是指《说文》没有标注其音读。后二字“甡”和“圭”也是没有注音，但解释很全面，属于另一小类。这两类的音注主要由《广韵》或《集韵》或《玉篇》等韵书或字书的音切或段玉裁、王筠等人的释读作为依据来折合今音。类似情况的，还有叕、弜、屾、回、弜、奻、𢆶、絲、玨、林、犾、戔、棗、聑、競、竝、虤、臸、賏、覞、辡、𩑋、䲆等字。这些字，其二合体字与原独体字的音读关系尚无规律。如：甡，朱骏声《说文通训定声》释为：“从二生，会意。按：生亦声”，《广韵》注为“所臻切”，二者音释不一致，但与原独体字读音关系密切。又如：圭，《广韵》注为“古攜切”，与原独体字的两个读音“他鲁切”和“徒古切”均相差较远。

第二种类型是《说文》有收录也有注音。如𠔁、誩、雔、㼌、皕等字，《大字典》所释分列如下：

𠔁：《说文，八部》：“𠔁，分也。从重八。八，别也，亦声。《孝经说》曰：‘故上下有别’。”

誩：《说文》：“誩，競言也。从二言，读若競。”

雔：《说文》：“雔，双鸟也。从二隹，读若醻。”

㼌：《说文》：“㼌，本不胜末，微弱也。从二瓜。读若庾。”

皕：《说文》：“皕，二百也。读若祕。”

䖵：《说文》：“䖵，虫之总名也，从二虫，读若昆。”

龖：《说文》：“龖，飞龙也。从二龙。读若沓。”

祘：《说文·示部》：“祘，明视以筭之。从二示。读若筭。”

䀠：《说文》：“䀠，左右視也。从二目。读若拘，又若良士瞿瞿。”

秝：《说文》：“秝，稀疏适也。从二禾。读若歷。”

𠎤：《说文·八部》：“𠎤，二余也，读与余同。”

㚘：《说文》：“㚘，并行也。从二夫。辇字从此。读若伴侣之伴。”

吅：《说文》：“吅，惊嘑也。从二口。读若讙。”

𦣞：《说文》：“𦣞，乖也。从二臣相違。读若诳。”

兢：《说文》：“兢，競也。从二兄，二兄，兢意。从丰声。读若矜。一曰：兢，敬也。”

以上所列各字，《说文》的注音只有三种，一是“读若”，一是“亦声”，一是“读与某同”，后二者就是通过直音法给该字注音；前者“读若”也是一种注音方法，从以上所列各字来看，只有“𠆢”和“桼”两个字的音读，与原独体字的音读相同外，其他字的音注更像是“假借”注音，它们的读音都用“读若”来标注。

属于以上两种注音情况的二合同体字有103个[①]，约占二合同体字总数的一半。说明二合同体字在《说文》时代就已经十分普遍了，只是《说文》没有注音，由后代辞书补出音读。

第三种类型是《说文》没有收录，其他工具书有收录的。这种类型还可以分为三小类，第一小类是《说文》没有收录，但明清以前的字书或韵书等工具书有收录，且有注音释义（部分字没有释义，只注音读），或文字学家有训读的，这一类字占大多数，说明出现的时间比较早。如：耕、䅳、玗、䓫、柿、粿、𣆶、牪、砳等，这一小类中还有部分二合同体字与原独体字之间属于异体关系的。第二小类是《说文》没有收录，但明清以前的字书或韵书等工具书有收录且有释义，或文字学家有作注释义的，但没有注音的，却标有“同某”或“古文某”或“俗作某”等，说明这一小类字也是出现得比较早，且与原独体字多为古今字关系，或多为俗字。第三类是部分讹误字。如：𦐇、毘、𤳳、𨋍等，因为是讹误或疑似讹误，探讨其音读关系似显多余。

（二）二合同体字与原独体字的语音关系类别分析

考察二合同体字与原独体字的语音关系，可以从声、韵、调三个方面来分析。声母的关系，可以从是否存在双声或同组关系来考察；韵母的关系，可以从是否存在叠韵或邻韵的关系来考察；声调关系则可以从是否相同或相近的关系来考察，如果声韵不同，就不分析声调的关系。由于二合体字与原独体字的音读并非一一对应的关系，我们在探讨声韵调关系时，除二者均为单音可以直

---

① 据李义平《〈说文解字〉叠体字初探》（宜宾学院学报，2008，（10）：85—88）和崔云《〈说文解字〉叠文研究》（山东大学硕士学位论文，2007）统计，《说文》中有“二体叠体字”（即本文所指二合同体字，下同）103个；陈棣方（2006）统计“二体叠文”有105个。

接进行比较外，其他二对一或多对多的，就取最接近的语音内容进行比较。如“大”有三音，“炏”有五音，就取语音最为接近的“大”的“定母去声泰韵”和“炏”的“并母去声脂韵”作为列表统计和比较的语料。通过分析，根据二合同体字与原独体字的语音联系是否存在比较密切的关系的标准，大致可以将上文三个类型的注音形式再细分为音读相同、相近、有关联和不同四大类：第一类是二合同体字的一个音完全与原独体字相同，如飞、男、桼、鱻、朐、兹、比、絲、豣、艸、串、男、觬、霫、龘、需、韡等 29 个字。第二类是二合同体字的一个读音与原独体字的读音接近，声类相同或同组，且韵部相同或相近。如林（音与“水”的声同组、韵相同）、犇（音宄，与牛的声同组、韵旁转）、矛（音谋，与“矛”的声相同、韵旁转）等字。这一类字，王筠引用郭忠恕的《佩觿集》认为：“‘音义一而体别：水为林，火为焜。’是水与林音义并立。’筠案：此说最精。凡叠二成文者，如桼、叕、从、棘、兟、屾、豩、鱻、所等字，皆当与本字无异，惟林之即水有据，故于此发之。”[1]1557 笔者认为其表述只具有一定的时效性，以上诸字的音义发展到现在，除焜和林与原独体字的音义相同外，其他字只能说音义（多数语义有多之义）较接近而非“音义一而体别”。像这种情况的字还有一些，如孖、牪、畾、仌等字。但不管是相同，还是接近，这一类二合同体字与原独体字的语音较为密切。这一类中还有一些字比较特殊，即二合同体字与原独体字的语义存在古今字的关系或者同源的关系，其语音也是较为密切的，如酾（“湎”的俗字，本段下文括号内的字同此表述）、皕（顫）、歽（歼）、翗（翘）、畕（疆）、顛（颠，古音接近）等字。第三类是二合同体字与原独体字的声韵关系有关联，但关系略为疏远些，要么声类相同或同组，要么韵部相同或接近，如扶、窒、牲等。这一类字大约有 30 多个字，这样语音与原独体字有联系的大约有 60 多个字。第四类是二合同体字与原独体字的声韵不同，这类字的比例最高，约占四分之三，共有 180 多个字。如出、双、虤、蚰、辡、䀠和覞等。虽然这些二合同体字有些如上文所说的，并非由原始字的部件构成，而是通过讹误、变形或其他方式的变异而形成现在的二合同体字，但这一部分字数量不多。而绝大多数的二合同体字是由两个原始字的相同部件构成的，如龖、虤、雔、皕、从等。也就是说，二合同体字与原独字语音不同数量是最多的，至少在 150 个字以上，这也是上文所提陈先生讲到的同符合体字“表音不明确”的有力证明。

结　语

同体构字是汉字构字的一种特殊现象，也是汉字构字文化的重要组成部分。不过，由于同体构字的形成时间不同，造字意图不同，导致合体字与原独体字之间的形音义关系呈现出复杂的关系。从形音义三个方面来概括现代汉语通行的二合同体汉字与原独体字的关系，可以作出如下的结论：从字形上来看，二合同体字的两个相同构件，绝大多数是由两个原独体字构成的，也有一部分二合同体字的构件，原来并非是两个相同的原始字，而是通过讹误、变形或其他方式的变异而形成两个相同部件构成一个二合同体字。从语义上来看，二合同体字与原独体字的关系可以大致分为语义相同、语义有关联和语义不同三大类十多个小类，呈现出复杂的语义关系；语义相同和有关联的，可以算是语义上有联系，占二合同体字的85%左右，语义不同，则占百分之十五左右。从语音上看，二合同体字与原始字之间的语音关系大致可以分为音读相同、相近、有关联和不同等四种情况，前三者所占的比重比较低，而最后一种所占的比例最大，超过一半，二合同体字与原始字之间的语音关系具有显著的“表音不明确”的特点。

关于二合同体字的形音义问题的研究具有很强的文化性、趣味性和价值性，还可以进行更加精确的统计和分析，或者还可以得出其他更好的结论。笔者所论，不当之处，敬请方家不吝赐教。

参考文献

[1]汉语大字典编辑委员会.汉语大字典[Z].四川辞书出版社、湖北辞书出版社,1990.

[2]裘锡圭.文字学概要[M].北京:商务印书馆,2005.

[3]殷寄明.《说文解字》精读[M].上海:复旦大学出版社,2006.

[4]王筠.说文释例[M].北京:中华书局,1987.

[5]石定果.说文会意字研究[M].北京:北京语言学院出版社,1996.

[6]陈伟武.同符合体字探微[J].中山大学学报,1997(4).

[7]黄高飞.《说文解字注》中“同体重复字”之形音义探微[J].湛江师范学院

学报.2009(2).

[8]陈棣方.《说文解字》二体叠文说略[J].达县师范高等专科学校学报,2006(4).

(本文原载于《福建师大福清分校学报》,2019 年第 3 期)

论早期新诗话语场域的主体构成

◎伍明春*

早期新诗话语场域的实践主体不仅仅是早期新诗的写作者和拥护者，还包括那些站在不同立场的质疑者和反对者。关于早期新诗话语场域的实践主体的复杂性，我们可以从两个层面进行考察，一是早期新诗拥护者和反对者之间的形同水火的对抗性关系；二是早期新诗的拥护者内部和反对者的内部，也分别存在着多种话语主体的交错、辩难。

胡适系诗人的话语占位

值得注意的是，在《尝试集》正式出版之前，胡适把诗集的自序拟题为《我为什么要做白话诗》，曾先后放在1919年5月出版的《新青年》杂志第6卷第5号、1919年9月出版的《解放与改造》杂志第1卷第1、2号合册以及1919年9月出版的《北京大学日刊》发表，胡适在该文中曾这样描述了一个早期新诗写作群体："这两年来，北京有我的朋友沈尹默、刘半农、周豫才、周启明、傅斯年、俞平伯、康白情诸位，美国有陈衡哲女士，都努力作白话诗。白话诗的试验室里的试验家渐渐多起来了。但是大多数的文人仍久不敢轻易'尝试'。他们永不来尝试尝试，如何能判断白话诗的问题呢？耶稣说得好：'收获是很多的，可惜做工的人太少了。'所以我大胆把这本《尝试集》刻出

* 伍明春，男，1976年生，福建上杭人，文学博士。现为福建师范大学文学院教授、硕士生导师，主要从事中国现当代文学研究。

来，要想把这本集子所代表的‘实验的精神’贡献给全国的文人，请他们大家都来尝试尝试。”[①] 显然，胡适在这里把以《新青年》为话语据点、以北京大学为思想背景的写作者群体，指认为早期新诗写作的最核心力量。早期新诗写作的这支生力军，我们不妨将之命名为“北大系”诗人或“胡适系”诗人。

在早期新诗话语场域中，由于北京大学在思想文化界所具备的独步天下的地位，以及得到《新青年》《新潮》等新派杂志所提供的话语平台支撑，“北大系”诗人或“胡适系”诗人从一开始就占据了早期新诗话语场域的重要位置，牢牢掌控了早期新诗的话语权。在此种情势之下，“北大系”诗人或“胡适系”诗人圈之外的早期新诗写作者往往被排除在外，很难有效地发出自己的声音。譬如，1919 年 1 月，时任上海一所小学国文教师的潘公展由于受到新文化运动的影响，投书《新青年》杂志，热情洋溢地表达了一位新文学拥趸者对于建设新文学的“三件事”的意见，分别为“创作模范文学”“编中国新文学所应用的《文法教科书》”和“审定今韵”。作者在该信中还专门谈及新诗创作问题：“我对于白话诗的观念，以为较从前做诗，活泼得多，有生气得多；所以我虽没研究过，却‘跃跃欲试’，滥做了几首，并且以后立志总要这样做，定了我那练习白话诗的书名叫《独唱集》。因为我觉得做白话诗的宗旨，是要把我个人的自由意志情感，用最直捷爽快的方法写出来，至于成诗不成诗，别人说是算得诗算不得诗，那就不问；并且因为我四围的人没有一个表同情的，所以取那‘独唱无和’的意思，来把‘独唱’二字做成我的书名。”[②] 由此不难发现，潘公展对于白话诗的写作，不仅已付诸个人的实践，还表达了一种虽略显粗浅却颇有见地的思考。

钱玄同以《新青年》编者的身份颇为详尽地逐条回答了潘公展提出的三个问题，并从方言如何入诗的角度，对潘公展随信附上的三首白话诗习作做了较为详细的点评，但并未直接对这几首习作的写作水准做出价值判断，也未明确表态是否在《新青年》杂志刊用这些诗作。换言之，钱玄同基本上是站在一个师者的立场，以一种居高临下的视角向《新青年》的这位热心读者发言的。作为早期新诗的拥趸者，潘公展向《新青年》投稿，显然极为渴望能在这本当时

① 胡适：《我为什么要做白话诗》，《新青年》第 6 卷第 5 号，1919 年 5 月。

② 潘公展、钱玄同：《关于新文学的三件事》，《新青年》第 6 卷第 6 号，1919 年 11 月 1 日。

如日中天的杂志上发表自己的白话诗作品，可惜最后并未如愿。关于这个问题，最近有论者指出，当日《新青年》编者只发表潘公展的来信而未刊登他的白话诗作，是由于这些诗作艺术水准不高，因而未能入得编者的法眼："潘公展的'独唱符合初期白话诗的特点，语言明白清楚，内容写实，立意、意境平实，但缺乏诗美，缺少诗意、诗味，不够雅致，因此未被《新青年》刊登。"①在笔者看来，这个拒绝用稿的理由是表层的，其更深层的原因，应是《新青年》杂志突出的同人性质决定了该杂志圈子之外的作者，很难进入胡适系诗人或北大系诗人初步构建起来的话语序列。事实上，比之于同时期发表于《新青年》杂志的其他早期新诗作品，潘公展的这几首诗作可以说并不逊色，有的甚至更胜一筹，譬如，《现在之我》一诗就是一首颇值得注意的作品：

我问现在之我，
　"你究竟是什么？"
他说，
　"你所最易见的是我，你所最难遇的也是我：
　你遇见了我，切莫糊糊涂涂的看过；
　你总要仔细思量，——
　　我的生命是在一刹那！
　我是你过去之我的遗蜕，
　　我也是你未来之我的先河：
　我要扑杀你过去之我，
　　因为我的仇敌就只是他！
　我还要引导你未来之我，
　　因为我本来是他的哥哥。
　我的心头面目瞬息几千变，
　　你也免不了和我一块儿将岁月消磨；
　你若要问我和你的关系呢，
　　那么我倘是'袖手旁观'，便看你如何！"

① 田丹：《留信弃诗：〈新青年〉对潘公展来稿的处理论略》，《江苏大学学报》（社会科学版）2018年第4期。

首先，从白话语言的运用来看，这首诗可以说是相当熟练了，作者能较为从容地把思想主题表达出来；其次，这首诗要表现的主题，是自我的三个变体“现在之我”“过去之我”和“未来之我”三者的相互排斥又相互依存的复杂纠缠关系，有力地呼应了五四时期知识分子寻求自我形象的突破与超越的时代精神。

《学衡》派文人的清算

如果说《留美学生季报》上亮相的早期新诗反对者，对新诗发起的是第一波否定的声浪，那么，以梅光迪、胡先骕、吴宓为代表的《学衡》派发起就是更为猛烈的第二波攻击。

胡先骕在《学衡》杂志分两期发表的《评尝试集》，长达两万多字，该文一开头就以一种颇为不屑的口吻，把胡适的《尝试集》视为一种“不啻已死之微末之生存”“无论以古今中外何种之眼光观之，其形式精神，皆无可取”，继而用一种饱学之士居高临下、睥睨一切的语气，对胡适的《尝试集》做了如下一番嘲讽：“胡君于作中国诗之造就，本未升堂，不知名家精粹之所在，但见斗方名士哺糟啜醨之可厌。不能运用声调格律以泽其思想，但感声调格律之拘束，复摭拾一般欧美所谓新诗人之唾余，剽窃白香山陆剑南辛稼轩刘改之之外貌，以白话新诗号召于众，自以为得未有之秘。甚而武断文言为死文字，白话为活文字，而自命为活文学家。实则对于中外诗人之精髓，从未有深刻之研究。徒为肤浅之改革谈而已。”[①] 不难看出，胡先骕在这里的批判性观点一方面以中国古典诗歌标准作为立论基础，另一方面也透露了论者对西方诗歌的了解，试图把二者结合在一起，获得更大的说服力。

正如学者姜涛所指出的，考察学衡派关于新诗的猛烈批判，我们既要还原到当日复杂的话语场域，又要通过一种历史化的开阔视野，才能得到一种更为全面的印象：“《学衡》的反动，在新诗人看来，似乎是不堪一击的，胡适就说：‘现在新诗讨论的时期，渐渐的过去了。现在还有人引了阿狄生、强生、

① 胡先骕：《评尝试集》，《学衡》第 1 期，1922 年 1 月。

格雷、辜勒律己的话来攻击新诗的运动，但这种‘子曰诗云’的逻辑，便是反对论破产的铁证。’胡适们这种傲慢的说法，虽然显示了新诗的胜利的姿态，言下之意，即便拉来‘阿狄生，强生，格雷，辜勒律己’助阵，新诗的‘正统’也再难挑战。然而，从整体上看，‘学衡派’的声音，并非简单地是新诗的历史反动，在某种意义上，这一声音恰恰是新诗发生的内在张力的显现，是发生于诗歌、乃至文学的整个现代建制过程中。因而，学衡派或许可以轻易被击败，但‘子曰诗云’的逻辑——‘诗’的普遍立场，并没有消失，而是更为深刻地介入到新诗的合法性辩难中，并在随后的批评话语中，成为重新拣选‘正统’、重设场域规则的‘武器’之一。”①

热衷新文学创作的曹聚仁在五四时期曾致信章太炎，向这位学界泰斗请教新诗写作的问题。章氏在给曹聚仁回信中明显流露出对新诗的不满情绪，甚至认为新诗如果不押韵就根本不该用诗来命名，他还特别建议把新诗改称为“燕语”：“诗之有韵，古今无所变……仆所谓形式者，亦只以有韵无韵为界。若夫属句长短不齐，则乐府已然，所不论矣。来书言女子不着裙，不失为女子，诗无韵，亦不失为诗。所引非其例。女子自然之物，不以着裙得名，诗乃人造之物，正以有韵得名，不可相喻……若夫无韵之作，仆非故欲摧折之，只以诗本旧名，当用旧式。若改作新式，自可别造新名。如日本有和歌、俳句二体。和歌者，彼土之诗也；俳句者，彼土之燕语也。缘情体物亦自不殊，而有韵无韵则异，其称名亦别矣。中国自古无无韵之诗……必谓依韵成章，束缚情性，不得自如，故厌而去之，则不知樵歌小曲，亦无不有韵者，此正触口而出，何尝自寻束缚耶？绝句不过二三韵，近体不过四五韵。古体语虽烦复，用韵转换，亦得自由。惟词之用韵稍多，而小令亦只数语，绝无束缚情性之事。若并此厌之，无妨如日本人之称俳句。若不欲用日本名词，无妨称为燕语，不当以新式强合旧名。”② 章炳麟在这里所谓的“燕语”一词，貌似诗意文雅，其实指的是一种无足轻重的闲谈。把新诗作品视为某种不值一提的闲谈文字，由此不难看出章炳麟的保守主义的话语姿态。

---

① 姜涛：《“新诗集”与中国新诗的发生》，北京：北京大学出版社，2005 年，第 192 页。

② 章炳麟：《答曹聚仁论白话诗》，《华国》第 1 卷第 4 期，1923 年 12 月。

“闯入者”的挑战与逆袭

在早期新诗的话语场域中，以郭沫若为代表的创造社诗人可以说是扮演着某种“闯入者”的角色。创造社重要成员成仿吾在《诗之防御战》一文中对胡适系诗人展开了全面的清算。他把胡适的《尝试集》、康白情的《草儿》、俞平伯的《冬夜》以及俞平伯、周作人收入多人诗合集《雪朝》中的诗，统统称之为破败的诗的王宫内外生长的“野草”，几乎是全盘否定。在成仿吾看来，“《尝试集》本来没有一首是诗”，不是一些“文字的游戏”，就是“浅薄的人道主义”，康白情、俞平伯、周作人诸人的诗自然也入不了他的法眼。作者在该文最后发出更为严厉的批判：“至于前面的那些野草们，我们应当对于他们更为及时的防御战。他们大抵是一些浅薄无聊的文字；作者既没有丝毫的想象力，又不能利用音乐的效果，所以他们总不外是一些理论或观察的报告，怎么也免不了是一些鄙陋的嘈音。诗的本质是想象，诗的现形是音乐，除了想象和音乐，我不知道诗歌还留有什么。这样的文字也可以称诗，我不知道我们的诗坛终将堕落到什么样子。我们要起而守护诗的王宫，我愿与我们的青年诗人共起而为这诗之防御战！”①

到了20世纪30年代，创造社核心人物之一的郭沫若在回顾创造社发展历史时，就曾较为清晰地描述了五四新文学运动初期的几个重要话语场域之间的复杂而微妙的关系：

> 创造社这个团体一般是称为异军特起的。因为这个团体的初期的主要分子如郭、郁、成、张对于《新青年》时代的文学革命运动都不曾直接参加，和那时代的一批启蒙者如陈，胡，刘，钱，周，都没有师生或朋友的关系。他们在当时都还在日本留学，团体的从事于文学运动的开始应该以一九二〇年的五月一号《创造》季刊的出版为纪元（在其一两年前个人的活动虽然是早已有的）。他们的运动在文学革命爆发期中又算到了第二个阶段。前一期的陈、胡、刘、钱、周主要在向旧文学的进攻，这一期的

① 成仿吾：《诗之防御战》，《创造周报》第1号，1923年5月13日。

郭、郁、成、张却主要在新文学的建设，他们以“创造”为标语，便可以知道他们的运动的精神。……。一般投机的文学家或者操觚家正在旁若无人兴高采烈的时候，突然由本阵营内起了一支异军，要严整本阵营的部曲，于是群议哗然。而创造社的几位分子便成立异端。他们第一步和胡适之对立，和文学研究会对立，和周作人等语丝派对立，在旁系上复和梁任公、张东荪、章行严也发生纠葛，他们弄到社会上成了一支孤军。①

郭沫若在这里十分明确地标示出新文学运动中两个话语场域的分界：一个是以《新青年》为话语据点，以陈独秀、胡适、钱玄同、周作人等为灵魂人物的“北大系”；另一个是以《创造》季刊为话语据点，以郭沫若、郁达夫、成仿吾、张资平等人为骨干的“创造社系”。在郭沫若看来，“创造社系”与“北大系”的区别在于，前者致力于新文学的建设性工作，而后者的成绩则主要体现为对于旧文学的打倒和破坏。其内在的逻辑理路，无疑带有某种进化论的色彩，即认为前者比后者进步，因而取得更大成绩。这种逻辑理路，正是五四新文学运动尤其是新诗运动最常见的论述模式。

法国理论家罗贝尔·埃斯卡皮在其文学社会学的论著中，曾对与文学生产主体密切相关的“世代”和“群体”两个概念做了辨析，认为后者在相关论述中显得更为有效：“世代这个概念，乍一看十分吸引人，其实并不很清楚，也许还是用‘群体’这个概念来得更灵活、更具有组织性。‘群体’就是指一个包括所有年龄的（尽管有一个占优势的年龄）作家集团，这个集团在某些事件中‘采取共同的立场’，占领着整个文学舞台，有意无意地在一段时期内压制新生力量的成长。”② 从某种意义上说，以郭沫若为代表的早期创造社的同人们，既是一个群体，也作为一个处于弱势地位的“世代”，他们要反抗的，首先是胡适系诗人“群体”对他们无形的压抑。

沈从文在20世纪30年代初曾这样评价新文学运动中的创造社：“创造社对于文字的缺乏理解是普遍的一种事。那原因，委之于训练的缺乏，不如委之于趣味的养成。初在日本以上海作根据地而猛烈发展着的创造社组合，是感情

---

① 麦克昂（郭沫若）：《文学革命之回顾》，《文艺讲座》第1册，1930年4月10日。

② 罗贝尔·埃斯卡皮著、于沛编：《文学社会学》，杭州：浙江人民出版社，1987年，第23页。

的组合，是站在被本阶级遗弃而奋起作着一种复仇雪耻的组合。成仿吾雄赳赳的最道地的湖南人恶骂，以及同样雄赳赳的郭沫若新诗，皆在一种英雄气度下成为一时代注目东西的……到现在，我们说创造社所有的功绩，是帮我们提出一个喊叫本身苦闷的新派，是告我们喊叫方法的一位前辈……他们缺少理知，不用理知，才能从一点伟大的自信中，为我们中国文学史走了一条新路……”[①] 这个评价既指出了创造社的问题所在，也肯定了他们的成绩和作用，是十分公允的。

当代学者李怡曾指出前期创造社成员对于五四时期新文学格局带来的巨大冲击：“五四新文学的基本格局上是这样构成的：鲁迅等留日先觉者的文学领悟与英美留学生的专业素养的首先形成了有意义的合力，虽然他们彼此有别，不过在五四这一时期却殊途同归了。同归后的格局相对稳定而单一，胡适等学者式的稳重与鲁迅等失望之后的理性形成的是五四新文学的相对沉闷的创作一面，由这些中年之辈为主导所形成的创作队伍影响了文学的生动，这里缺少文学的激情和未谙世事的痴迷，甚至也缺少更多文学的才华。这一局面的改变有赖于‘异军突起’的创造社青年的加入，从此以后，我们的新文学才有了更多的内部多姿多彩，有了对某一西方文学艺术的痴迷的引入，也有了差异中产生的互动。当然，因为有一路挣扎而来的创造社的汇入，中国新文学也逐渐被灌注了一种躁动不安情绪，一种急切的求新逐异的心理，在后来，即使创造社连同它的新生力量——同样自日本回归的后期创造社作为一个团体都不复存在的时候，这样的心理和情绪依然会在我们新文学的发展中被清晰地发现，因为，它们似乎已经构成了新文学遗产的重要组成部分。”[②] 在李怡看来，创造社带来的这种冲击有力地改变了新文学原本过于稳定甚至显得沉闷的格局，从而为新文学运动注入了新动力。这种冲击在早期新诗写作群体构成上显得尤为突出：郭沫若晚出的新诗集《女神》成功地实现了对于新诗老祖宗胡适《尝试集》的“逆袭”，逐渐削弱了胡适系诗人在早期新诗话语场域中的主导权。

① 沈从文：《论郭沫若》，黄人影编：《郭沫若论》，上海：光华书局，1931 年，第 10—11 页。

② 李怡：《日本体验与中国现代文学的发生》，北京：北京大学出版社，2009 年，第 209—210 页。

孤军奋战的胡怀琛

在早期新诗话语场域中，胡怀琛堪称一个另类人物。他在极力批判胡适的《尝试集》之余，还专门撰文另创“新派诗”概念，并出版新诗集《大江集》，试图在诗歌批评和写作实践两个层面与胡适分庭抗礼。胡怀琛的《新派诗说》一文开头就表明了其对“新体诗”命名的不满：“新派二字，是对于旧派而言，既不满意于普通所谓‘旧体诗’，故别创新派也。然则何以不名‘新体’？盖吾于普通所谓‘新体诗’，亦有不满意之处，故名新派，以示与新体有分别耳。总之，新派诗，即合新旧二体之长而去其短也。”① 胡怀琛提出以“新派诗”代替“新体诗”，其论述逻辑语焉不详，更多的是体现出某种鲜明的姿态性。

与梅光迪、胡先骕等人的直接否定话语不同，胡怀琛在对待新诗问题上，一贯的做法是：既以早期新诗写作者的同道中人自居，但同时又不忘划出一条和胡适等新诗人区隔开来的清晰界线：“不过普通的新诗，只要是白话，不能要美。我做新诗，要是白话，再要美。我并不是专在衣裳上讲究美，我要在美人自身上讲究美。”在胡怀琛看来，声调格律仍是新诗形式建设不可或缺的重要元素：“做白话诗的人，也是如此。以为我的诗不好，完全是声调格律为累，一旦把声调格律废了，便立刻好了。但是他废了声调格律之后，仍是不好，却又怎样呢？现在做新诗的人，已到了脱却衣裳裤子，仍是不美的时代了。我不知道他有什么法子想。”②

胡怀琛在批评胡适的《尝试集》的时候，所宣示的是一个游离于“新诗”和“旧诗”之外的话语立场：“我现在的主张，不是主张旧诗，也不是主张新诗，是主张另一种诗”③，这里所谓“另一种诗”，就是胡怀琛命名的“新派诗”。到了《大江集》自序中，胡怀琛开始承认自己的诗是“新诗”，但仍在极力凸显自身的独特性：“《大江集》是我从民国八年到民国九年所做的新诗。但

---

① 胡怀琛：《新派诗说》，《妇女杂志》第 5 卷第 11 号，1919 年 12 月 20 日。

② 胡怀琛：《白话诗与裸体美人》，《美育》第 6 期，1921 年 7 月。

③ 胡怀琛：《给王崇植的信》，胡怀琛编：《尝试集批评与讨论》，上海：上海泰东书局，1921 年，第 27 页。

是我的新诗，却和普通的新诗有些不同。”① 这种意图鲜明的自我论述，后来在胡怀琛的另一篇文章得到进一步的推进：“又有人说我做的新诗是假新诗，这句话我也不承认。因为假字是含有冒充的意思，我的新诗我早已标明旗帜和胡适之先生的新诗不同，我并不是冒他的牌子卖假货，何以能说是假新诗?”② 不难看出，胡怀琛在这里一方面辩称自己的诗是“新诗”，极力寻求论述话语的合法性，另一方面又刻意强调自己的新诗与胡适的新诗的区别。胡怀琛还先后编选了《尝试集批评与讨论》③《诗学讨论集》④ 等书，收入早期新诗论争的一些代表性文章、书信等，除胡怀琛自己的文章、书信外，还包括胡适致张东荪信、朱执信《诗的音节》、刘大白致李石岑信，以及王崇植、吴天放、胡涣、井湄、伯子等人为胡适辩护的书信或文章。内容构成的这种混杂性特征，从某种意义上说，既反映了胡怀琛作为编者关于早期新诗较为全面的了解，同时也表明了他对于自身难以融入早期新诗主流话语圈子的一种焦虑。

胡怀琛 1924 年出版的《小诗研究》一书，还从形式和内容两个方面来谈论新诗和旧诗的区别：“新诗与旧诗的区别，要分做两层来说：第一层，是形式上的分别。第二层，是实质上的分别。形式上的分别，便是旧诗有音韵字句的束缚；新诗是将一切的规律都打破了，将一切的束缚都解放了，自由自在的说话。实质上的分别，便是旧诗只有中国原有的感情和思想……新诗是受了欧洲的感化，有了热烈的感情，而用质实的方法表现出来。对于两性间有极热烈的感情，能将隐秘的事，赤裸裸地描写出来而不讳；对于国家社会的感情，也非常热烈，动不动就是摩拳擦掌的和环境奋斗。在形式上的解放，是应该的；不过也要略有范围，不能说无论怎样冗长拖沓的句子，都是诗。虽然没有音节的束缚，却也不可不有天然的音节。”⑤ 显然，对于早期新诗思想内容方面的彻底革新，胡怀琛是较为认同的，让他难以释怀的，更多的是包括音节问题在内的早期新诗的形式问题。

胡怀琛在谈及编选《尝试集批评与讨论》一书的目的时，直言不讳地表达

---

① 胡怀琛：《大江集自序》，《大江集》，上海：国家图书馆，1921 年，第1 页。
② 胡怀琛：《诗与诗人》，《大江集》，上海：国家图书馆，1921 年，“附录”第 13 页。
③ 胡怀琛：《尝试集批评与讨论》，上海：泰东图书局，1921 年。
④ 胡怀琛：《诗学讨论集》，上海：新文化书社，1934 年。
⑤ 胡怀琛：《小诗研究》，上海：商务印书馆，1924 年，第 17—18 页。

了反对和批判胡适的话语立场："我的批评，是标明旗帜，反对胡适之一派的诗；和我讨论的人，又反对我；大家笔战了一场，到底谁胜谁败，现在还没有定，还要等最后的解决。"① 事实上，这部论争文集中所收入的讨论胡适诗集《尝试集》的文章、书信，之前都已经在《时事新报》《神州日报》等报刊发表或转载。从这些文章或书信的观点看，几乎都是站在胡适一边为胡适辩护的，因而也就是批判胡怀琛的。不过，胡怀琛在编选这些文章和书信时，在排版上做了一种颇见心机的技术性处理：首先把该书分为上下两个部分，上半部分是围绕胡怀琛的《尝试集批评》一文展开的讨论，下半部分则是以胡怀琛的《尝试集正谬》为中心展开的讨论。这样的编排，让话语对峙的格局显得特别突出。更值得注意的是，《尝试集批评》和《尝试集正谬》两篇文章所选用的印刷字号，明显大于其他文章和书信的字号，因而在视觉上造成一种鲜明的差异化的对比效果，也向读者暗示了这样的信息：胡怀琛的这两篇文章比其他文章或书信显得更为重要。显然，胡怀琛试图通过此举象征性地改变自己在话语对峙中所处的寡不敌众的不利局面。

胡怀琛为胡适改诗，已经成为中国现代文学史的一段颇具意味的公案。胡怀琛曾颇为自得地为他的这一行为找到了几条看似十分充分的理由："我改胡适之的《尝试集》，我的宗旨如下：（一）完全为讨论艺术起见，不是为我，不是为他，是为着诗的前途。（二）我不是反对他，是希望中国多有一首好的新诗，希望世界上多有一首好的中国诗。（三）我自信我改的比他的原文好，他或迷信他的人，不赞成我的改本，只管说出不赞成的理由来，大家讨论。（四）……他现在拿出来印刷传布，而且诱惑他人上当；我为着诗的前途，不得不改。以上是我改《尝试集》的宗旨。"② 从话语姿态来看，胡怀琛自认为他的站位高于胡适，因此有实力为胡适改诗，进而自许能够为早期新诗寻求出路。不过，《尝试集》作者胡适对胡怀琛热情有加的"改诗"并不感冒，一开始并未直接回应胡怀琛，而只是在写给友人张东荪的信中指出，胡怀琛这位"不收学费的改诗先生""改的都错了"③，显然不以为意。

---

① 胡怀琛：《序》，《尝试集批评与讨论》，上海：上海泰东书局，1921 年，第 1 页。

② 胡怀琛：《改诗问题的讨论（二）》，《新的小说》第 2 卷第 5 期，1921 年 3 月。

③ 胡适：《致张东荪的新》，《尝试集批评与讨论》，上海：上海泰东书局，1921 年，第 13 页。

与胡怀琛反对“胡适之一派的诗”的批评立场如出一辙，式芬（周作人）在《新诗的评价》一文中也十分鲜明地划清了自身与以胡怀琛为首的“《大江集》一派”的界线。在周作人看来，胡怀琛的所谓“新诗”并非真正意义上的新诗，不过是旧诗的改头换面而已，自然不屑与之为伍：“他们要是说懂诗，也只懂旧诗，——念着仄仄平平，领略一点耳头的愉乐罢了”[①]

胡怀琛对自己的诗歌写作的评价，也反映了他关于早期新诗的基本态度。譬如，1920年他在改版前夕的《小说月报》“文学新潮”栏目发表了《燕子》和《明月》两首新体诗，其中《燕子》一诗是这样写的：

一丝丝的雨儿，一阵的风。
一个两个燕子，飞到西，飞到东。
我怎不能变个燕子，自由自在的飞去？
燕子说：你自己束缚了自己，怎能望人家解放你？

不难看出，这首诗的抒情方式、情境设置显然都借鉴了胡适的《蝴蝶》一诗。胡怀琛在诗后写了一段跋文，说明这首诗的写作动机，并对这首诗做了如下一番自我评价：“新体诗我本来怀疑，我早做过好几篇文章说明了。但我也要亲自做过，方知道他的内容是怎样。原不敢毫无研究，一味乱说，这一首便是我试做的成绩了。我做过之后，知道新体诗决不易做，不是脱不了词曲的旧套，便是变了白话文，都不能叫新体诗。像我上面一首，前半段还是新体诗，后半段便是白话文了。再有天然音节，也是很难。譬如前面一首，第一行里的一个‘儿’字，似乎可以不要，岂知不要他便不谐。因为‘字’上的‘雨’字，和‘儿’字下的‘一”字，同是一声，读快了便分不清，读慢些又觉得吃力。所以用个‘儿’分开，读了‘雨’字之后，稍停的时候，顺便读个‘儿’字，毫不费力，且觉得自然好听，这也是天然音节的一斑。不懂这个，新体诗便做不好。”[②] 尽管这个自我评价显得过于琐碎，甚至有某种过度阐释之嫌，但其中谈及现代汉语中的虚词在新诗音节建构中的作用问题，这在当时是颇为难得的，因而值得引起我们的注意。另一首《明月》如下：

---

① 式芬（周作人）：《新诗的评价》，《晨报副刊》1922年10月16日第4版。

② 胡怀琛：《燕子》，《小说月报》第11卷第5期，1920年5月。

明月！明月！你为甚的圆了又缺？
月光露出半面，含笑向我说：
圆时借着日光，缺时乃被地球隔。
我本来不明，又何曾灭。
他人扰扰，同我无涉。

作者在诗后也特地附上一段自我评价："此诗音调急促，好像是词中的'霜天晓角''清商怨'。全不是旷达，乃是寂灭。第四行便是佛家不生不灭之理。所以无妨。至于为什么急促，有两个原因：一是押入声韵，一是句子极短。这首诗虽然是新体诗，但是他的意思，也可用五言古诗写出，如下：明月复明月，如何圆又缺。月光露半面，含笑向我说。圆借日之光，缺被他所隔。我本不能明，我又何曾灭。他人徒扰扰，于我终无涉。两诗相比，不知道哪首好。"这里对所谓诗的音调的评价，显然是站在古典诗歌美学的立场上来展开谈论的。与《燕子》相比，这首诗对于白话的运用并不彻底，还残留不少旧体诗的语言和形式的痕迹。正因为这个特点，作者轻松地把这首新体诗改写成为一首主题不变的五言古诗。

南社出身的胡怀琛在早期新诗话语场域中左冲右突，构成了一个孤独的探求者形象。这一形象的象征意义在于：在围绕着早期新诗展开的"新"与"旧"两种话语之间，除了二元对立模式之外，对话、交流的沟通模式同样具有一定的存在空间。只不过后者在当日的语境中更多地处于一种被遮蔽的状态。

结　语

如果说占据早期新诗话语场域中优势地位的胡适系诗人群体和执著于反对派立场的《学衡》派文人群体二者之间，构成了早期新诗话语主体的基本格局，那么，以郭沫若为代表的"闯入者"和试图另立山头的胡怀琛发起了对于这一格局的有力挑战。这种话语主体的挑战，对于早期新诗话语主体的基本格局而言，与其说是一种打破，不如说是一种丰富。换言之，多种话语主体碰撞、对话、并存的格局，无疑有利于早期新诗的文类建设和艺术发展。

混合式教学在“金课”建设中的运用初探

——以《中国现当代散文研究》为例*

◎林　烨**　袁勇麟***

摘　要：“金课”是能培养学生创新思维与实践运用能力的具有高阶性、创新性和挑战度的高质量课程。目前本科通识教育选修课多为传统课堂教学，学生学习较为被动；慕课虽能提高学生学习的自主性但缺乏充分的师生交流。因此，如何将线上教学与线下教学有机结合开展混合式教学成为课堂教学改革的突破点。文章以福建师范大学通识教育选修课《中国现当代散文研究》为例，分析混合式教学模式的优势，探讨了将混合式教学应用于“金课”建设的具体实施策略，为深入开展课堂教学改革，推动高校课程建设提供借鉴。

关键词：金课；慕课；混合式教学；课程建设

2018年6月21日，教育部召开了改革开放以来第一次新时代中国高等学校本科教育工作会议，会议指出把本科教育放在我国人才培养的核心地位，并明确发出在高校本科教育中“消灭水课、打造金课”的号召，提出打造适合本校学生特点和培养需要的“金课”。在国家重视本科教育课程建设这一大背景下，随着互联网技术的高速发展，以慕课（MOOC）为代表的网络教学已在大学广泛应用，如何利用好慕课将线上教学与线下教学相结合，打造线上课程

---

* 基金项目：福建师范大学2019年“金课”立项项目“《中国现当代散文研究》线上线下混合式‘金课’”（项目编号：师大教〔2019〕26号）。

** 林烨，女，福建师范大学协和学院讲师。

*** 袁勇麟，男，福建师范大学教授。

与本校课堂教学相融合的混合式“金课”将是《中国现当代散文研究》课程建设的理想路径。

一、“金课”涵义及《中国现当代散文研究》教学现状

教育部高等教育司司长吴岩在2018年11月召开的第十一届“中国大学教学论坛”上，做出关于建设中国“金课”的专题报告，明确“金课”建设要紧紧围绕“两性一度”标准，即高阶性、创新性和挑战度。高阶性指的是课程以知识、能力、素质的有机融合，培养学生解决复杂问题的综合能力和高级思维；创新性指的是课程内容体现前沿性和时代性、教学形式体现先进性和互动性、学习结果具有探究性和个性化；挑战度指的是课程有一定难度，学生课上课下需要较多时间学习和思考。报告还明确了在今后两年到三年时间内，要下大力气建设五大类型“金课”，包括线下“金课”、线上“金课”、线上线下混合式“金课”、虚拟仿真“金课”和社会实践“金课”。[1]可见，“金课”建设已成为当前各高校教育教学改革的重要举措。

《中国现当代散文研究》是福建师范大学通识教育选修课，由2002年的网络课程发展而来，在2010年被评为国家级精品课程（网络教育）；2016年6月被评为第一批国家级精品资源共享课（网络教育）；2016年9月被评为省级精品在线开放课程立项建设项目，在教学上有着广泛的应用基础。本课程2010年被评为国家精品课程（网络教育）后，第二年开始便提供给校内全日制本科生公选课网络教学、函授生学历教育课程教学使用。校内外选修人数达数万人，极大地扩大优质教育资源的影响面，实现了学历教育与非学历教育的资源共享。本课程还作为UOOC联盟MOOC课程，2015年开始被国内多所院校所选用，两个学期累计选修学生数245人次；同时在福建师范大学校内本科教学中使用，三个学期累计选修学生数277人次。特别是本课程自2016年10月份在爱课程（中国大学MOOC）上线以来访问量巨大，已有22816人次参加此门课程的学习，至今已是第9次开课。课程有完整的教学大纲、授课录像、多媒体网络课件等，设有主题讨论、在线答疑、每周自测、课程论坛等模块。课程还有专门的负责人维护和更新，定期发布通知，完善学习资料，更新热点问题等，这些都为线上教学提供了有力保证。课程配套教材《中国现当代

散文导读》还被福建师范大学、福建师范大学协和学院、福建师范大学闽南科技学院、福州职业技术学院等省内学校作为指定教材、辅助教材与课外阅读书。此外，课程还得到校内外师生以及社会学习者的一致好评。虽然慕课学习已受到大家普遍的认可，但是纯粹的线上学习也容易出现师生交流互动不够、学生刷屏应付学习等问题，达不到良好的教学效果。而以慕课为基础的混合式教学模式能够克服这一弊端，既能紧密融合线上优质教学资源和线下专业授课，又能激发学生的学习积极性。

二、混合式教学模式的优势

混合式教学模式就是要把“线上”（网络教学）和“线下”（面授教学）相结合，实现传统课堂教学模式与 MOOC 教学模式的优势互补。这种教学方式相较于传统的“填鸭式”教学与纯粹的“网络化”教学更适合当代大学生。

（一）课程丰富可共享

互联网有很强的开放性和资源共享性，全球优质的课堂资源、各院校的优秀教学视频，都可以免费观看并作为教学资源使用。教育部在 2017 年认定 490 门国家级在线开放课程的基础上，2018 年又认定了 801 门 MOOC 课程，并提出到 2020 年计划认定 1 万门国家级和 1 万门省级一流线上线下精品课程，实施一流课程建设“双万计划”，推动优质课程资源的开发和有效利用。[2] 此外，各大院校也积极组建教学团队，建设精品在线开放课程、MOOC 等线上教学资源，通过课程平台实现资源共享。这些在线共享资源不仅内容丰富优质而且涉及各个学科领域，为线上线下混合式教学提供了有力保证。

（二）学习自由不受限

众所周知，传统的线下教学受时空及人员规模限制，往往不够灵活自由。纯粹的线上教学虽然突破了时空的限制，比较自由，但是也存在约束力不强、学习完成率不高等问题。混合式教学既可以实现灵活自由的学习又可以保留面对面教学的优势，是一种比较理想的教学模式。例如，此次新冠肺炎疫情严重，全国各地的大中小学都无法如期正常开学，此时线上教学就是最好的方式。学生在家隔离期间，可以通过中国大学慕课等平台进行在线学习，做到停课不停学，等到学生返校之后就可以开展线下教学，将线上教学与线下教学无缝对接，真正实现学习自由不受限。

（三）学生主体交流多

传统的教学方式是以教师为教学活动的主体，学生被动接受，往往教学效果不佳。虽然线上教学能够利用丰富的网络资源，激发学生自主学习的兴趣，但是相较于传统教学而言约束力很低。更何况大学的教育不仅仅只是视频中的知识传授，还需要面对面的交流引导，言传身教等。混合式教学既能突出学生的主体地位又能兼具传统面对面的启发式教学，具有很大的优势。线上通过学生自主选取有效的课程资源进行学习，实现个性化教学，线下教师通过面对面的交流，有针对性地为学生答疑解惑，组织学生共同探讨有争议的问题，加强师生间的交流互动，真正体现学生的主体地位。

（四）考核客观更合理

传统的考核方式大多比较片面，通常是在课程结束时进行一次书面测试，然后给每个学习者一个分数，忽视了学生学习的过程，不够客观合理。线上考核虽然能够记录学生视频观看、单元测试、在线考试等学习过程，但是不能如实呈现学生真实的学习状态。混合式教学模式的课程考核采用多元评价体系，注重学生学习过程的考核，包括线上考核和线下考核两部分。线上考核主要依靠网络教学平台的数据储存功能，记录学生视频观看、单元测试及作业、主题讨论等完成情况，在期末一键导出成绩作为过程性评价的重要依据，避免了主观化的评价。线下考核主要体现在课堂出勤、课堂问答、小组讨论等，通过面对面的交流了解学生学习的实际状况，对学生整体的学习做出正确的评判，考核的结果也更加客观合理。

三、混合式教学模式在“金课”建设中运用

混合式教学模式的实施需要充分利用线上的教学资源进行自主学习并与线下课堂教学改革相结合，充分调动学生学习的主动性和积极性，培养学生实践

运用能力与创新思维能力。

笔者以福建师范大学通识教育选修课《中国现当代散文研究》为例，依托中国大学慕课平台，对“金课”建设进行初步探讨。

（一）制定教学计划内容

教学计划内容应依据教学模式的变化而重新制定。《中国现当代散文研究》是一门通识教育选修课，在教学过程中可以安排50%的教学时间实施学生线上自主学习，其余的时间与线下面授有机结合开展翻转课堂、混合式教学，打造线上课程与本校课堂教学相融合的混合式“金课”。在具体的授课过程中，要充分利用慕课帮助学生进行课前自学，在课堂上要充分利用小组讨论、课堂交流等形式帮助学生内化知识，掌握知识，课后通过线上指导巩固所学知识，使学生在课前、课中、课后这一系列的学习环节中完成知识的学习，加深知识的理解，从而锻炼解决问题的能力，培养创新思维能力。对于《中国现代散文概述》《中国当代散文概述》《台湾当代散文概述》等介绍散文整体发展概况为主的章节，可以以学生自主完成线上慕课学习为主，并通过课后单元自测以及课堂交流区讨论、线下小组讨论等巩固所学。对于一些重要的作家介绍、重要的作品分析鉴赏的章节，如《鲁迅的散文》《周作人、冰心、朱自清的散文》等，采用知识讲解、课堂测验、小组讨论等形式进行。可以让学生在课前事先完成线上的慕课学习，之后再开展线下课堂授课，以小组讨论的形式对具体的作家作品进行分析、鉴赏，从而加深对作品的理解，提高实践运用能力。

（二）改革课堂教学模式

以往的课堂教学往往以教师为中心，以单纯的课堂讲授为主，忽视了学生学习的主体性，效果不佳。混合式教学对传统的课堂教学模式进行改革，注重以学生为主体，充分发挥小组合作学习，通过小组讨论、小组辩论等形式让学生在实践中学习、学习中实践，提高学生实践运用能力和团队协作能力。因此，MOOC线上线下混合式课堂分三个阶段，课前：线上学习知识，分享学习成果；课中：课堂线下互动，乐享学习过程；课后：线上指导巩固，确保学习效果。具体的教学流程如下：

1. 课前：线上学习知识，分享学习成果。

学生在课前通过授课视频和线上材料的帮助，完成自主学习，并通过线上的测试、完成相应的作业巩固所学的知识，同时进入课堂讨论区加强相互间的交流，提出问题等。与单纯的线上学习不同的是在混合式教学中，线上学习有时间的限定，需要根据教师制定的教学时间表进行，严格按照时间节点完成相应的学习任务，为线下课堂的学习做准备。以《鲁迅的散文》这一章节为例，在上课一周前教师就通过课程平台、QQ 群等发布公告，布置学习任务，学生需要在参加线下课堂面授前完成慕课中《鲁迅的散文》这一章节的课程视频学习，完成课后的单元自测，参与课堂交流区的主题讨论。这样做既能让学生明确各章节的学习目标和学习任务，按时完成线上的学习内容，又能让学生做好课堂面授中小组讨论的知识准备。

教师在课前还需通过中国大学慕课平台掌握学生在线学习的具体情况，根据学生在单元自测、主题讨论等模块的完成情况发现学生存在的一些问题和不足，在随后的线下课堂面授中进行重点的分析讲解或知识补充。

2. 课中：课堂线下互动，乐享学习过程。

课堂教学是实现师生互动、面对面交流最好的平台，有利于弥补线上课程交流不足的缺点。教师在线下课堂中先利用“慕课堂”微信小程序进行签到，确保线下课堂的出勤率。通过慕课堂备课事先准备好测试，让学生在课堂上通过手机端完成测试，再次检验学习效果，反映共性问题。学生做完测试之后还是得查阅错题，反思然后自己解决问题。教师通过测试了解学生学习情况，及时调整教学策略。课堂中播放不同作家散文作品的微视频，引导学生进行分析鉴赏，注重组织学生进行讨论，采用课堂问答和小组讨论等形式，调动学生的积极性，加深对知识点的理解和应用。

以《鲁迅的杂文》这一小节为例，课堂上先播放鲁迅杂文《现代史》的微视频，引导学生进行小组讨论。同时利用慕课堂中讨论区的板块引导学生思考这些问题：（1）文章的题目为什么是《现代史》而不用《变戏法》，有何用意？（2）鲁迅如何将现代史与变戏法联系在一起？（3）这篇杂文体现了鲁迅杂文创作的哪些特点？（4）总结鲁迅杂文创作的艺术特色。同学们根据这些问题进行小组讨论，小组讨论之后推选一名代表做总结性的发言，其他小组的同学也可以针对发言的内容进行当场的提问或者反驳，最后再由教师根据各个小组的发言情况进行最终的提炼和总结。为了加深学生对知识点的掌握和运用，可以现场进行杂文片段写作的训练，将所学的知识运用于实践，锻炼学生的写作能力。写完之后，师生角色互换，学生展示自己写作的内容，师生互相提问，评分，学生的表现往往是非常有创意的，让大家都能充分享受课堂的快乐。

要注意的是，课堂中无论是小组讨论、小组辩论还是课堂问答，教师都要把握好讨论的方向，控制好时间，提高课堂效率，要对有异议的问题做针对性的解答，同时真正做到以学生为主体，调动学生的主动性、积极性，激发学生的创造性思维。

3. 课后：线上指导巩固，确保学习效果。

课后以线上指导为主，注重巩固提高和拓展提高。课堂教学之后，教师要及时登录慕课堂管理后台查看学生课堂表现和在线学习的情况，给学生答疑解惑、讨论讲授内容，回答慕课课堂讨论区等板块学生的各种提问，调动学生自主学习能力。督促学生在课后要完成布置的作业，在中国大学慕课平台上完成作业互评、打分等，促进学生的自主学习。拓展提高是每个小组根据课堂讨论的发言和教师课堂的意见确定一个写作的主题，写一篇一千字左右的杂文。

（三）改变课程考核形式

在混合式教学中始终坚持以学生为中心的教学理念并将这一理念充分体现在课程教学的每个环节，考核方式也以这一理念为指导，采用多元评价体系，注重学习过程的考核，充分考虑学生课前在线学习、课中教学反馈及小组讨论、课后自测作业等的相关数据，为学生提供一个更加全面的评价体系。在《中国现当代散文研究》课程中期末成绩是由线上成绩和线下成绩两部分组成，各占40%与60%的比例。其中线上成绩包括观看学习视频情况、单元自测、课程作业、主题讨论、平台交流区发表帖子的数量和线上考试等；线下成绩包括课堂出勤、课堂互动讨论以及线下期末作业等。这种课程考核方式不仅能够体现学生学习的过程还能通过面对面的交流了解学生学习的实际状况，对学生整体的学习做出正确的评判，更加客观合理。

《中国现当代散文研究》课程通过混合式教学的实践，大大提升了学生的学习兴趣，提高了学生自主学习的能力，调动了学生课堂参与的积极性，取得了很好的教学效果。不少同学表示这种混合式教学模式不仅让学习变得自主自由，还能通过与教师面对面的交流，实现良性的互动，课堂氛围轻松活跃，学习方式简单高效，是一种很好的教学模式。

线上线下混合式教学模式既弥补了MOOC等纯线上教学造成的师生交流不足的问题，又突破传统教学时间和空间上的局限，通过丰富多样的教学活动的开展激发学生学习兴趣，培养学生创新思维能力，确保每位学生学习的个体性、完整性和公平性，落实了“金课”建设。

参考文献

[1]吴岩.建设中国“金课”[J].中国大学教学,2018(12).

[2]罗伟,杜为公,程丛喜,等.高校混合式课堂教学实践探索[J].科技创业月刊,2019(6).

[3]王睿,吕芳,李勤,等.将慕课应用于《免疫学》“金课”建设的思考[J].中国免疫学杂志,2019(21).

[4]王鹰汉,胡华海.线上线下混合式教学在高职院校教学中有效性探究[J].湖北开放职业学院学报,2019(23).

[5]李特,庞洁.浅谈线上线下混合教学模式在高职教学中的应用[J].高教论坛,2017(7).

普通话水平测试朗读语调问题研究

◎殷晓云

摘　要： 朗读是普通话水平测试（以下简称 PSC）中的主要项目，语调是朗读的重要考核指标。本文指出朗读测试存在的四个语调普遍问题，从声调、轻重、句调、语速等四个方面对语调问题进行阐析，探讨有效提高语调表达水平的途径和方法，对 PSC 朗读项教学和测试有较强的理论和实践指导意义。

关键词： 普通话水平测试；朗读；语调问题；研究

PSC 有四个测试项：一、二项测试字和词的标准读音；第三项朗读既测试字词的标准音，同时考核朗读的语调、停连和流畅度；第四项测试无文字凭借的说话水平。其中朗读是 PSC 中的主要测试项目，占比 30 分，在 PSC 中是承上启下的测试项目。应试人朗读水平的高低，反映应试人对普通话语音标准的掌握情况，同时也反映了应试人对朗读技巧的运用能力。语调是朗读项中非常重要的观测点，也是比较隐性较难掌握的朗读技巧，对普通话水平测试朗读项的评测起着至关重要的作用。

一、朗读和语调

徐世荣（1980）说："普通话朗读就是用爽朗生动的标准音，把书面上用文字写出成段成篇的文章作品念出来，成为有声有色的活语言，使多数人听见后，了解并且接受；不仅产生等于书面作品的表达效果，还可以由于声音的运用，增强效果，使听者不仅知道，而且得到更深刻的感受。”[1]张颂（1999）指出：“朗读，是把文字作品转化为有声语言的创作活动。”[2]朗读就是用清晰、响亮的声音，结合各种语言表达手段，把书面作品转化为发音规范的有声语言的再创作过程。PSC朗读测试的目的是测查应试人使用普通话朗读书面作品的水平。“书面作品”指普通话水平测试用60篇朗读短文。在测查字词、音变的同时，还重点测查停连、语调以及流畅度。从这个意义上说，PSC朗读测试把“发音规范”放在首位，它更侧重于普通话标准水平的测试，而不是朗读技巧水平的考核。

目前，语言学界对语调的定义不尽相同。胡明扬（1999）说：“北京话的（句终）语调和音高、音长、音量都有关系”。[3]林焘、王理嘉（2001）认为：“语调主要由超音质成分，即音高、音强和音长组成。”[4]姚喜双等（2014）认为：“构成语调的音素很复杂，因为它包括整句话声音的高低、快慢、长短、强弱的变化。停顿、语句重音和升降是构成语调的三个主要方面。”[5]由此可见，语调与声调、轻重格式、句调、节奏、重音、停连、语速等方面都有关系。对于方言区的人而言，由于受到方言的影响，一乙以下（含一乙低分段）的应试人存在语调偏误在所难免，语调问题是普通话教学与测试的难点，更是方言区应试人学习普通话的难点。

二、PSC朗读语调问题及原因探究

正确的朗读方式，能够给人以美的享受，在测试中得到高分；错误的朗读方式，只能给人以虚假厌烦之感，而且在测试中会失分频频。大量的测试实践证明，在PSC朗读测试中，不少应试人存在以下几种较为常见的语调问题。

（一）原汁原味式

不注意语音的规范性，带有浓厚方言腔调，完全用无意识的、不经任何训练、原汁原味的普通话在朗读。这是应试人受方言的影响，无法或无意识改变自身普通话存在的问题，更无暇顾及语调问题，呈现出方音重、错误多，在方言区较为常见。当然，也有的应试人因思想认识不到位，准备不充分，存在应付考试的心理，表现出原汁原味的不标准普通话和所谓“自然”方言语调状态。

（二）字化词化式

朗读中或有字无词、有词无句，或一字一顿、一词一顿，语调平直，停连位置和时间都一样，没有内在感受，没有重音体现，只是机械地把文字变为声音，读后让人感觉文章支离破碎。究其原因，笔者以为主要是中小学语文“齐读”教学方式所造成的后果。中小学语文教学中常见的朗读教学方式，就是采取“齐读”法，表面上看书声琅琅，声音齐整，其实质因“齐读”而单纯追求声音整齐，势必造成字化词化现象。原因之二，应试人因语音基础较差，为了努力读好标准音，采取看字念声、照词读音的朗读方式，出现一字一顿、一词一顿的现象，全然不顾停连和语调。

（三）念诵经书式

其特点是声音小而语速快，没有停顿，没有重音，没有变化，吐字不清晰，和诵读经书有点雷同，容易出现吃字现象。这是应试人长期背书所造成的一种不良朗读习惯，背书目的是把书本内容背诵下来，完全不注意语调。有的应试人存在匆忙应试心理，即快速考完迅速离开。还有的应试人受到个人说话语速快的影响，而造成朗读语速较快的现象。

（四）固定语调式

无论任何体裁、不管什么作品，应试人都用同一种腔调去朗读，以不变的语调应不同的作品内容，形成“千人一腔，万人一调”的朗读模式。有的应试人存在或前高后低、或前低后高、或前快后慢、或前慢后快、或前重后轻、或前轻后重等固定朗读模式，没能注意到语调是随着文章内容的变化而变化的。这种固定语调的朗读方式，一旦形成，要想改变，则十分困难。这是应试人对朗读缺乏认知、朗读水平低下的一种固定朗读模式，也是目前存在的较为普遍的朗读问题。

三、提高 PSC 朗读语调水平的有效对策

PSC 朗读项主要从语音、语调、停连、流畅度四个方面予以评测。朗读项

语调评分标准：出现偏误视程度扣0.5分、1分、2分。所谓“偏误”，指的是与标准有偏差。语调标准如何界定？分析《普通话水平测试等级标准（试行）》，二级甲等以上等级的普通话标准指标包含：朗读和自由交谈时……语调自然，表达流畅。“语调自然”指的是语调的标准。我们应该按文意、合文气、顺文势处理好语调，自如地服从思想感情运动的需要。“视程度”指的是依据应试人语调偏误的程度予以评测，是对应试人普通话定性的分析，是一种模糊的评分。然而普通话水平测试的评测方法必须坚持模糊与精确相结合的原则，王晖（2013）指出：“在具体实施层面实现精确与模糊的结合，必须准确把握‘精确’中的模糊性，做到‘精确’与‘模糊’相辅相济，优势互补。”强调“应达成整体上的精确性。”[6]由此可见，语调的评分坚持从“量”到“性”的过程，应试人应该注重从“量”上少丢分，由此达到“定性”的“自然”。

方言区人群学习普通话最大的难点不是语音，而是语调。很多人语音没有问题，单念字词非常标准，但听其朗读，总觉得有点别扭，不够自然，和标准音有差距，主要问题就出在语调上，这种现象就是朗读中的“方言语调”或“语调偏误”。如何有效规避语调偏误，做到“语调自然”？首先，我们必须清楚影响语调的基本因素。宋欣桥（1997）指出：“语调构成的语音形式，……主要表现在‘音高’‘音长’‘音强’等非音质分成分上，而语调突出地表现在‘音高’上，其次是在‘音长’上。”[7]从这个意义上说，语调主要指句子中音高的变化，所以声调是语调最集中的体现。除声调以外，影响普通话语调的因素还有很多，石佩雯（1980）曾指出：“除了句调的高低和句尾的升降以外，说话时音域的宽窄，音量的强弱，音长的增减都是形成各种复杂语调的重要因素。”[8]石锋（1999）也说过：“语句调域和调群调域都会随语速的加快而呈现缩小的趋势。”[9]由此可见，影响语调的因素至少包含字调、轻重、句调、语速四个方面。其次，如何有效提高语调表达的“自然性”，是摆在普通话教学和测试中应该深入去研究并付诸实践的问题。笔者从声调、轻重、句调、语速四个方面，例析普通话水平测试用朗读作品60篇，依此探讨有效提高朗读语调表达水平，从而提升朗读水平的途径和方法。

（一）读准声调

语调不是字调，但字调直接影响语调。“在音节平面上使用的声调即字调，起区别词汇意义的作用……在句子平面上使用的声调即句调，起区别句子语法意义的作用，比如通常所谓的语调。”“一般来说，字调和语调是两个不同的系统，各自具有不同的调阈和调域。”[10]（瞿霭堂 劲松，1992）。这说明字调和语调都具有音高的声学特征，两者既是处于不同层面的，又存在着一定的融合关系。声调的准确与否直接影响语调的正确，声调的失误也必然导致语调的偏误。如闽方言区声调共性问题是方言入声调的影响，导致字音的调值很短促。又如莆仙人易把上声读阳平，福州人易把阳平读上声，这些问题都是受到各自方音的影响，造成的语调偏误现象。普通话的四个声调调形为平、升、曲、降，区别十分明显。在朗读时阴平调注意保持 55 调值的音高，读阳平调时注意不要故意拖长造成曲折现象，读上声调注意上声的变调以及原调值的曲折性，读去声调注意开头的调值高度。少数民族地区的人和外国人学习普通话出现的怪腔怪调、洋腔洋调，都是没有掌握普通话正确的声调所造成的。所以说，声调错误是语调偏误的最集中体现。

（二）读准轻重音

朗读的轻重音，对方言区的很多人来说，是一个全新的概念，包含词语的轻重音和语句的轻重音。

1. 掌握词语的轻重音格式

所谓词语的轻重音，指的是词语中每个音节轻重的不同。普通话词语的轻重音所形成的自然节奏是普通话语调特征之一。在朗读作品时，如果每个音节轻重音都一样，一字一蹦地朗读，语感上会显得不自然，甚至很生硬，与纯正的普通话有很大的差别，这是因为违背了普通话词语的轻重音格式。

绝大多数普通话词语的轻重音格式是最后一个音节读为重音。普通话词语分为单音节、双音节、三音节和四音节，双音节词语占普通话词语总数的绝大多数，多读为“中＋重”格式。

轻声双音节词语轻重格式体现为“重＋最轻”，朗读时还应注意不要把轻声音节重读了。朗读作品前 400 个音节必读轻声词所占比例较高。廖广莉（2010）曾经做过统计：“60 篇作品中轻声词出现频率最高的是作品 33 号《散步》，共计 85 个，占据前 400 个音节 21.25％的比例。”“47 篇作品的轻声词比例集中在 10％～19.99％之间，占据了 78.34％的比例。”[11]可见，该轻不轻是严重的语调偏误的体现。

双音节词语中除了“中＋重”“重＋轻”格式外，还有一部分词语属于一般轻读间或重读的词语，也称为“重＋次轻”词语。这类词语在朗读时建议读为轻声，这样会使语调更加自然，也是普通话水平较高的表现。

掌握词语轻重音格式还要注意克服“港台腔”。所谓“港台腔”，主要体现为末尾语气词读重拖长，像“当然啦……”之类，还体现为把轻声音节读成前轻后重，如把“爸爸（bàba）妈妈（māma）”读成“bābāmāmā”，甚至读成“babámamá”。由此可见，朗读时带有“港台腔”的主要原因，就是违背了普通话词语的轻重音格式。

方言区的人应该在掌握语音标准基础上，进一步掌握普通话词语的轻重音格式，从而减少语调失误，提高朗读水平。

例 1　朋友新烫了个头，不敢回家见母亲，恐怕惊骇了老人家，却欢天喜地来见我们，老朋友颇能以一种趣味性的眼光欣赏这个改变。（作品 32 号）

在这段文字中，“朋友”“我们”“这个”是轻声词，助词“了”“的”是轻声音节；“母亲”“老人家”读作“重＋次轻”；其他双音节词语“回家”“恐怕”“惊骇”“眼光”“欣赏”“改变”等读为“中＋重”格式。

当然，词语的轻重音格式不是一成不变的。邢福义（1991）指出，“当某个词进入一个较大的语言片段后，轻重音可能会出现一些变化。例如‘知道’‘看见’读‘中重’，而在‘不知道’‘没看见’中，可以读为‘重轻’或‘轻重’。”[12]所以，朗读时，词语的轻重音格式也会出现“异化”现象（王群生 王彩豫，2007），在朗读训练中不必过于强调。

2. 注意语句重音的准确表达

朗读中的语句重音对表情达意有着极其重要的作用。每一个语句中都有字词或短语在表达时需体现逻辑重音。要准确表达语句重音，必须熟读文章。有的应试人认为把文章读出声，听感上哪一个音重就是重音，这是对重音的片面认识。重音的确定和表达受语法、逻辑、感情等多种因素的制约。朗读时，应以文章的文本为依据，根据语境及语意，做出语句重音的准确判定。语句重音处理不当会造成语意模糊，这是应当尽量避免的。无重音或重音移位是朗读语调偏误的体现。

例 2　那欢乐的叫喊声，把树枝上的雪都震落下来了。（作品 5 号）

重音应该落在“雪”上，因为这句话使用夸张的修辞手法，“欢乐的叫喊声”把“雪”震落下来，本身就够夸张了，不能把重音放在“都”上，否则就夸张过度了。

例 3　一只孤单的小鸟无家可归，落到被卷到洋里的木板上，乘流而下，姗姗而来，近了，近了！……（作品 22 号）

重音应放在“无家可归”和第二个“近了”上。“无家可归”强调出小鸟的孤单，才有下句“落到被卷到洋里的木板上”的悲惨。第二个“近了”体现重音，表示小鸟离人越来越近，有一种伸手可得的感觉，为下文小鸟和水手结下的深情厚谊打下伏笔。

语句重音表达的方式一般有三种。除重读外，改变节奏，如快中显慢、慢中见快，也是朗读中较为常见的重音体现方式。体现重音还可采用放轻法。

（三）注意句调

句调是句子的语调，是语调的重要组成部分。句调是指句子高低升降的变化，句调往往表现在末尾的音节上。任何句子都带有一定的语调，借助语调，有声语言才具有更强的表现力。普通话句调有平直、下降、上升、曲折四种基本类型。应试人要注意句调是与声音的轻重强弱、节奏的快慢起伏紧密相连的，要注意四种类型句调的区别，注意语调准确丰富的变化，从而提高朗读水平。

朗读时应注意克服固定语调。通篇一种调，或全扬，或全降，不论是陈述句、疑问句、感叹句、祈使句，也不管什么感情，什么基调，都用一种语调朗读，表现为平直而生硬，形成千篇一律的语调偏误现象。

平直调，无显著的高低变化，声音平直，常用于陈述句。下降调，前高后低，常用于陈述句和祈使句，在普通话语句中，降调出现频率高。上升调，前低后高，声音上扬，常用于表示疑问语气，以及长句中前半句的停顿处。曲折调，语句音高曲折变化，或“低—高—低”或“高—低—高”，常用于表示反诘、夸张、嘲讽等语气。四种语调中，最应引起注意的是疑问句的句调问题，大部分疑问句的句末语调是上扬的。

例 4　他不就是被大家称为“乡巴佬儿”的卡廷吗？（作品 28 号）

例 5　“爸，我可以问您一个问题吗？”（作品 7 号）

例 6　啊！小桥呢？它躲起来了？（作品 18 号）

但是，朗读时，并不是所有的疑问句句末语调都是上扬的，有的疑问句可依据表情达意的具体需要，采取句末语调下降的语气。

例 7　“胡先生，难道说白话文就毫无缺点吗？”（作品 15 号）

这句话是责问句，朗读时采取先快后慢，句末语气甚至有点下降的趋势，可较准确表达出说话人带有不服气的语气。如果句末语调上扬了，就带有较浓的疑问语气在里面，语意表达不到位。

例 8　那莺歌燕舞，那流水人家，怎么不叫人陶醉呢？（作品 53 号）

这是反问句，无疑而问，用问句的形式表示肯定的意思，“陶醉”一词可稍微扬起，“呢”表句末停顿，采用下降的语气。

综上所析，对问句句调如果不细加分析辨别，一律简单采取上扬语调，显然是无法准确表情达意的，甚至会与文章原意背道而驰。朗读时，我们应结合语境，注意变化，努力将作品中每一问句的语气、语调准确表达。

（四）语速适中

“‘语速’即语调速度，表现为语调的‘音长’。更细致的说明，不仅表现为音节的长度，更明显的表现为音节与音节之间的疏密程度”[13]（宋欣桥，

1997)。语速的把握在朗读测试中很重要，它反映出应试人对作品的理解掌握和熟练程度。朗读语速不当表现为两种现象：一是语速偏快，这是目前大多数应试人的问题，主要原因是背书腔朗读习惯所致，有的是快速作答、草草了事的应试心理在作祟，语速快易造成语音含混，吐字不清晰，甚至出现“吃字”现象；另一种现象是语速偏慢，停连太多，甚至一个字一个字地蹦、一个词一个词地念，造成语速慢的原因是应试人矫枉过正或未经准备、见字读音使然，听感上极其不自然。普通话水平测试用 60 篇朗读作品总体上均宜采用舒缓中等的语速。朗读正常语速大约每分钟 220 个音节左右。最慢不能低于每分钟 170 个音节，最快不能快于每分钟 270 个音节。总之，听着顺就是正确的语速。

结　语

PSC 朗读测试目的决定着语调训练的出发点和落脚点。应始终把声调训练放在首位，并注重轻重音、句调、语速的练习，结合停连、重音、语气、节奏等朗读技巧的综合训练，就能有效提高语调表达的水平。高水平的 PSC 朗读状态，应从字、词、句、篇做到以下四个方面：一是字音要准确，二是词语的轻重音格式要正确，三是句子的逻辑关系要精确，四是篇章疏密度要相对，语势要平稳。总体给人的感觉是：在语音标准基础上做到质朴、从容、去粉饰、少做作，语言流畅，语脉清晰。由此可见，高水平的朗读必须做到语调的“自然”。语调的最大功能是传情达意，这就要求应试人在朗读中要融入一定的感情。虽然感情没有列入 PSC 朗读项的评测标准，但语调的准确表达离不开感情的支撑和作用，所以，有一定的感情也是“语调自然”的保证。

（例文选自：国家语言文字工作委员会普通话培训测试中心编制. 普通话水平测试实施纲要［M］. 北京：商务印书馆，2004：334—453.）

参考文献

［1］徐世荣.朗读在语文教学中的作用［A］.宋欣桥编.普通话水平测试员实用手册(增订本)［C］.北京：商务印书馆，2012：402.

[2]张颂.朗读学[M].北京:北京广播学院出版社,1999:2、161.

[3]胡明扬.北京话初探[M].北京:商务印书馆,1999:155.

[4]林焘,王理嘉.语音学教程[M].北京:北京大学出版社,2001:183.

[5]姚喜双,韩玉华,孟晖,聂丹,黄霆玮.普通话水平测试常用术语[M].北京:语文出版社,2014:100.

[6]王晖.普通话水平测试阐要[M].北京:商务印书馆,2013:210.

[7][13]宋欣桥."普通话水平测试"评分中的几个问题[J].语言文字应用,1997(3):32—37.

[8]石佩雯.四种句子的语调变化[J].语言教学与研究,1980(2):72.

[9]石锋.汉语语调格局在不同语速中的表现[A].石锋,潘悟云编.中国语言学的新拓展:庆祝王士元教授六十五岁华诞[C].香港:香港城市大学出版社,1999:386.

[10]瞿霭堂,劲松.北京话的语气和语调[J].中国人民大学学报,1992(5):67—74.

[11]廖广莉.普通话水平测试朗读作品中轻声词的频率效应研究[A].国家语言文字工作委员会普通话培训测试中心编.第四届全国普通话培训测试学术研讨会论文集[C].北京:语文出版社,2010:147.

[12]邢福义.现代汉语[M].北京:高等教育出版社,1991:100.

独立学院应用型本科人才培养传统文化课程体系建设探索

◎宾　莹

摘　要： 加强大学生的中华优秀传统文化教育是培养中国特色社会主义人才的重要途径，是否能将传统文化教育与独立学院培养应用型本科人才的培养目标更好地进行结合，是现阶段独立学院人才培养的重要议题。

关键词： 独立学院；应用型人才；传统文化课程体系

中华优秀的传统文化是中华民族的血脉之源，想要国家强大，那就需要从文化上让民族变得更加自信，保护、开发、传承好我国的优秀传统文化，是现阶段我国实现中华民族伟大复兴的重要基石之一。推动中华优秀传统文化创造性转化、创新性发展，是坚持社会主义核心价值体系的重要议题，而高校作为文化传承和创新的重要机构，更应主动担负起传承和创新优秀传统文化的社会责任。

作为定位为培养应用型本科人才的独立学院，在其课程体系的建设中也同样要积极融入中华优秀传统文化，并应以更加符合其定位的方式，创新性地进行课程体系建设探索。普通公办本科高校以培养理论型、研究型人才为主，而独立学院的办学本质是以培养实践型、创新型人才为主体，因此在探索建设独立学院的传统文化课程体系的过程中，需要结合独立学院的优势与特点，将传统文化课程体系的建设与应用型人才的培养这一目标紧密结合才能让优秀传统文化更好地融入课程体系的建设中。

一个完整的课程体系的建立，需要根据课程面向的学生面不同，来进行分类。以我院课程体系为例，学生的总体培养课程分为通识教育、素质拓展教育、专业教育、创新创业实践教育等几个模块。而这些模块根据其面对的学生面课程又可大体分为两大类：其一是可供全校学生共同选择的通识类、素质拓展类课程。其二，则是面向不同专业学生的专业理论课程及专业创新创业实践课程。不同的课程根据其面对的学生不同，传统文化的融入方式及设置传统文化类课程的目的也有着极大地不同。下面，就按这样的分类，分别探讨一下如何更好地建立独立学院的传统文化课程体系。

一、面向全校学生开设的通识类传统文化课程设置探索

在传统文化通识课程设置的过程中，更应注重的是其教授对象的共性，即作为大学生他们会对什么样内容及什么样的教学方式感兴趣，并愿意积极地参与到课堂教学中。之前的传统文化通识课程往往会有以下几类问题：其一，课程太过专业理论化，虽看上去“高大上”，却因此在实际教学中，没有很好的教学效果，容易让课堂陷于枯燥无味，而使学生失去学习的兴趣。其二，则是过于追求通俗，内容过于浅显，考试形式又过于简单，学生上课如走过场，无法真正达到教学的目的。其三，由于通识课程也属于公共课，学生普遍不够重视。因此，在通识类传统文化课程的设置及教学要求上，作为独立学院更应紧扣自身培养应用型人才的培养目标，来找到合适的课程及教学方式，使通识类传统文化课程真正达到满意的教学效果。

要想让通识类传统文化课程中实现与独立学院的应用型本科人才培养目标相结合，首先要让学生对传统文化通识类课程产生兴趣；其次，要增加学生在这类课程中的参与度；最后，可以用更加多样的方式来进行学分的认定。

（一）多样化的教学内容与方式

首先，在设置传统文化通识课程时，教师要明确的是，其不同于中国古典文化专门研究的教学，这类课程的目的是建立与学生的思想链接，让他们能对传统优秀文化产生共鸣。因此，此类课程以“博古通今”的方式来设立才能有更好的教学效果。如以台湾大学为例，设置一门重要的通识教育课程，名为“老子道德经新译”暨“心灵药方”，以“原文＋白话文翻译＋给出现代人药

方”的课程设计，将古老艰涩的《道德经》与现代大学生的日常生活结合。这种在学习中，为传统文化加上“兴趣引导”和“自我关切”的方式，能让学生对传统文化有更多的理解与认同。[1]

其次，利用地方资源，开设与地方传统文化相关的特色文化通识类课程。地方传统文化是中华民族传统文化的重要组成部分，也是中华民族传统文化的具体而真实的呈现。例如我院可利用福建省丰富的地方文化资源，开设以福建各地的文化历史为主要内容的地方历史文化特色通识选修课程，如福建茶文化、陶瓷文化、漆艺文化、各个地方的民间艺术文化等课程，引导学生去发现自己家乡的文化，以此提高学生的学习兴趣，让学生在了解地方传统文化的实际联系中得到对民族优秀传统文化的感性体验认识和熏陶，以达到教学目的。

（二）结合课程提高学生的实践能力

作为应用型的人才培养中，十分重要的一个环节就是要培养学生的动手实践能力，不能只是对学到的知识“纸上谈兵”。而且只有将传统文化知识与学生的实践相结合，才能更好地将其内化为学生的人文素养，这也正是传统文化课程的教学目标。以此，在通识类传统文化课程中，教师可以通过更加丰富的形式，来提高学生的参与度和实践动手能力。例如，可采用让学生通过文化实地考察、田野调查、模拟辩论等多样化的实践型方式来完成课程学习，实现由老师引导，学生参与的发现式教学。或可聘请对地方文化有研究的校外专家学者来开设相关的系列讲座，让地方特色文化不再被学生们忽视。我院在部分专业的教学中，已率先采用了这类的教学方法，来发展专业教学中的文化传承，如艺术设计专业聘请非遗文化制作工艺的传承人来校开讲座、授课，音乐表演专业与非物质文化遗产保护单位联合创建实践平台等，今后也可把这样的课程向全校公选通识课推广。

（三）考核方式多样化改革

通识类传统文化课程的考核方式，可不局限于课堂的测验、作业等方式进行考核。学校可开展与优秀传统文化相关的社团活动，作为面向全校学生的优秀传统文化课程体系的有益补充。在制度上，将学生参与此类社团活动的情况作为全院公选类课程学习的一部分进行考核，可规定每年每位学生必须参加一项或多项与传统文化相关的社团活动，这样，一方面可以提高学生对于所学传统文化知识的应用率，增加学生对于传统文化社团活动的参与度，另一方面还能营造很好的校园传统文化推广渗透环境。

在活动的举办上，可设立与传统文化相关的各类社团，如国学社、诗词社、茶艺社、棋艺社、漆艺社等，每个社团则可根据社团的类别开设各类比赛或活动。而且可通过参加从校到国家各级文化技能比赛的方式，提高学生参与的积极性，增加学生在校的履历，为其将来毕业就业创造更好的机会。此外，还能很好地锤炼自身的特色文化社团，从而做优做强。这不仅能成为传统文化课程的有益补充，更能让校园形成浓厚的传统文化氛围。

二、面向不同专业学生开设的专业类传统文化课程设置探索

专业类课程中的传统文化课程设置，与通识类课程最大的不同在于，其面向的学生是具有不同的专业特点与专业需求的，如何更好地将传统文化与其专业相融合，并能培养出更加具有传统文化素养的专业型应用人才是这类课程设置的最重要的立足点。因此，此类课程的设置一定要做到“因材施教”，将各专业特点与相应的传统文化相结合进行设置。在这方面，我院的文化产业系的各个专业已有了初步的探索建设，还在进一步进行教学改革。因此，以下就以我院文化产业系的部分专业中的传统文化课程设置为例，来谈谈独立学院的专业类传统文化相关课程设置的特点。

（一）前期专业课理论建构中融合传统文化

为了更好地将传统文化贯穿于专业教学中，因此在专业基础理论课程中加入传统文化的内容，就成为必要的举措。在专业前端理论课程中结合传统文化，不同的专业有所不同。例如，汉语言文学专业由于该专业本身与中国传统优秀文化的结合度较为紧密，故此，其前期的理论课程《古代文学史》《古代汉语》等，无须特别设置就已经很好地融入了传统文化；而产品设计专业，则在其陶瓷材料课程中，根据福建本地的陶瓷文化的特点，特意请来了福州市陶瓷艺术研究会会长、薄胎酱釉器制作技艺福州非物质文化遗产项目研究者，有着二十余载制陶和研究经验的卢佳伦老师亲临授课，将传统陶瓷技艺与现代设

计课堂相结合，以此来实现传统文化在此专业的传承；动画专业则是在前期开设与中国传统文化相关的文化课程来丰富学生的文化知识；环境设计专业则将福建传统建筑作为基本理论课程的研究对象；而学前教育专业则是直接开设如《古文精读》《蒙学选读》等课程来提高学生传统文化的理论素养。

（二）中期实践性课程拓展延伸内容与传统文化的结合

对于独立学院的学生，最为重要的是培养其应用能力，因此，这个阶段的传统文化课程设置，最重要的结合点就是与专业实践进行紧密结合。

例如，我院的汉语言文学专业学生特别开设了《经典诵读》课程，在教学过程中通过教师讲解、学生诵读中华优秀传统文化中的经典作品，让学生与我国的优秀经典和传统文化“亲密接触”，在诵读经典中感受中华优秀传统文化的独特魅力，在潜移默化中提升语言文字应用能力和人文素养。并在课后通过参加各类经典诵读比赛来提高学生的应用能力，这也为今后学生从事相关的主持、教学等工作奠定了坚实的基础。近几年，学院组织学生参加福建省共八届中华诵·经典诵读大赛，共获得 24 个奖项，获奖率 100％，其中特等奖和一等奖 14 项，2015 年获奖排名全省高校首位。

再如，产品设计专业的陶瓷工艺课程，则是以让学生走近真正的地方陶瓷文化为目的，与泉州得盛集团有限公司达成了校企合作关系，让学生走进德化，感受传统陶瓷文化的遗迹及陶瓷发展现状，感受泥与火的交融，以此提高对传统陶瓷技艺的认识、加深情感感悟。为今后自身的创作，奠定更加坚实的传统文化基础；动画专业则是将本土优秀传统文化与艺术内涵融入教学，开展本土特色插画设计主题教学实践，对富有当地特色的历史、文化人物、旅游、特产、人文产物等元素，展开详尽的调查和资料整合，筛选出最具代表性和影响力的内容，并做好分类与提炼，将本土文化题材引入教学课题中。环境设计专业则结合自身特点，带学生开展专业调研夏令营，使学生走近民居、街巷，亲身触摸与感受文化的魅力，了解别样的乡土聚落文化及建筑特点，在实践中深入思考建筑美学与聚落文化的融合、发展、保护、利用。而学前教育专业则通过开设实践操作性较强的《民间手工制作》《中国民间舞蹈训练》等课程来实现传统文化在实践课程中的贯穿。音乐表演专业则成立了“北管实践基地”，与被称为“音乐活化石”的泉州非物质文化遗产北管合作，让学生去了解中国民间音乐，并向老艺人学习，与其同台表演。

这些中期的课程将传统文化与各个专业的实践应用性结合，能让学生在实践中获得传统文化的熏陶，并学会将传统文化应用于专业实践中。

（三）后期课程将传统文化转化为与专业相关的创新创业内容

在学生学习了与传统文化相关的实践课程后，如何能将传统文化更好地融入他们的职业生涯也是一个重要的课题，如果能将传统文化转化为生产力，那就能更好地调动学生学习的积极性，并且能使传统文化得到更好地传承。此阶段，本院在处于探索阶段，以下是部分设想。

如何将传统文化的传承、传播与学生的就业相结合，在这个方面最为重要的是要培养学生的独立创新能力，这种独立创新能力应建立在对民族传统文化深入理解的基础上。例如，采用建立各类相关专业的工作坊的方式，实现传统文化与专业产品相结合。例如，汉语言文学专业可以从原有的《创意写作》课程入手，成立创意写作工坊，引导学生创作弘扬优秀传统文化的文学作品，建立公众号进行运营推广；并且还可将其创作的优秀作品与动画专业的同学的创作相结合，共同创作出具有传统文化、本土文化特色的动画、绘本作品。而艺术设计专业则可成立陶艺、漆艺艺术工坊，将福建的陶瓷、漆艺文化发扬光大，设计出更多具有传统文化与现代设计相结合的家居产品。而作为学校方面更是可以与这些工坊共同合作打造校园文化品牌，并助力其产品推广，让这些工坊真正成为一个个有价值的文化品牌，走出校门，走向社会，将这些文化产品变成真正有价值的产品，这也能成为学生今后自主创业的一条新的出路。

诚然，传统文化课程体系在独立学院中的建设并不简单，如何更好地将传统文化课程与独立学院培养应用型人才的目标相结合，我们还有许多要去摸索、去改革。但只有坚持探索，才能找到切实提升学生传统文化素养，培养高素质应用型人才的有效途径。希望通过我们的教学改革能找到传统文化与应用型人才培养的最佳契合点，让我们独立学院能培养出更多具有中华传统优秀文化素养的应用型人才。

参考文献

[1] 陈思敏. 全球化语境中台湾高校通识教育对大学生价值观教育的启

示——以传统文化之传承为视角[J].洛阳师范学院学报,2011(1).

[2] 汪伟.独立学院大学生社团对校园文化的影响探析[J].大众文艺,2018(13).

[3] 贾亚朝,魏瑾,王昕.独立学院应用型人才培养质量保障方法研究[J].教育现代化,2018(28).

[4] 张亚群,冯寅.经典的价值——"大学通识教育联盟"四校的传统文化课程评析[J].深圳大学学报,2016(5).

[5] 年仁德.高等学校传统文化课程群在通识教育体系中的设置研究[J].潍坊学院学报,2018(8).

[6] 闫晓玲.地方应用型本科院校中优秀传统文化的传承与人文素养的培育[J].现代经济信息,2016(20).

[7]许鹤.地方高校传承与创新地方优秀传统文化路径的探析[J].吉林工商学院学报,2018(4).

独立学院应用型人才培养体系中写作课程教学现状与思考

——以福建师范大学协和学院为例

◎宾　莹

摘　要： 写作能力在应用型人才培养体系中不可或缺，但大多数独立学院却未能建立较为合理的写作课程教学体系，并在课程设置、教师师资等方面存在诸多问题，这使得培养出来的应用型人才写作实践能力不足，实操能力普遍偏弱。而建立合理的写作课程体系，整合校园现有写作实践平台资源，多样化教学与评价等措施，有助于现状的改善。

关键词： 应用型人才；写作课程；独立学院

随着网络时代的发展以及文化产业的振兴，当今社会各专业领域对于人才的专业写作能力及沟通能力的要求也越来越高。高校的写作类课程也因此显得尤为重要，基本的写作与沟通能力、各专业领域的应用文写作都有赖于写作课程进行系统地教授。作为定位培养应用型本科人才的独立学院，在提高学生写作能力的课程设置上，大多都开设了与之相应的"基础写作""应用写作"等课程。这样的课程虽然在一定程度上遵循了应用型人才的培养需求，但在实际的课程教学过程中，我们发现以《应用写作》为主的基础写作课程的教学，无法真正满足不同专业学生今后工作中的写作能力需求。究其根源，在于高校的课程设置及教学内容无法与真正的社会职业需求接轨，导致课程教学效果不佳，或无法达到职业要求。

一、现代社会对于应用型人才的写作要求

要想更好地设置合适的写作课程来提升应用型人才的真实写作技能，首先我们需要更加全面地了解分析现代社会对于应用型人才写作能力有哪些方面的需求。

葛红兵老师在《大学创意写作》系列书中针对当代社会对人才写作方面的要求，对高校写作教学内容进行了分类，大体分为三个方面的内容：第一类是“欣赏类阅读文本写作”，也就是传统纯文学范畴的文学写作，包括故事、小说、诗歌等；第二类是“生产类创意文本写作”这类创作文本是创意活动的文字体现，对应着创意活动的各个环节，包括出版提案、活动策划案等；第三类是“工具类功能文本写作”，即我们常常说的大部分传统应用写作、公文写作等，用于文本信息的沟通、交流、传达，不以欣赏性作为创作目的。[1]

这三类写作大类课程，对于学生的能力培养要求及教师教学的要求，都不尽相同。如今我们在独立学院的写作教学也大体上根据不同专业领域主要分为这三大块内容。其中汉语言文学专业一般要求这三类写作文类均要有一定程度的掌握，而其他非汉语言专业则主要侧重于后两块写作文类的写作能力培养。但在实际操作的过程中，仍然存在诸多问题。

二、应用型人才培养体系中“写作类课程”存在的问题

（一）现有课程设置不合理

1. 课时少内容多，大班上课效果有限

以协和学院公共必修课程“文学作品创作”课程为例，作为通识类课程，该门课是全院大一学生（除汉语言文学专业外）都应学习的写作类课程，其设立的初衷是为了提升大学生的文学文化素养，并引导非汉语言文学专业的学生进行文学创作。但由于大一学生的各类公共课程较多，该门课程仅 24 学时，却要学习小说、诗歌、散文、戏剧四大文学文种，且由于学生数量多，授课教师有限，每个教学班都将近 100 人。因此，导致教师教学时只能以文学入门引

导及名作赏析为主，文学写作只能占很小的一部分，且布置的写作作业，由于量过于庞大，也只能抽取部分进行批改。因此，教学效果有限，没办法切实地提高大部分学生在文学创作上的能力。因此让一门本来很有特色的文学写作类通识课程，变成了一门普通的通识类课程。

2. 课程类型设置单一，大部分非汉语言专业未能有效建立写作教学体系

虽然写作能力已成为现代优秀社会人才中必备的能力，但在各类应用型高校的写作类课程设立上大多数仍然还是按照过去的理念，简单设立为专业文书写作及普及型的应用文书写作两种。例如，在协和学院除了汉语言文学专业从大一到大四分别设置“基础写作”“文学作品创作”（专业基础课 64 课时）、“新闻采访与写作”“创意写作”“项目策划与文案写作”“新媒体写作”“应用写作”等从基础写作到学科专业性写作、工具性写作的写作课程体系外，其他非汉语言文学专业在写作的课程上设置还是过于简单。除大一的公共必修课“文学作品创作”外，仅有英语专业设有“应用写作”课程，还有部分商贸类、法律类专业设有与其专业领域相关的，如“电子商务营销写作实务”“财经应用文写作”“会展公文写作”“综合商业计划书写作”“法律文书写作”（每个专业基本只有一门这样的专业写作课程）等这样的专业类写作课程。大部分的专业，特别是理工科的专业，由于学分学时有限，不重视写作能力培养，因此没有另外再开设任何其他写作类课程。

这就直接导致学生进入职场后，面对工具性、专业性写作时，因从未学习过，所以无法很好地应对，需要更长的工作实习期，才能在工作中掌握，无法真正实现应用型人才在大学阶段的应用型写作能力培养。

（二）应用型写作课程双师型教师配备不足

独立学院中现有的写作类课程的教学老师主要分为两类，一类为汉语言文学专业教师，主要负责汉语言文学专业及其他部分专业基础类、文学类、应用类写作课程及全院“文学作品创作”课程教学；另一类则为其他商务、国贸、法律等专业教师，主要负责其专业下的具体专业性文书写作教学。虽然这样的配置还算合理，但针对独立学院培养应用型人才的目标定位而言，这样的全职教师在教授部分写作课程时，其能力与真正拥有校园外职场工作经验的双师型教师在实操经验上相比，还是有着较大的差距，因此其教授的方法与内容，在一定程度上无法真正与社会接轨，学生即使学习后，也有可能存在着无法与社会上真正的写作实操接轨的危险。例如，汉语言专业的教师大多自身并不从事文学创作，而其他专业的全职教师也已经很长时间甚至并没有在真正的自身专业领域的企事业单位工作过。虽然，教师都会尽力去寻找各类资料给学生带回业界的最新资讯，但是教师自身并未经常进行写作实操，也未应用自身的写作能力在市场中去实地竞争，因此所能给予学生的职场写作实践经验有限，这也是现在高校应用型写作教学的通病。

（三）除汉语言文学专业等部分专业外，其他专业写作体系未建立，仅以单一的专业文本写作为主

以协和学院为例，除汉语言文学专业和广告专业有着基础写作—专业写作—工具性写作这样阶梯式的写作课程体系外，其他专业写作体系均未建立。首先，《基础写作》课程未能设置，学生直接在大三、大四进入专业性写作课程，导致部分学生仅掌握专业文类的写作框架规则，而基本的语言表达却不过关，且基本写作思维逻辑也未能清晰建立，使得专业写作课程的教学效果大打折扣。而非纯专业性的应用型写作——应用写作课程，则在部分专业课程设置中，由于其未能有之前的基础写作、专业写作作为基础，造成学生一是基本语言表达不过关，二是对职场的应用写作认知不足，再加上教师教授的内容多而杂（各类公文文种、事务性文书、申论等），其教学效果也十分不理想。

三、问题存在的原因

（一）学校对写作类课程重视度不足

在职场中写作能力的高低常常关系到人才是否能将自身的才干展现于众人之前，越来越多的职场人意识到写作能力的重要性。但作为培养应用型人才的独立学院或是其他高校，却仍未真正意识到写作类课程在培养应用型人才课程体系中的重要性。对于各专业的写作体系建设大部分高校并不重视。大部分高校的非汉语言文学专业，均未设立基础写作课程，或是简单设立教授公文、事务性文书的应用写作课程，或是以专业类写作课程替代应用写作课程，更有甚者在理工类专业的课程里不开设专业类写作和应用写作课程。这使得培养出来的人才写作能力存在极大的缺陷，需要进入职场后重新训练。这与培养应用型人才的目标是背道而驰的。

（二）写作课程师资来源单一，专业性不足

正如前文所说，真正的应用型与专业型写作课程，需要任课教师拥有更多真实的校园外的职场写作经验，否则上课就容易变为纸上谈兵。但现阶段各类高校的双师型人才仍十分缺乏，经验丰富的社会专业职场人很少愿意放弃高薪来高校专职任教，而高校专任全职教师又由于工作原因，也无法真正长时间进入校园外的相关职场进行实践锻炼，只能通过各类资料的搜集来弥补这一缺陷。

（三）未能很好地整合资源，改善学生写作实践环境

虽然作为培养应用型人才的独立学院十分重视学生的职场实践，所有专业均有一定数量的实践基地，但相对于在校学生实践需求而言，只能是杯水车薪。即使仅面向大四学生开放实践基地的实践工作岗位，也远远无法满足大四学生的实践需求。而学生的职场专业写作却需要更多的机会去实践，才能得到提高并熟练掌握。

其实，除去真正的校外职场实践，在各大高校的校内已有许多实践岗位能让学生得到更多的工作经验，提高实际写作能力。如校报、校刊的记者团、各类社团、各类校内比赛等。但由于这些校内实践活动仅作为校园文化活动开展，且各类社团、比赛之间也未形成有效的生态系统，因此只是极少部分学生参加实践，无法让更多的学生参与其中。且此类实践活动的写作实践一般也与各专业的写作课程内容割裂开来，使得学生在实践中遇到问题，无法及时得到专业性的指导。这样也使得学生在校的写作实践效果大打折扣。

三、解决方法

（一）不同专业写作课程体系建设

写作训练需要持续性才能熟练掌握写作技巧、提高写作水平。因此，不论

是在汉语言文学专业还是在其他专业，都应建立一个较为系统化、贯穿大一到大四的写作训练课程体系。首先，大一各专业应开设“基础写作”课程，主要教授基本写作技巧，纠正学生过去错误的写作习惯，并为其建立正确的写作思维逻辑；其次，在大二、大三根据其各自专业特点开设专业写作课程，如“法律文书写作”“广告策划文案”等，以此锻炼学生与今后职业相关的专业写作能力；最后，在大四开设工具类写作相关的《应用写作》课程，为今后职场公文写作、事务性文书写作打好基础。此外，考虑到各专业学时及学分有限，可将部分写作课程适当减少学时与学分，引入网络教学平台，以网络平台教授理论，实际面授进行练习、答疑、纠错的方式，两者相互配合进行教学。

（二）以讲座、课外实践等方式弥补教师写作实践不足的情况

针对专职专任教师写作课教学本身写作实践不足，专业写作双师型教学人才缺乏的情况，可采取以下措施予以改善：

其一，定期聘请经验丰富的业界人士来为学生举行专业写作的讲座；其二，将校园社团实践纳入教学评价体系，一方面整合校园内的写作实践资源，以轮岗的方式，尽量做到让每个学生都能参与社团实践活动，进行相关的写作实践，另一方面，将社团实践成果纳入学生写作课程的评价体系，使学生在社团中的写作实践工作均能得到肯定与评价，从而调动学生的写作实践积极性，也能让写作类课程与校园社团的发展形成良性互助的循环。其三，由教师牵头，积极组织学生参与各类与专业相关的竞赛活动，其中的文字工作不在少数，可通过这方面的训练提高学生实际业务写作水平，并形成竞赛与教学优势互补的良性循环。

（三）转变写作教学方式，完善评价体系，注重真实写作能力提高

写作课程的教学根本仍在于课堂上教师的引导与训练方式，因此如果教师还是以传统的“满堂灌”式的教学为主，无法真正开发各类资源用于提高学生实际写作能力，那么即使有再好的外部环境，也无法解决学生写作实践能力不足的问题。因此写作类课程还需在以下几个方面进行改变：

其一，加大课内课外写作实践训练量，将理论知识有机融入写作实践。尽量减少“满堂灌”的教学方式，应在教学中更多地加入写作实践训练，以提高

学生的实操能力。

其二，在进行课堂写作实践时，可利用现在的新型数字化软件教学平台，如“学习通”等软件布置作业，让学生直接在手机上进行写作，教师则可在平台上实时抓取学生现场写作实践中的典型案例进行分析，有助于提高学生上课注意力，也能增强教学互动性。

其三，进一步结合各专业工作实践的特点，引导学生形成职场写作思维。及时为学生在校园实践及各类竞赛中所写的文章进行指导修改。可建议学校为不同社团设立兼职写作指导教师，以便第一时间为社团实践中不同专业学生写作实践进行指导。这样一方面能让学生的写作实践在第一时间获得指导，也能让教师一定程度上增加写作实践方面的经验，有利于其反哺于第一课堂教学。

其四，采取多元化评价考核体系，将平时课堂实操练习、课后社团实践写作、竞赛写作、文学作品创作、社会调查文稿写作等均纳入考核评分标准中，从而进一步提高学生对于写作实践的重视度和参与度。

综上所述，写作能力是应用型本科人才的培养中的重要一环，独立学院及各类高校应更加重视写作课程体系建设。通过各类措施不断改善现有的问题，进行写作教学改革，以适应院校转型与社会发展。

参考文献

[1] 葛红兵，许道军主编. 大学创意写作文学写作篇[M].北京：中国人民大学出版社，2017：32.

[2] 李雪莉. 应用型本科院校基础写作课程教学探索[J].文教资料.2017(2).

[3]郭璞. 应用型高校“应用文写作”教学改革探析[J].科教文汇.2019(2).

[4] 刘明静. 通识教育视野下民办高校《大学写作》课程教学的反思与实践[J].汉字文化.2019(19).

自媒体时代下独立学院大学语文教学模式研究*

◎林　烨**

摘　要： 自媒体时代的到来，使得独立学院的大学生对各种媒介手段以及运作平台更加依赖，传统的大学语文教学模式受到了严峻挑战。本文立足于自媒体这一时代背景，结合独立学院学生的特点，从教材、教法、考核三方面探讨独立学院大学语文教学模式，对当前独立学院大学语文的教学有重要的借鉴意义和参考价值。

关键词： 自媒体；独立学院；大学语文教学模式

独立学院大学语文教学不仅担负着培养学生人文精神、人文素养的重任，还肩负着培养面向基层、面向生产一线的高素质应用型技术人才的重任，意义重大。然而自媒体时代的到来，使独立学院大学语文地位受到冲击，传统的大学语文教学模式已不适应当前人才培养的需要，亟待改革与创新。

一、自媒体定义及特点

自媒体（We Media）又称“公民媒体”或“个人媒体”，由谢因波曼与克里斯威理斯联合提出，他们认为：“自媒体是普通大众经由数字科技强化、与

* 基金项目：福建省教育厅社会科学研究项目A类一般项目“自媒体时代下独立学院大学语文教学模式研究”（编号：JAS160802）。

** 林烨，女，福建柘荣人，福建师范大学协和学院文化产业系教师，讲师。

全球知识体系相连之后，一种开始理解普通大众如何提供与分享他们自身的事实、新闻的途径。”其运作平台包括：博客、微博、微信、论坛等网络社区。

就自媒体本身而言，其特点主要表现在以下几个方面：1. 大众化。自媒体信息的发布者主要为普通大众，他们以自己的喜好发布自己感兴趣的内容，极大提升了参与互动的热情。2. 多样化。由于传播主体的多元性以及操作的简易性使得自媒体的信息量巨大且内容丰富多样。3. 速度快。自媒体以网络和无线通信技术为依托，不受时空限制，传播信息速度快且覆盖面广。但由于自媒体大众化的特点使得一些信息的质量参差不齐，代表的仅是个人非专业的观点，再加上一些利益因素、信息审核人缺失等，经自媒体产生、加工的信息往往可信度不高。

二、自媒体与独立学院大学语文教学的内在联系

自媒体时代下，各种信息技术、媒介手段层出不穷，已然成为大众生活的一部分。在这一大背景下，自媒体因其优势与特点对独立学院学生有着重要的影响，这与独立学院大学语文的教学特点不谋而合，二者存在本质的内在联系。

（一）独立学院大学语文教学的特点

独立学院是由普通本科高校与社会力量合作举办的进行本科层次教育的高等教育机构，是按照新的机制和模式举办的本科层次的二级学院，在人才培养方面以专业应用为目标，注重实践和实际操作。虽然独立学院学生录取分数较低，但是他们大都家庭富裕，对新事物接受能力强，眼界开阔、思维活跃、创造性强，并善于从网络上接受新信息、学习新知识。而且现在的独立学院学生大都是独生子女，有强烈的独立意识，不愿被管束，追求自由，个性鲜明。此外，独立学院在人才培养方面更注重面向基层、面向生产一线的高素质应用型技术人才，因而在专业设置上更注重应用性和实用性，这大大加深了学生的职业认同感，他们往往会通过各种方式提升自己的职业能力，展现专业风采。

（二）自媒体与独立学院大学语文教学的内在联系

自媒体是作为一种新兴媒体的形式出现在大众视野，其个人操作性较强，

对信息的处理也是依靠个人完成，比如发布微博、利用微信公众号发表文章、书写个人博客等，都需要自己去学习实践，并通过这一学习使用的过程，对媒介手段进行选择和反馈。这本身就是一种思考实践的过程，注重的是个人的实践和实际操作，这与独立学院大学语文教学的培养目标相吻合。

作为当代大学生，他们一开始就处在网络时代，自媒体的运用更是十分自如。特别是独立学院的学生，因其家庭较为富裕，个性比较外向等更容易接受和运用自媒体来表达自己的想法，加上自媒体以网络和无线通信技术为依托，不受时空限制，畅所欲言，自由表达，因而十分自由。这种虚拟的绝对“自由”，与独立学院学生追求自由、独立意识、个性表达等心理需求相吻合。

此外，自媒体时代人人都可以成为博主，人人都可以经营自己的一个小天地，人人都可以展示自己的专业风采，这些都是职业发展的一个小尝试，大大增强了职业认同感，为以后的职业发展打下基础。

以上是自媒体对独立学院学生的一些影响，这和独立学院大学语文教育倡导的实践应用、独立自主、职业认同等内容不谋而合。他们之间存在本质的内在联系。因而独立学院的大学语文教学必然离不开自媒体这么一个时代大背景，而且只有充分利用好这个大背景的资源才能更好地推动独立学院大学语文的改革和创新。

三、自媒体时代下独立学院大学语文教学模式

自媒体时代的到来为独立学院大学语文教学提供了丰富的资源，独立学院教师应把握好自媒体时代这一大背景，结合独立学院以及独立学院学生的实际特点，在教材、教法、考核方面打破常规、努力创新，才能使独立学院大学语文教学真正收到实效。

（一）教材——联系实际

中共中央办公室、国务院办公厅印发的《国家“十一五”时期文化发展规划纲要》明确指出“高等学校面向全体大学生开设中国语文课”。当前，国内高等院校已普遍开设“大学语文”课程，出版的大学语文教材也非常多，但真正适合独立学院的教材少之又少。特别是在自媒体时代，学生获取知识的途径

越来越多，传统的教材内容已不能适应当前独立学院大学语文的教学需要，因而在自媒体时代下，如何选择切合独立学院教学实际，兼顾不同专业学生特点的教材是十分重要的。最好的方式就是在教材的选择上与时俱进、联系实际，编写出一本适合自己学院教学实际的教材。

以福建师范大学协和学院为例，我们在教材建设方面进行了有益的探索，编写了一套适合我们学院教学的教材《文学作品创作》。这本教材分为四个部分：散文、诗歌、小说、影视，每个部分都有相应的文学发展脉络简介、作家作品赏析、创作技巧指导、文类写作练习等，学生通过这样的学与练，既欣赏了优秀的文学作品，感受作者的创作情怀与创作理念，引起当下的思考，又掌握了相应文学样式的写作方法，真正做到了文学欣赏与文学创作，将动脑与动笔相结合，注重实用性与操作性，从而实现独立学院应用型人才的培养目标，也是适合我院实际的一大举措。

（二）教法——依托自媒体

在自媒体运用如此普及的今天，传统的教学教法显然已经不适应时代发展的需求，探索新的教学教法，提高独立学院大学语文教学质量迫在眉睫。

1. 自媒体教学

自媒体时代的到来让大众可以通过各种自媒体的运作平台了解很多信息资讯，而且独立学院的学生更易于掌握和使用这些新兴媒介手段，因而传统的老师讲学生听的教学模式已不适合当前的独立学院大学语文教学。最好的方式就是把自媒体融入独立学院大学语文的课堂教学当中，让自媒体为大学语文所用，这不仅能让学生更加投入到大学语文的学习中还能积极主动地运用自媒体为大学语文服务。

教师在课堂上可以结合自媒体的特点，发挥其积极作用。比如课前的点名就可以利用微信点名，让学生使用微信平台，通过规定时间内回答问题的方式来签到。学生回答后，平台显示统计数据。点名时间一过，“签到流程”自动关闭。学生在回答问题之前还得输入系统每节课随机生成的编码，没来上课的同学显然没办法“滥竽充数”。这将改变大家对公共课大学语文不重视的态度，保证出勤率。

教师在授课的过程中也可以利用自媒体这一平台提高学生的学习兴趣。当前，很多的专家学者都利用自己的自媒体平台来发布自己的研究成果，这些都是大学语文学习的重要资源。教师可以利用自媒体平台引导学生与专家学者互动，灵活课堂教学的形式，提高学生学习大学语文的兴趣。例如作家刘海涛就创建了个人微信公众号——海涛微文学，在上面有关于其“微文学”教学与研究成果的发布与展示，讲授微文学（微小说、微电影、散文诗等）的创作理论与方法，欣赏与解读当代以及古今中外的微文学佳作。在课堂教学中谈到微文学时就可以让大家登陆这一微信平台了解相关内容并通过文后留言，实现作者与读者的零距离交流。此外，可以让学生通过微信提交课堂练习的答案，微信平台会以惊人的效率收集并进行反馈。这样的练习方式不仅让所有学生都参与到课堂学习当中还能做到当场分析并针对不同的观点进行讨论，效率高且吸引人。还可以创建班级微信公众号，每周定期推送一些好的文章、习作等，在课堂上进行交流讨论，或建立班级微信群，在群中讨论交流文学思想、畅谈人生感悟等，提高文学素养。总之，在自媒体时代可以充分利用微博、微信、QQ等自媒体传播方式，丰富课堂教学方法并给学生建立一个语文学习的共有平台，让学生主动地接触语文、学习语文、欣赏语文和交流语文。

此外，还可以利用自媒体平台建立一些教学网站，延伸教学空间，这样不仅能够调动学生学习大学语文的自觉性，还能作为课堂教学的有益补充，是大学语文教育不可忽视的环节。以福建师范大学协和学院为例，我们在开设大学语文课程的同时也建立了课程网站“文学欣赏与创作”，设有课程介绍、课程互动、课程学习、创作展示、溪源江畔、旗山东麓等栏目，其中《溪源江畔》通过一周快讯、课堂内外、热点话题等栏目让每个专业的学生都能及时了解课程教学活动，交流学习方法与技能，欣赏与感受文学作品的艺术魅力与精神气质。《旗山东麓》则通过谁与争锋、青青园中葵等栏目，重点强化创作实践，为将课堂作业转化为文学创作成果提供了平台。可以说该课程网站的建设给学习大学语文的学生以及广大文学爱好者提供一个展示、交流与学习的平台。学生可以通过浏览网站上的栏目重温课堂内容、进行自测自学、发表文章等。教师也可以通过网站指导学生学习，倾听学生对教学的建议。课程教学网站的设置，为师生搭建了快速便捷的学习交流平台，值得提倡和推广。

2. 融入流行元素

自媒体时代下，各种信息资源丰富多彩，多元流行文化也冲击着当代大学生。对于独立学院学生而言，他们对流行时尚的元素特别敏感，因而大学语文教师在教学的过程中要根据学生的兴趣爱好选择他们感兴趣的方式进行教学，融入当前他们喜欢的一些流行元素，如可以选取“奇葩说”“吐槽大会”“我的朋友圈”等节目的素材，激发学生们自主学习的兴趣，让他们通过网络自媒体收集材料，课堂上发表自己的观点、看法，或者采用辩论、竞赛等节目形式让学生参与到课堂互动中，这不仅能很好地调动学生学习大学语文的积极性，还加强了师生间的交流与互动，学习的自主性与积极性大大提高。

3. 用好多媒体

在自媒体时代，网络和无线通信技术十分发达，其中多媒体的使用十分普遍。在独立学院大学语文教学过程中，运用多媒体可以使传统教学变得生动有趣。多媒体教学是在自媒体的平台上将教学内容通过声音、图片、动画、视频等形式呈现出来，带给学生更直观的视听感受，增强学生的感受领悟能力。特别是一些古典诗歌，因时代久远以及语言、意境等让现代的学生感觉陌生、无味，而此时如果运用多媒体加入一些音频、视频，就能将大学生带入那个时代，感受当时的历史氛围，不再有陌生感，这样枯燥的内容也会变得趣味盎然。另外，多媒体还能将作家的图像照片、作家的生活环境、作家的情感世界等以图片或视频的方式呈现出来，让作家作品更贴近现实生活，也更生动感人，吸引学生。因此，独立学院大学语文的教学也要以自媒体为平台，利用好多媒体，将传统教法与现代网络技术相结合，让学生在大学语文的教学中独立思考和想象，更好地实现大学语文教学目标。

（三）考核——开放创新

传统的大学语文考核方式主要以期末成绩作为大学语文学习的衡量标准，难以检测学生的真实水平和学习效果，况且语文能力的提高是一个渐进的过程，需要长期的坚持，因而不能简单地以试卷分数来衡量学生是否达标，应该充分利用自媒体，尝试采用开放创新的考核方式，从各方面对学生的学习做出评价，让学生真正投入到大学语文的学习中，收到良好效果。

自媒体时代网络技术十分普及，因而在大学语文考核方式上也可以利用自媒体这一优势，探索新的考核方法。可以采取积分累积式考核办法将考试成绩与平时学习成绩挂钩，督促学生自学。具体的做法就是将期末成绩分为平时成绩和考试的成绩两部分，平时成绩采取积分制形式，包括考勤、作业、创作比赛等实践活动，参加活动越多积分越高，相应的平时成绩也越高。而考试成绩需要学生进入相关的教学网站学习，完成作业，发表文章才能获得积分值，达到一定的积分值才能参加考试，考试的内容由电脑随机出题，在规定的时间内完成，这样就要求学生对教材十分熟悉才有可能完成测试。而且还可以利用微博、微信、QQ等自媒体形式进行测试。这种考核方式将平时学习的积分和笔试成绩综合考虑，最终实现大学语文考核内容和方法的丰富化、多样化、灵活化。这种尝试可谓意义深远。

结　语

在21世纪的今天，网络信息技术飞速发展，各种媒介平台层出不穷，自媒体的优势日益显现，对大众生活产生了重要影响。作为独立学院的大学生，他们崇尚自由、思维开阔、有个性且更容易接受和使用自媒体，这就要求独立学院大学语文教学也必须以独立学院学生的实际为出发点，结合自媒体时代的特点，采用适合独立学院教学实际的教材、依托自媒体灵活丰富的教学方法、尝试开放创新的考核方式，真正推动独立学院大学语文教学的发展。

参考文献

[1]曹正勇.自媒体语境下的大学语文教育改革初探[J].语文建设,2014(08).

[2]孟羽中.网络时代大学语文教学内容的危机与对策[J].语文学刊,2015(1).

[3]周文慧.大众传媒时代大学语文教学的困境与对策[J].湖北警官学院学报,2008(4).

[4]许文立.信息化背景下的大学语文教学改革刍议[J].社科纵横,2010(25).

[5]王琦,陈瑞燕.论新时代背景下的大学语文教育[J].教育与职业,2014(17).

[6]袁勇麟,冯汝常.文学欣赏与创作[M].成都:四川大学出版社,2010.

[7]姜丽娟,牛军伟,付志芳.试论独立学院大学语文课程改革与实践[J].辽宁教育行政学院学报,2010(27).

[8]黄春慧.基于独立学院人才培养目标的大学语文课程新构建与改革[J].长春理工大学学报,2011(6).

[9]莫志华.独立学院大学语文课堂教学方法摭谈[J].科技信息,2007(20).

[10]张雪莉,芮道荣.关于独立学院"大学语文"教学的思考[J].读与写杂志,2010(7).

[11]冯涛.关于利用多媒体辅助教学手段优化大学语文教学策略的探究[J].科技论坛,2014(10).

[12]张明.网络环境下的高职大学语文教学策略[J].学园,2013(29).

[13]陈昌云.多媒体网络环境下大学语文新教学模式的构建[J].教育与职业,2008(17).

“古代汉语”课程的句读训练

◎黄佳楣

摘　要：《古代汉语》课程以培养学生阅读文言文为基本目标，“句读”是其中极为重要的教学内容，更是培养阅读古文能力的有效训练方式。句读离不开文义的理解，运用朗读法能培养语感，熟悉语言特点，从而理解内容。在具体的句读训练中，练习的频率、材料的选择、技巧的掌握及问题的总结，均是提高训练效果不可或缺的要素。

关键词：古代汉语；句读；训练

《古代汉语》课程是高校汉语言文学专业的专业基础课，旨在培养学生阅读文言文的能力。即通过学习，掌握古代汉语的基础知识，熟悉古代汉语语言文字的基本特点，能运用语言文字学原理，整理所获得的古代文献。要达成这一目标，句读训练必不可少。

句读，即断句，为文句加上标点。古人写文章不加标点符号，古代的文献典籍也大多没有标点。古人读书时，就需要自己断句标点。所以句读是阅读古书的基础。唐人有“读书需从句读始”的说法，清人顾炎武在《日知录》中说：“句读之不通，而欲从事于九丘之书，真可谓千载笑端矣。”句读之重要由此可见。因此古人非常重视句读的训练。

《礼记·学记》言：“古之教者，家有塾，党有庠，术有序，国有学。比年入学，中年考校：一年视离经辨志；三年视敬业乐群；五年视博习亲师；七年视论学取友，谓之小成；九年知类通达，强立而不反，谓之大成。”其中的

“一年视离经辨志”，即要求学子入学一年后要考核“离经辨志”。郑玄注：“离经，断句绝也。辨志，谓别其心意所趣乡也。”“离经”意思是离析经书的文句，即句读；“辨志”，就是明白文章的思想内容。古人把“离经”和“辨志”并提，二者相辅相成。句读的准确与否，与学习者对文句理解与否密切相关。如以下句子：

子贡曰闵子哀未尽夫子曰君子也子夏哀已尽又曰君子也二者殊情而俱曰君子赐也惑敢问之

正确的标点是：

子贡曰：“闵子哀未尽，夫子曰‘君子也’；子夏哀已尽，又曰‘君子也’。二者殊情而俱曰君子，赐也惑，敢问之。”

有学生把最后一句断为“二者殊情而俱曰君子赐也，惑敢问之。”同样的标点，位置前后移动两个字，意思全然不同。由此可见，标点者不知道“赐”是子贡之名（子贡自称“赐”），理解成动词；同时误认为“也”是句末虚词。看似简单的一个标点错误，却牵涉到语义理解、文化常识、语法分析等多项内容。孙德谦《古书读法略例》说：“学者喜读古书，惟当细心点读，读一书而得一书之用，则善矣。”又说：“不达用点之法，且有失解之患”，而“句读既明，而义理亦不难得矣，盖用点为分，于上下文不致误为牵连，则书之义理，必能了然也”。因此，古代汉语教学中，有意识地训练、培养古书标点的能力是非常必要的。句读既是重要的教学内容，又是能力培养的重要手段，也是检测学生阅读能力的常见题型。

正确地标点古书，以读懂为基础。句读的正确与文义的通畅互为表里。文义弄懂了，句读自然无误；句读无误，文义自然通畅。要读懂古书，则须有相应的古文修养，即熟悉文言的词汇、语法、音韵、文化常识等相关知识，具备必要的语感。古代汉语的词汇、文法等有其特殊性，虽是汉语，却与现代汉语差别极大，对于现代学生而言，学习古代汉语无异于学习一门外语。那么，外语学习及古人学习文言的方式，就可以给我们提供良好的借鉴。

古代私塾教育的基本范式与主要教学方法是出声读诵。当日功课，塾师先示范读一句，而后学生跟读，跟读、自读数遍，不管字句明白与否。课后作业是背诵当日功课，翌日则检查背诵。这样做，目的在于培养学生的句读及音韵节奏，让学生对文句熟悉，从而具有相应的语感。所谓“书读百遍，其义自见”，经过反复朗读，不单记熟了文句，对文义也有相当的了解。朗读体现了对文本的理解鉴赏过程，是“披文以入情，沿波讨源，虽幽必显”（刘勰《文心雕龙·知音》）的由外（文字语音）而内（情感义理）的欣赏过程。因此，朗读作为常用且重要的学习方法、教学方法而备受推崇，常见于古代各类典籍与教育论著中。宋代大儒朱熹曾说：“要读得字响亮，不可误一字，不可少一字，不可多一字，不可倒一字，不可牵强暗记，只要多诵数遍，自然上口，久远不忘。”清代政治家、文学家曾国藩则认为：“非高声朗读则不能展其雄伟之概，非密咏恬吟则不能探其深远之韵。”清人唐彪编写的《家塾教学法》中提及：“王中虚曰：‘凡书中有难读之句，摘出多读数十遍，则通体皆易熟。读书知断续顿挫之法，则书之神情透露，不但易熟，而且易解。’”夏丏尊、叶圣陶《文心》十四：“他们朝夕诵读，读到后来，文字也自然通顺了，文义也自然了解了。”坚持训练，学子们一年后即可考查“离经辨志”的能力。

古人学习重在背诵篇章，外语学习也注重大量语料的输入，提倡学子要多听（“磨耳朵”），同时要多读，尤其注重文本的朗读。在外语学习中，普遍的观念是朗读，尤其大声朗读可以使发音器官习惯于语言的语音语调，领会朗读材料的思想内容、语言风格、文章风采，以达到纯正地道地获得学习语言的语感，从而提高自己的语言运用能力和语言交际能力。人们在朗读时，是眼睛先感知书面信息，然后将书面信息反映到大脑中，大脑根据投射的书面信息做综合分析以确定词的发音、句群、停顿，再由大脑把各种信息发往口、舌、喉、鼻、齿等发音器官发出各种声音，这些声音又传入听觉器官耳朵，耳朵又将这些听觉形象反馈回大脑，大脑根据视觉信息和听觉形象进行思维，联想和想象并伴随着情感体验，朗读者带着这种体验，会有意识地学习语言。众所周知，语言学习本质上就是获取信息、处理信息的过程，并能达到运用信息的效果。获取信息是语言学习的第一步，是学好语言的关键步骤。而利用我们人类的各个发音器官来获取信息，把无声的语言变成有声语言，便能达到最佳语言学习效果。

借鉴此二者，古代汉语的学习，也可以创造条件让学生尽可能长时、高频、大量地接触文言资料，同时加强朗读训练。朗读与默读的不同，在于声音的抑扬顿挫、节奏变化中隐含着读者对语义的理解，能及时发现理解的偏差或错误。在课堂教学中，具体篇章的学习要求学生出声诵读，老师及时纠正断句错误，必要时可示范朗读。课后作业，适当布置篇目，要求学生诵读直至背诵，并在课堂上抽查。一年的课程教学结束后，学生的文言语感将有显著进步。

运用朗读，能使学生对古文逐渐熟悉，为准确句读打下良好的基础。但要正确断句，还必须有计划地进行系统训练。

首先，多读多练，提高训练的频率是基础。三天打鱼，两天晒网，任何事情都难以成功。必须有足够多的篇目及训练次数，才能逐渐掌握句读的窍门。在课堂教学中，笔者尝试固定环节的句读训练与随时穿插句读训练相结合，争取给学生提供更多的训练机会。每次课前，给出一段文字，要求学生在五分钟内完成句读；具体篇章的学习，抽出个别段落，临时要求句读。为了增加训练次数，还要充分利用课余时间。课后练习，无法全程跟踪与监督，不容易检查学生实际完成情况。这就要求在作业的形式上有所调整，以便考察学生的训练效果。除了纸本作业的方式外，充分利用网络资源，如要求学生自行下载中华书局制作发布的“句读”小程序，利用课后的零碎时间勤加练习。此类程序一般能实时保存练习者的相关数据，练习的次数、成绩等均有记录。教师可不定期查看，了解学生练习的频率及正确率，随时督促学生。

其次，句读内容的选择，应注意与课内所学的篇章有关联。教材中所选的篇目，有注释及相关背景的介绍，教师讲解充分，对于知识点的把握全面。句读篇目若是有关联，则可省去分析解释，省时高效地进行。如学习《左传》的《郑伯克段于鄢》一篇，则用“周郑交恶”“繻葛之战”来句读，同样的人物、相似的语言表达、重复出现的词汇，给句读提供诸多提示。学习《晋公子重耳之亡》，可用《国语》中的相关段落练习；学习《论语》的选篇，则可用《孔子家语》的选段作句读练习；学习《礼记》，则可选择教材中未出现的语段加以练习。选用同一著作或不同著作中有关联的篇章，既可以让句读训练有计划有次第，同时还便于让学生更加深入地了解文言作品的个性与共性，继而更全面地把握文言表达的特点。

再次，教给学生句读的技巧、方法。断句前应阅读全文，了解文意，这是断句的先决条件。如果想当然地点断，容易发生错断。通读全文，理清属于什么文体，写什么内容，作者想表达什么意思。要注意文言文单音词占多数的特点，抓住几个关键的字词翻译以理解文段大意。根据文章的内容或层次，先断出几个大的段落或层次，此时注意句首、句末虚词，这样凭借段落、层次或句首、句末虚词，把确有把握的地方断开来。对每一段落或层次按照前后顺序，从头到尾地进行解剖，分出若干个句子，加上恰当的标点。

1. 注意文言虚词的功用。《文心雕龙·章句》言："至于夫、惟、盖、故者，发端之首唱；之、而、于、以者，乃札句之旧体；乎、哉、矣、也者，亦送末之常科。据事似闲，在用实切。巧者回运，弥缝文体，将令数句之外，得一字之助矣。"

句首词常见的有：语气词"盖、夫、且夫"；时间副词"是时、昔夫、曩者、日者、现已、既而、向者、俄而、方今、乃今"；复音虚词"岂唯、然且、然则、故夫、大抵、得无、何为、何以、何乃、未尝、无乃"；谦敬副词"请、窃、忝"等。

句尾词常见的是语气词，如"也、邪、欤、与、乎、哉、焉、耳、矣、兮、也夫、已焉哉、矣哉、云尔、已乎"等。

2. 注意特殊句式及固定句式。如：判断句常见的形式有："…者…也""…也""…者…""…者也"等，还有用"乃""为""即""则""非""皆"表判断；疑问句通常有疑问词，如"何""安""胡""曷""奚""盍""焉""孰""孰与""孰若""何如""何以""何为""奈何""若何""如之何""奈之何""若之何"等；常见的固定句式有："…不亦…乎""得无…乎""无乃…乎""何…为""安…哉""孰与…乎""与其…孰若…""为所…""为…所…""见…于…""夫唯…故…"。如《吕氏春秋》："上胡不法先王之法/非不贤也/为其不可得而法/先王之法/经乎上世而来者也/人或益之/人或损之/胡可得而法/虽人弗损益/犹若不可得而法"两个"胡"表明这两句是疑问句，"非""也"表明是判断句，"者也"表明是判断句，借助句式的特有表达形式就可以正确断句。

3. 注意高频词及特殊词类。对话、引文常用"曰""云""言"为标志。人物对话，一般第一次出现双方人名，后文则只用"曰"而省略主语。名词性词语（含代词）也是重要标志。名词性词语一般是文章陈述、描写、说明或议论的对象，通常充当句子的主语或宾语，在此前后往往要断句。找出文中反复出现的名词性词语，基本上可以明白句读。常见的名词有：人名、地名、事名、物名、朝代名、年号、国名、官职名等。常见的代词有：吾、余、予、尔、汝（女）、公、卿、君、若、彼、此、其、之。

4. 注意文章的修辞、章法。古人写文章讲究语言工整，多运用对偶、排比、顶真、反复等修辞方法，句式整齐匀称，富有节奏感，四六句多。如："秦孝公据崤函之固/拥雍州之地/君臣固守以窥周室/有席卷天下/包举宇内/囊括四海之意/并吞八荒之心/当是时也/商君佐之/内立法度/务耕织/修守战之具/外连横而斗诸侯/于是秦人拱手而取西河之外"这一段文字中，"据崤函之固/拥雍州之地"是对偶；"席卷天下/包举宇内/囊括四海/并吞八荒"是排比；"内""外"是对照。从文章结构来说，常用总说分承或分说总承的写法。"故知胜有五知可以战与不战者胜识众寡之用者胜上下同欲者胜以虞待不虞者胜将能而君不御者胜"是总说分承的写法；如"老而无妻曰鳏老而无夫曰寡老而无子曰独幼而无父曰孤此四者天下之穷民而无告者"，则是分说总承的写法。

最后，及时总结句读失误的常见原因。句读古书，需要具备文字学、音韵学、词汇、训诂学、语法学等丰富系统的古汉语知识，稍有不慎就可能误读。在平时的教学中，常见的误读原因，归纳起来大概有如下几方面：

1. 错解词汇意义。古今词义的演变和发展，要求学习者必须认真考察词义，否则极易错断标点。如：

始武贤与赵充国有隙，后充国家杀辛氏，至庆忌为执金吾。

这几句意思不通，原因在于"杀"的意思理解有误。这里的"杀"应读为shài，意思是衰减、衰败。正确的标点应为"后充国家杀，辛氏至庆忌为执金吾。"意思是，后来赵充国家衰败，而辛氏到了庆忌，官为执金吾。

要注意的是，语义的理解不能囿于局部，应充分联系上下文，才能保证标点的准确。如：

綦毋张丧车，从韩厥曰："请寓乘，从左右。"皆肘之，使立于后。

这段文字出自《左传》的"齐晋鞌之战"。韩厥在前一晚梦见父亲对他说，第二天作战时要避开战车左右的位置。所以，他代替御者立于战车中间，果然，车左、车右均被射中。綦毋张请求搭车，在车左、车右的位置，韩厥均用肘撞他，让他站在自己身后。因此，文中“从左右”并非韩厥的话，而是綦毋张的行为。正确的标点应是：

綦毋张丧车，从韩厥曰：“请寓乘。”从左右，皆肘之，使立于后。

2. 不明语法关系。古代汉语的语法特点与现代汉语不同，学习者应掌握基本句式，根据上下文认真考察句子结构，否则将造成误读。如：

厩焚。子退朝。曰。伤人乎不。问马。

此为陆德明《经典释文》中的断句，无疑是错误的。古代汉语中不存在语气词“乎”后再加“不”的句式，这样断句不符合文言的语法习惯。正确标点应是：

厩焚。子退朝，曰：“伤人乎?”不问马。

又如：

且夫天者，气邪？体也。

这句话的意思是“再说，天是气呢？还是实体呢?”这是选择性问句，这种句型往往用“邪”与“也”相呼应。因此，正确的标点应是：

且夫天者，气邪？体也?

3. 不了解古代文化常识。古代文化常识的范围极广，涉及天文、地理、历法、音律、职官、姓氏、宗法、典章制度文物等多方面。就算专业的研究者，也不可能穷尽所有的知识，因此此类句读错误较为常见。如《史记·秦始皇本纪》：

彗星复见西方十六日，夏太后死。

泷川资言《史记会注考证》断句为："彗星复见西方。十六日，夏太后死。"

这句话的意思是，彗星又在西方出现，十六天后，夏太后死了。《史记》一般用干支纪日，而数字与"日"连用，表示多少天，即指时长，不指具体的日期。因此，本句中"十六日"是指彗星复见西方的天数，不是指夏太后死的时间。"十六日，夏太后死"，却以"十六日"为一月中的一天时间，显然是《会注考证》不审中国古代纪日制度而错断。

又如：《历代职官表》卷三十三引《山堂考索》，"凡他官入院，未除学士，谓之直院。学士俱阙，他官暂行文书，谓之权直。"《丛书集成》本《历代职官表》断句为："凡他官入院未除学士。谓之直院学士。俱阙他官暂行文书。谓之权直。"本段文字说宋代翰林院事，宋无"直院学士"之名。所谓"直院"，是指没有被任命为翰林学士的官员到翰林院，在翰林学士缺员时，他们可暂行文书之职，叫作"权直"。这是因不了解宋代官制而造成的误读。

标点古书，看似容易，实则至难。要想正确标点古书，无捷径可走。首先，应熟读一定数量的文章，培养语感；其次，学习、积累多方面的知识；最重要的则是多练习、多总结。在教学中，教师除了指导学生循序渐进地加强训练之外，还要随时提醒、督促学生利用课余时间主动积极地自我练习。只有持之以恒、不间断地训练，才能提高句读的准确率，从而真正培养学生的古文阅读能力。

参考文献

[1] 李晗菲.小议中国古代句读观[J].文教资料.2017(14).
[2] 李思瑶,吴媛媛.句读,有法可循[J].牡丹江大学学报,2015,24(7).
[3] 唐书杰.明句读——从最基础处教学文言文[J].语文建设.2011(11).
[4] 杨华英.朗读在英语教学中的作用[J].保山师专学报,2008,27(4).
[5] 戚莉燕.重拾朗读在英语学习中的作用[J].科技资讯,2017,15(27).

第二辑　艺术设计

福州脱胎漆器源流浅考及工艺解析

◎魏　宁

摘　要： 漆艺在我国有着悠久的历史，如今已成为我国传统艺术文化中的瑰宝，是重要的非物质文化遗产，具有相当重要的人文价值。而福州的脱胎漆艺又是其中的一颗明珠，成了该艺术的主要代表之一。本文主要对福州脱胎漆器的源流进行探析及工艺解析。

关键词： 脱胎漆器；源流；工艺

漆器中的脱胎工艺也称夹纻工艺，又称夹纾或挟纻，是一种古老的漆立体器内胎骨架的构成方式，古代多用于佛造像。它主要由天然漆及麻布构成。主要的做法是：先用泥将所需器物的形体塑好，然后将麻布用漆裱贴于土坯之上，层层相叠，待漆料完全干结后，再掏空坯内的泥料，形成夹纻漆坯。

元代夹纻干漆佛造像

漆的使用历史，最早可见文字记载于《韩非子·十过》，据载，虞舜之时“作为食器，斩山木而财之，削锯修之道，流漆墨其上……禹作为祭器，墨染其外，朱其内”。由此可见，漆的使用历史十分久远。《诗经》中也有关于漆的文字记载：“树之榛栗，椅桐梓桼（同漆）、爰伐琴瑟、山有漆，隰有栗。”到了周朝，还专门设置了官制“漆园”，著名的思想家、哲学家庄子就曾为漆园吏。关于立体形态的漆器最早的文字记录可追溯至周代的《周礼·考工记》，书中明确记载了当时漆车及髹饰的漆制，甚至在当时的姓氏中亦有“漆雕”的姓氏。

夹纻工艺具体的形成时间，无翔实可考之佐证，据考古推证，源于战国，兴于西汉，魏晋时期工艺技术趋于成熟，至唐代，夹纻工艺已相当成熟。唐代著名文人张鹭所著《朝野佥载》卷五中记有“其中大象高九百尺，鼻如千斛船，小指中容数十人并坐，夹纻以漆之”字样。又唐末诗人王仁裕在《玉唐闲话》中也有“曾游洪州信果观，见三宫殿内功德塑像，是玄宗时夹纻，制作甚秒”的文字记载。

战国初期的夹纻工艺主要用于制作日用器，形制多为圆形和方形。初期的夹纻胎骨多见使用木质胎，不脱模，成型后直接将麻布用漆裱贴其上形成漆器，近代考古中朝鲜乐浪所出土的汉代漆器，皆属于此类制作工艺。

夹纻木胎鹤纹漆匜（西汉）

至六朝，佛教由印度传入我国，印度佛教中“行象”的传统宗教仪式也随之被带入我国。“行象”仪式类似于今日民间中仍然可见的“游神”的宗教活动，就是把佛像请到寺庙外面进行巡游的一种请佛方式。为了便于“行像”，在六朝时期夹纻工艺开始用于佛造像。其后，由于兴建了大量的寺庙及佛造像的尺寸不断增大，夹纻工艺被大量使用于佛造像，更取其轻，便携而用于“行像”造像并盛极一时，正是由于夹纻工艺被大量使用于寺庙中的佛造像，所以有些寺庙更是以此方法修造木胎匾额悬于门屏之上。

随着宋人南迁这一历史的迁徙，闽地漆器开始兴起，至南宋时期闽地漆器已趋成熟。1975 年 10 月，在福州七中挖掘出土了宋代黄升墓中的 410 件随葬品中，就有七件漆器（漆奁、漆粉盒、髹尺、漆缠线板和漆镜架等夹纻胎、木胎漆器）随后又在福州北郊茶园村出土了另一批南宋漆器，其中剔犀葵瓣形三层漆奁，外表髹如意云纹雕，漆层表面为褐色，刻深现底斜面露出红黑两色，互不相混，色彩悦目，器内底髹黑色，莹亮光泽，反映出了南宋时期福州漆器制作已具极高水平。而脱胎漆器的发展，可考实物年代可追溯至清乾隆年间（1936—1795）有着两百多年的历史。在当时，它被作为当朝珍贵的礼物流传于官场之中。随着清政府通商政策的开放、福州的脱胎漆器逐渐开始外销，产品种类丰富，有瓶、盘、盒、屏风、挂联、家具等。在技法上，不但有传统的素髹推光，沉花、生漆描金、堆漆、雕漆等工艺，还发展出了薄料、台花、彩漆晕金等创新工艺，并生产出了一大批精美的漆器远销海外，被誉为“东方的黑宝石”，其中尤以沈氏漆器闻名。

沈绍安兰记款金漆彩绘山水人物长颈瓶

漆匠沈绍安（1767—1835）字仲康，清乾隆年间闽侯官县（今福州）人。善漆工，福州脱胎漆工艺创始人。沈氏平时以漆匠为生，闲散时自制一些小型的漆器以贴补生活。据传，有一回他在给县衙修理匾额时，发现匾额虽然木料已朽，但漆灰麻布裱贴的底胚却完好无损。沈氏通过此事，得到启发，回到家中不断琢磨，终于在传统的夹纻木胎工艺的基础上恢复并改良了夹纻工艺，创新使用稠、绢等精细布料与漆结合进行裱脱，使脱胎漆器的胎体更为轻薄，质地更为坚固，造型更加细致，深受时人的追捧。光绪四年，闽浙总督许应骙从福州精选了一批沈记漆器（沈绍安第五代孙沈正镐、沈正恂作坊所造）献于朝廷，慈禧太后十分喜欢，遂收存入宫，并赐沈氏兄弟二人五品顶戴。沈绍安创立的漆器脱胎制作工艺大部分工序沿用至今。

福州脱胎漆器的传统制作工艺，大致可分为塑形、裱脱、髹底漆（也称糙漆）、漆绘四个步骤。在塑形阶段，除了使用传统的泥塑方式外，亦开始使用石膏制模，模具在形式上大致分为阴模和阳模两种。翻出的石膏模型至干透后，在石膏模型的裱脱面上涂上一层脱模剂（有用池泥稀释，也有用皂角加水）均匀地涂抹在模具表面，待脱模剂完全被吸收干燥后就可以开始裱贴工序。将天然生漆与填充料（如面粉、细瓦灰等）拌合成糊状，作为裱贴的黏合剂，再将黏合剂刮涂或刷涂在麻布上，最后再把麻布粘贴在模具上，这样层层相叠，大约一次两道，就完成了裱贴工序。待裱贴的麻布完全干结后，再用黏合剂刮涂于麻布的孔洞表面，将麻布纹理完全填充至平整。刮灰工艺，根据所制器物的不同，在灰料及刮涂次数上也各有不同，灰料分粗、中、细三级，以先粗后细为序，直至漆坯表面完全平整。待所有灰胎平层干结后，就可以脱模了。泥塑直接掏挖或入水泡化，石膏模用木棒轻敲击碎。有的形态是一次脱模成型的，有的形态是分割脱模成型的，如果用分割脱模制胎的，完成脱模工序后还应进行合模，常用的合模法是将两片对接的漆坯先用纸胶固定，再在内表面补裱麻布将坯合拢。脱模完成后的漆坯用水砂纸顺形研磨至顺滑，漆坯就完成了。

完成后的漆坯表面上还有残留的细小孔洞，通常是用推光漆均匀地刷几道（目测及手触判断），这道工序在脱胎工艺中称为糙漆。如果是表面上的孔洞较大，推光漆无法将其填平，则需要用生漆灰料来填补缺陷，这种做法称为补敏。当所有的表面目测无明显可见缺陷时，再次用细水砂纸将其表面研磨至平顺的亚光面，到这个环节，整个漆坯的工序基本就结束了。

接下来的髹饰部分，如果是素髹，则可直接将单色推光漆刷涂于亚光漆坯表面，刷漆次数大致在三到四遍，即可进行研磨、推光及擦揩工艺。如果是彩绘装饰也是在亚光面上直接髹饰，直至完成推光及擦揩工艺。

作为具有典型的地方工艺代表的福州脱胎漆器，以其胎体轻奇、面饰多彩、不怕水、不变形、坚固耐温、耐酸碱腐蚀等工艺特点，深受民众喜好，并大量出口到日本、美国、英国等地。2010 年 12 月 31 日，原国家质检总局批准对“福州脱胎漆器”实施地理标志产品保护，这一举措一定会更好地把福州脱胎漆器推向一个更高的历史水平。

浅析现代造型艺术的形式

——对现代造型艺术形式的分析

◎程　越

摘　要： 通过对现代艺术的各种造型手段的分析，了解现代造型艺术的本质，提高对现代艺术的本质的理解，能否在现代艺术的多种风格和形式中找到艺术的出路，通过对三种基本的造型手法的分析，形成深刻的造型形式，在清醒地认识到现代艺术的同时，回归到对东方文化的进一步深刻的认识，这也许将是传统文化复苏的契机。

关键词： 现代艺术；后现代；解构重构；散点透视；抽象

引　言

现代艺术发展到今天出现了多风格的局面，如何在纷繁的艺术形式里找到出路，工业文明带来的艺术的变革，以及后工业文明带来的相应的艺术形式，都是建立在形象的完全分解上的。应该在不久的将来会出现一种全新的艺术面貌，而这种局面的出现以及如何把握基于一种对现代艺术的本质的理解。

19 世纪末 20 世纪初现代艺术在真正意义上的里程碑是在包豪斯的教学体系中将这种适应工业的新的文明形式应用到了教学中。艺术的本质实际上是无法用知识传达的，能够外在表现的是它的造型形式和艺术手法。能够将艺术作为一种教学的体系来进行传授的也只能是在造型的外观上表现出来，内在的精神内涵则只能是领悟了。

造型手法上的不同，实际上是艺术家对世界的独特的认识、理解、感受以及不同的观察方法和观察角度，造型上的差别，是无法掩饰他们在内心的精神上意义的相同性的，尼采、叔本华、柏格森、弗洛伊德的哲学体系和文化理论都对现代艺术的出现奠定了理论和文化的基础。所以将造型手法作为一个独立的体系来进行研究和归类是对历史文化的一种深刻的认识和研究，是对艺术形态的客观认识。

现代艺术的出现归于工业革命的发展，工业的发展作为经济基础，势必需要相应的精神建筑来与之呼应，在经历了工艺美术运动和新艺术运动之后产生的现代艺术是在真正意义上的适应工业的文化形态。乌尔德本人作为新艺术运动的代表，也是现代艺术的最早的传播者，他的继承者格鲁皮乌斯也步其后尘。在包豪斯的教学体系中，他聘请的教授将现代工业的文明形式通过对平面和空间的造型元素的认识，应用微观量子力学的方法，分解的客观地归纳为基本的造型元素，以此作为基石来构筑现代艺术的摩天时代。

现代艺术的造型与传统艺术形式决裂，外形上再也见不到完整熟悉的面孔了，艺术家呈现在我们眼前的只是一种无法用语言去描述的无知，在欣赏者的眼睛里投射的是一种凌乱和茫然，因为现代的艺术家是不用眼睛绘画的。

所以现代艺术并不是实质的绘画，只不过是视觉的信息传达。

将现代艺术的滥觞，用基础的造型的形式和造型的方法来进行沉淀，是一种唯物的客观的认识，在这简单地介绍以下几种形式。

1. 散点立体造型

将立体主义作为一种造型的方法来研究，绝不是对先民的亵渎，塞尚将自然界的所有形式纳入到五种基本的几何形体中，运用这几种基本的元素进行本质意义的传达，希望能达到最高的和谐和愉悦，但最终他并没有走出三维空间的禁锢，在他的苦楚犀利的排列笔触中处处流露了一

图 1

种抑郁悲悯和拙涩，这也成就了他独特的艺术风格。在后来的立体主义的代表人物里，毕加索也并没有将他的这五种元素的价值闪现出来，应该是对塞尚的立体的观点的取舍和误解吧，但是毕加索、勃拉克、德劳内，却发现了东方传统艺术的价值。在传统的艺术手法里，散点透视是对事物的一种直观的艺术表现手法，在这种手法中没有三维空间的认识。它的本质是将三维的空间转化到二维的空间中，是一种二维的形式表现，而且是一种包含了时间的二维的形式，与西方的透视的真实的假象的表现方式有着本质的区别。但在以上的艺术家的眼里却将东方传统的艺术空间表现方法和西方的意识形态僵硬地嫁接，从此便产生了这种所谓的立体主义。其真正的含义，也许只是艺术家开的一个惊人的玩笑，世人无知的炒作塑造了今天立体主义的地位。

立体主义的艺术家将不同角度观察的同一个物体，随意地、硬性地结合在了一起，这改变了人们的视觉习惯，否认了视觉的真实性，告诉人们一个真实的物质状态，不再表现简单的形状，而是一个三维的运动的活生生的真实的形态。这只是艺术家主观的个性的表现，现实变得不再重要，重要的是真实。

当尼采惊世骇俗地告诉世人上帝已经死了，人们便在恐惧中茫然地面对着一个无助的世界，在无神的危机感笼罩下寻找真正的精神寄托。在一片死寂沉默中毕加索横空出世，用他的画笔告诉世人上帝没死，只是变得很丑陋无法辨认了而已。也许还有些头脑清醒的。但是，不信上帝还能信什么？

中国当代不是还有艺术家在进行着这种东西文化生硬地结合的艺术形态吗？意义在那里？意义的价值就在于它没意义。

2. 解构与重构造型

解构应该还是要从毕加索的绘画《格列尼卡》谈起。在这张绘画中看不到完全的真实的形象，所有的视觉形象都是破碎的。这是毕加索真实感受的表达，在炸弹的爆炸威力下没有任何完整的形象可以呈现。将这些碎片布局在画面中，给人一种真实的艺术的表达。在这张绘画的影响下产生了一种绘画的艺术表现形式。

图 2

当然还要谈一下战争的影响，由于战争的原因，原先井然的世界秩序变得如此脆弱，神圣的生命尊严变得如此的一文不值。眼前一切美好，背后却是一片狼藉。

达达主义的出现背景也是出于战争的影响，秩序的存在和丧失具有同等的价值和意义，具有同等的机会和必然。从此一种无秩序的艺术形式出现在人们的眼前，达达以他的荒谬和怪诞而闻名。无代替了有，战争告诉了人们什么是真实，生存告诉了人们什么是意义。

艺术是什么？艺术是一种真实，是一种虚假的真实，还是真实的虚假。

艺术是灵魂的建筑。

该建筑运用模拟的建筑材料和建筑方式，构筑了一个真实的戏剧空间。如今这种艺术语言已经登堂成为一种艺术的表现方式和造型的手法，所谓的这个空间的存在完全脐连于一个救命稻草的“假设”命题，假设这个世界是不存在的，我就是那个存在，我就是上帝，一切交给我，我来创造一切。既然我是盘古，那我就可以进入一个洪荒的世界，艺术只有我来解释。也只有我才能够解释。

艺术就是我自己。我就是一切，客观的丧失和主观的垄断同时存在，塑造的艺术形式的价值，完全要看那个命题的真实性。他真的存在吗？

解构与重构是建立在否定基础上的肯定，但实际上是建立了另外的一种新的否定形式，这无疑是进入了先有鸡还是先有蛋的逻辑的怪圈中，一种无法自拔的艺术形式，他能告诉我们什么呢？秩序在哪里？

我们怀念高更的疑问——我们是谁，我们从哪里来，我们要去哪里。

在波丘尼的作品中同样质疑了这个世界的真实性，没有外轮廓，没有了视觉的边缘，也就没有了视觉，视觉不存在，造型艺术哪来的存在？也就是说他的作品是瞎子看到的世界，是聋子听到的音乐。

图 3

波丘尼把太阳从天上摘了下来。

也许只有见到杜尚的小便器才真正见到了光明。

3. 从具象到抽象

现代艺术的建立是在否定传统的写实艺术形式之上的，从传统艺术追求真实的造型，到传统艺术的消亡，也许照相机是罪魁祸首。现代艺术的出现实际上还是归于人们认识状态的改变，对真实的追求，对存在的解读。

康定斯基在偶然的机会中感受到了在具象的背后隐藏着一种真实的东西。蒙德里安在与毕加索见面之后改变了自己的思路，开始从深层次地挖掘世界真实的存在，艺术过渡到了一种只见木不见林的微观的局部世界。如何去理解这种神秘的艺术形式，那种不可名状的基本的造型元素，实际上在眼睛外在感官的世界里是不存在的，我们在用一种动物的交流方式和人说话。

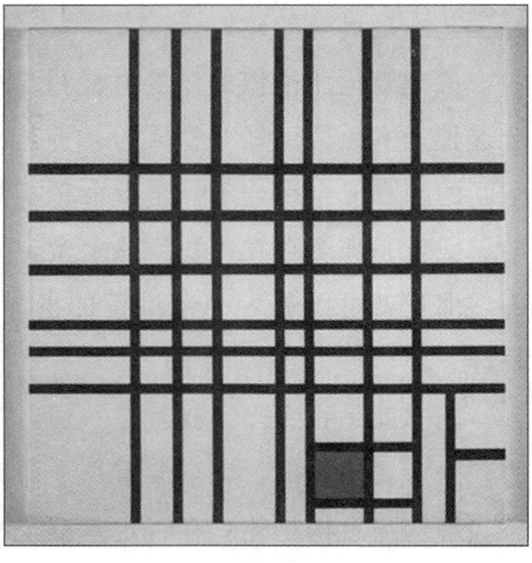

图 4

点是一种终极的造型元素，是

抽象中的抽象，是可以理解但不可原谅的存在，是位置的同义词，是一种最初级的存在。一个点可以是世界上的任何东西，但是它的具体的存在是什么呢？它只是一种意识，一种逻辑的存在，外在的表现完全是在相对中存在的，也就是说世界就是一个点，所有的物质形态都是点，但在世界上找不到一个点。那么用根本不存在的点去描画的世界又会怎样呢？既然不存在又怎样去描画呢？

造型艺术的不同与哲学。

线是点一维运动的结果，线只是点的另外的表现方式，是在表现点的运动，是对点的一种规律性的认识。线根本不存在，只是视觉的识别速度慢于点的移动速度。线只是点的一种轨迹，线就是点，线不存在。将其作为一种造型元素，并应用与艺术的创作实际就是一种布朗运动，形态的表达也只是一种点的存在形式。

面是点的二维运动的结果，是一个点的双向运动的描述，它仍然是一个点，只是他同时具有两个方向的运动，我们将这种运动称为面而已。

图 5

一维、二维、三维……其实都是时间，维就是时间，其实我们生活在多维的时空中，只是我们还没能解释我们是怎样存在于这个宇宙空间中的。空间是时间的分离，是一个物体在相同的时间里的多维，但就物体来说他是静止的，只有静止的才是多维的。也就是说只有静止的才会是运动的。任何除此之外的运动都没有意义。

所以运用点线面这种视觉的语言所传达的只是一种运动的方式，或是存在的形式，没有任何的美学的规律性可寻，所以将其纳入到美学的范围中实际只是一种痴人说梦。

空间实际是不存在的，只是维度的分离，我们称为空间。现在所称的四维空间也就是维度的递增。从宏观的角度来看维度应该是不断增加的。

所以应用以上元素的任何艺术形式其实都只是一种蒙昧的艺术形式，并没有触及存在的根本。

现代艺术的造型方式，应该主要有上面的几个方面，而每一种形式实际上都存在着先天的不足，每一种造型的方法都是对自然认识的片面曲解，造型艺术究竟何去何从，尚无定论。

远古石窟的刻画——艺术是人们内心的寄托和期盼。

封建社会的神学——艺术是人们生存的认知和皈依。

工业社会的文明——艺术是人们欲望的放纵和克制。

后工业信息时代——艺术是人们忘却的记忆和无知。

艺术来源于生活，并不高于生活，艺术就是生活。没有必要将艺术从生活中分解出来，艺术是生活的不可或缺，艺术只是一种经历，将艺术造型作为一种追求，没有任何的价值和意义，在造型的背后，艺术需要重新定义和阐释，也许关注传统艺术注重传统文化的精髓，是我们应该解决和必须接受的课题，回归到东方文化的哲学和艺术体系中应该是我国现代艺术的趋势。

参考文献

[1][俄]康定斯基著，李政文、魏大海译：《论现代艺术的精神》。

[2][德]阿道夫·希尔德勃兰特著，潘耀昌译：《造型艺术中的形式问题》。

[3] [法]米歇尔·瑟福著，王昭仁译：《抽象派绘画史》。

[4][西]毕加索等著，常宁生译：《现代艺术大师论艺术》。

陶瓷家居产品与现代室内装饰语言的关联性研究

◎程　越

摘　要：在软装陈设中会用到大量的艺术陶瓷，艺术瓷的釉色、造型以及质感千变万化。目前装修设计领域里一味堆砌的现象很多，这就造成了陈设的艺术形态与装修的艺术空间风格不统一，形式杂乱。如何将家居陶瓷造型与空间的艺术语言寻求统一，在色彩、造型和质感上获得一种形式的美感？针对不同风格的室内空间，在室内陶瓷艺术造型上提出风格统一性的问题，以及针对不同的艺术形式进行陈设与室内装饰语言的关联性研究。

关键词：风格；造型；软装；形式美

室内设计目前主要的设计风格处于人们在满足使用性质的同时逐渐地步入一种纯粹的设计概念阶段，对审美的需求越来越高。伴随着室内空间品位的提高，室内软装在进入设计领域这几年获得了突飞猛进的发展，但是室内陈设领域的水平良莠不齐，在设计中如何考虑陈设的设计元素与空间的艺术语言的统一性，成为解决空间问题的重要环节。这几年的陶瓷家居产品逐年增多，陶瓷的造型、色彩以及与空间之间的关系成为了主要研究的内容。

一、陶瓷产品与室内设计风格的统一性

室内设计之初首先面对的是设计风格的问题。设计风格有各种不同的分类方法，主要指在不同的地域，不同时期里相对稳定的设计思维和设计方法。不

同时期的各种工艺美术都处在其相对固定的技术层面，所以在设计方面就具有一定的设计风格外貌特征。如果想采用一定明确的设计风格，需要对空间中的陶瓷产品的制式有着相对明确的认知。

例如，工艺美术运动时期的室内设计风格主要是在发挥传统手工艺技术的同时也饱含对自然的深情依恋，在设计中寻求自然的形态，是一种将技术的层面和历史的自然观融合在一起的审美思维方式。在这段时间的作品中可以看到对中世纪真诚的留恋和对田园美好的向往。历史的真实和自然的无饰，作品显现的是一种发自内心真诚之美的意识涌动和表达，艺术的终极目的是促进社会的改良，社会良善是目的，艺术良善是手段。风格上的统一需要设计思想的统一，在处理空间的问题和陈设上始终寻求一种文化上的共性。

图 1　酒店内部陶瓷陈设

在现代设计中，产品本身的元素性质较强，空间中形式感的统一性变得更加重要。

陶瓷制品在我们的生活中除了具有重要的实用功能外，还具有重要的陈设功能，在室内空间中充当了聚焦视野、美化空间的功能，所以与空间的协调和对比程度是至关重要的。

陶瓷艺术在进入现代陶艺的过程中就取决于现代艺术的造型元素的思想本源，现代艺术更多的是对艺术符号的理解，以及造型语言的象征的作用，造型的基本元素在现代艺术中获得了前所未有的自由，空间的品质体现在对空间形式的理解上。这是西方的艺术思想在受到微观量子力学的影响之下的艺术微观化的特征，艺术中的形式和元素不断地阐释着艺术的本义，现代艺术的形式就是点线面的艺术，艺术的形式被粉碎解构了，艺术形象是一种元素在某种意义上的不同规律的组合。在室内空间的处理中，陈设的物品与空间形式的统一就是形式元素之间的统一关系，陶瓷艺术的造型也在从传统的文化背景下抽取出形式和元素的符号化特征，呈现在当代的陶艺以及陈设的空间环境中。

陈设部分中的陶瓷艺术形体本身，形体与元素空间除了要考虑风格之间统一性的同时就是要考虑形式的统一性的问题，风格主要的显现是在装饰的语言上，形式的统一性主要是在元素的统一性。一般情况是考虑线条美感的一致性，直线与曲线的对比关系，或者是硬朗与柔和之间的对比关系问题。

二、陶瓷产品与室内空间形式的统一性

传统陶瓷制品的器型相对比较单一，现代陶艺的出现导致在陶瓷制品出现了许多形体相对复杂的变体，陶瓷制品陈设的方式和布局也不再单一地摆置，而是出现了各种创新的放置方式和手法，陈设的空间也从单纯的室内居住空间过渡到了多元化的室内场所。陶瓷产品出现的重要的公共空间体现了空间的品位和层次，这首先需要形体上造型形式的统一以及陶瓷语言的创新。

造型的统一包含有几个方面的统一，造型的形式之间的统一。形式是一种审美的秩序感的体现，统一的形式会给造型带来一种韵律的音乐感，这种感受是基于一种空间形式感的重复现象。现代感较强的空间一般是直线成分较多的空间，直线较多的视觉形态，线条本身的长短、粗细等都可以在空间中产生一种节奏的美。对陶瓷制品同样是需要外轮廓线的设计语言。传统古典的室内空间需要的是曲线形式，现代的陶瓷造型趋于多元化，可以呈现出与空间完全类似的形态感受，陶瓷产品的造型与室内空间之间的统一性来源于造型元素的统一。

陈设陶瓷的造型本身需要在注重统一的同时考虑造型在空间的对比与调和的关系。调和是一种隐性的形式美感，往往是一种对比的弱化和统一感的强化。在统一的形式的背后不可或缺的是形式的不调和，这就需要一定的技术手

法将元素之间的对比减弱到适度的程度。

这就需要在陈设陶瓷与空间之间建立一种微妙的艺术关联性，让实体的陈设品与空间的环境之间拥有一种互相取景互为补充的艺术感受。

三、陶瓷产品与室内空间的视觉力象的关联

陶瓷产品在不同的空间中呈现的视觉美感是不同的，陶瓷产品与空间之间的关联性是直接关乎审美的本质因素。

陶瓷有大小之分，空间有阔狭之别。

陶瓷类的家居产品在空间陈设的位置一般是低于我们的视平线的，大部分的陈设是放置在桌面的位置。室内空间可以简单地分为居住空间和公共空间，居住的空间一般是相对逼仄狭窄，公共空间一般宽敞明亮，这就要求不同的空间的陈设的体量的要求。宽阔的审美空间一般陈设装饰的陶瓷制品是起到收敛空间的作用，狭小的居住空间陈设陶瓷一般是美化装饰空间的作用。在室内空间中陈设的陶瓷制品一般是静止的物质形态，所以视觉上的力场是收敛空间的，比较大件的空间陈设除了吸引视线之外还有分隔空间和活跃空间的作用。

陶瓷制品相对于空间的出现位置，如果出现在空间中间的位置时，是为了收敛空间并在空间中形成一个视觉的焦点，能为空间建立空间的序列，视觉在这个位置出现停留和空间分隔的隔断效果，从而使空间变得丰富。往往这样的空间比较大，空间的场所精神带有强烈政治含义。如果出现在空间边缘的位置，往往这样的空间陈设是依附在墙角和墙体的位置，这是空间的装饰手法，装饰于周边的空间语言，分散空间的视觉注意力，强化空间的围合感。

小件的空间装饰品，陶瓷制品出现在公共空间要体现空间的文化品位和政治主题性，在小的空间中更多反映的是主人的审美情趣。这时的陶瓷制品主要功能是装饰美化空间，并和人之间不断地有情感和肌肤的触碰和交流，这类的陶瓷制品的美感主要是在于陶瓷的生活化的特点。

陶瓷造型本身有动感和静感之分，动的视觉造型在空间中可以提高空间的动态美感，增加空间的活泼度。静态的陶瓷制品又可以涤除杂念静悟禅心，陶瓷造型本身注重动静之间的结合关系，方寸之间，静若空凝，动如风涣。减少空间的沉寂增加空间的精彩程度。所以空间里的陶瓷产品可以提高空间品质的

同时还可以增添空间动静之趣。

图 2　酒店内部陶瓷陈设

四、陶瓷产品与室内空间的冷暖调和

任何一个装饰空间都具有冷暖的色彩倾向，在室内陈设的时候要注重空间冷暖的调和关系，陶瓷陈设的釉色一般在空间中并不会体现出空间的整体关系，但在对比方面却起到了重要的作用，同时展现空间的色彩品位。

陶瓷产品表面一般都有一层釉色，釉色本身都有相对冷暖的关系。釉色的冷暖与空间之间存在着一定的对比和调和的关系。一般陶瓷产品存在的明确程度可以直接影响到空间的冷暖，陶瓷本身的色彩与空间之间的对比关系可以折射出空间的美感。传统的空间色彩并没有直接的色彩倾向，所以陈设的陶瓷就可以起到重要的色彩定位，如果是祭红、郎窑红等红釉就可以在空间中产生强烈的暖色的视觉效果，如果是青花，就可以给空间带来清新的冷调的特点。但是由于陶瓷制品的体积都不大，一直充当的是点缀的作用，所以空间的色彩倾向依然是由内空间的主体墙面以及大面积的空间陈设来决定。

现代的室内空间一般强调空间的对比关系，对比的强烈会在空间中产生深刻的印象美感，所以往往色彩倾向明确的釉色可以在空间中大胆地布置，但是切记多而乱杂。

暖的釉色特点给人带来奢华的富足之美，具有万紫千红总是春的浮华意境。

冷色调的陶瓷制品给人典雅的视觉清新质感，有雨后晚来秋的意境。

一般人更多喜欢待在冷色调空间中，但不可太冷，也就是不可以大面积地过度使用纯度较高的蓝色。暖色调的空间形态看得太久会让人产生厌烦的视觉感觉。

所以在室内空间中的冷暖一般在陈设中去体现空间的冷暖关系，适度地进行冷暖的对比可以取消单一的色彩倾向，为空间营造优雅的居住环境。

结束语

陶瓷产品在室内家居的使用范围越来越多，但是也面临着诸多的问题。在空间布置中注意到以上几个方面就可以有效地解决陶瓷产品与空间之间的协调和统一关系，这是在实践中提炼出来的几点建议，并且里面牵涉了一定的专业术语和词汇，还需要在具体空间布置中注意遇到的实际问题。往往面对具体的问题的时候很难进行具体地细分，这就需要在掌握上面提到的几个方面之外要有融会贯通的能力，建立自我独立的审美意识，用统一的观点去看待遇到的具体空间设计问题。

参考文献

[1]冯先铭. 中国陶瓷[M]. 上海：上海古籍出版社，2004.

[2]李耳.道德经[M]. 西安：陕西旅游出版社，2003.

[3]李泽厚.美的历程[M] .北京：文物出版社，1982.

[4]张强.中国绘画美学[M].郑州：河南美术出版社，2005.

[5]孙振华.走向荒原[M] .南宁：广西美术出版社，1999.

[6][法]米歇尔·瑟福.抽象派绘画史[M].南宁：广西师范大学出版社，2002.

[7]张岱年. 中国哲学大纲[M]. 北京：商务印书馆，2015.

[8][美]约翰·拉塞尔. 现代艺术的意义[M] .中国人民大学出版社，2005.

传统山水画元素在现代陶艺设计中的运用

◎林则钦*

摘　要：陶瓷与山水画二者皆历史悠久文化底蕴深厚，均有着极高的人文与审美价值。自古以来中国传统山水画元素在当时的陶艺中都有出现。基于传统文化元素与现代文创结合的背景，本文探究传统山水画中笔法、墨法、意境等元素在现代陶艺设计中的不同运用方式：具象运用、抽象运用，以及诗意、禅意的运用，以期对二者的融合提供一些思路。

关键词：传统山水画；笔法；墨法；意境；现代陶艺设计

中国传统山水画文化有着悠久的历史，山水画是中国画特有的画种之一。在魏晋南北朝时已逐渐从人物画中分离出来，到隋唐始形成独立画科。五代、北宋山水画大兴，作者纷起，南北竞辉，达到高峰。元代山水画趋向写意，以虚带实，侧重笔墨神韵，开创新风；明清及近代，续有发展，亦出新貌，表现上讲究经营位置和表达意境。

中国的陶瓷文化同样也源远流长。当前人们越来越重视陶艺，不再简单地视其为容器，而是意识到其内蕴藏丰富的文化，记录的历史信息，这极大地促进陶艺在当代的发展。当代陶艺具有较大的发展潜力，是当代文创艺术的重要组成部分。

山水画与陶艺的结合能让当代陶艺在文创大潮中占有一席之地，并提供一

* 林则钦，男，1984 年 3 月 12 日，景德镇陶瓷大学硕士，福建师范大学协和学院讲师。

种新的可能。

一、山水画的笔墨和意境

笔法、墨法、意境是中国画的重要元素，狭义的笔法、墨法指的是作者的用笔、用墨的技巧。而广义地讲则是笔法、墨法、意境融为一体，由具体的笔法、墨法以及彩法、章法而达到抽象的有意味的境界。笔墨、意境对于中国画的重要性不言而喻，而作为其中重要的一支的山水画更是如此。

1. 山水画的笔法

五代荆浩在《笔法记》中提出："凡笔有四势，谓筋、骨、肉、气。笔绝而不断谓之筋，起伏成实谓之肉，生死刚正谓之骨，迹画不改谓之气。"可见笔法对于山水画的重要性。

在山水画用笔的技法中，笔法是由点、线、面构成，有勾皴擦点染。其中，皴法主要有：解索皴、披麻皴、荷叶皴、斧劈皴、米点皴、云头皴、鬼脸皴等。

2. 山水画的墨法

山水画的墨法是国画里最丰富的，某种意义上说它也是一种水法。作者在宣纸上利用水的渗透，使墨产生干湿、浓淡、深浅的变化。古人云：墨粉五彩即焦、浓、重、淡、清。这里面主要是水量的由少变多。如果再考虑墨的新陈区别，则墨的质地又可以细分为新、宿、焦、退、埃五类。由于墨色的不同处理，产生了枯、干、润、湿、漓等五种感观来体现绘画的丰富变化，所以在笔墨中，笔法强调内力，而墨法体现"活"和"变"。"笔为骨，墨为肉"。

与此相应的，前人总结出多种用墨方法如：积墨法、焦墨法、宿墨法、破墨法、泼墨法、浓墨法等以及相关的色彩技法。

3. 山水画的意境

自从山水画独立之后，历代作者在其中注入了深厚的情感。国人以山川草木寓情、愉情，也乐于在闲暇时刻游山玩水，乃至以山为德、以水为性的内修思想。这些都是山水画发展的重要动力，也是山水画形成意境的主要因素。也因此，山水画能寄托国人更多的情感并最终形成我们民族的古典底色之一。

意境理论的提出与发展使传统山水画在作者与观者双方的意识层面上有了

双重结构：一是主观精神的抽象内含，二是客观景物的具象外现。山水画的意境之美正是由于这两者的有机融合而产生。因此，山水画的意境既不是自然景物的简单描摹，也不是作者意念的随意拼凑，而是主观精神与客观世界的有机调和，是作者通过“外师造化、中得心源”，在自然与人文之间取得高度和谐的体现。

二、山水画笔法技巧在现代陶艺中的具象化运用

山水画中的形象均是具象的。山石、草木、人物、配景都是现实中的具体形态。但山水画中出现的具体形象常给人一种雷同感，这很大程度上是因为山水画创作遵循常形和常理。这个概念出自苏轼。苏轼认为，可以复制的物都是常形，如工艺产品、建筑、宫室器用等，人和动物也可以有常形。而山石、竹木、水波、烟云则没有稳定的形态，但有常理。这一理论给艺术家创作提供了一种思维方式，即有些山水画中出现的事物，不必拘泥于具体的形状，只要画出常理即可。如云和水的流动，千变万化，只要画出它的变化规则和轨迹；画一棵树，只要画出它的生长机理，神似即可，不必苛求形似。

解晓明山水系列陶艺里面的山石结构、布局及房屋、树木形态，人物形象和山水画如出一辙。这可以看作解晓明是通过泥的材质在进行山水画创作，不同的是山水画是用“毛笔”，而创作此件陶艺的工具仅仅是“手指”，通过手指对泥性的感知，以捏、搓、揉等精微的动作来完成。在制作过程中他也是遵循常形和常理的理念，并进行泥性的升华。青山绿水，山水相融，整个背景是重山，也是一块巨石。铁丝切过的痕迹像云纹也像水纹，是具象的但不是照搬。像山又像水的背景载体也是具象的，肌理像山，釉色像水，作品反映的并非真实山水的意境，而是山水画的意境。而具体形象也不是真实山水，而是山水画中的山水。

比如作品《云中居一》只有普通人手掌大小，通过钢丝对已经具备自然肌理的泥块进行再拉切，在拉切过程中保留了由于钢丝局部起伏造成泥片表面的肌理。再将多余部分用手掰掉。在用手掰的过程中，不是立刻撕开也不是用刀切割，而是用手来回弯曲泥片，使其产生肌理后，再将多余部分撕开，这样边缘就保留了岩石般的纹理。作品中塑造具体的山石、草木、人物都是以山水画

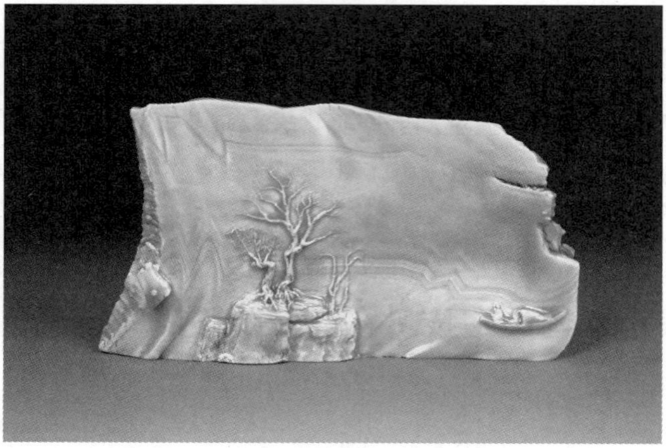

《云中居一》

中的形象来制作。画面中，山石是主体视觉中心。通过山石的聚散、大小、疏密来组织整个山水画面。山石的具体形态吸收了山水画中的山石的皴法，将山石的皴法立体化，同时充分利用泥的特性营造山石的质感。树木的干与枝运用山水画中树木的画法来堆塑，体现其虬枝龙爪。细枝和嫩叶则以蟹爪式或鹿角式进行组织，轻烟柳影有如微风拂面。

嫩叶是通过将细小泥条压扁，用刀一片片裁切，最后通过湿的毛笔将切割好的树叶一根根地黏附到树干周围。切割的树叶要有大小区别，小的放在树叶群旁边和后面，略粗的则放置在前面，形成前后关系和疏密对比。在捏造树干时需要考虑粗细高矮关系，中间树最大，小桥后面四棵树也有疏密设计，精心安排。

《云中居二》局部

作品《云中居二》和《云中居一》不同的是多了后面的具象云纹，多重远山以及亭台山房，整件作品有近、中、远多个层次。人物则是典型的文士模样，两人端坐于岩石上展卷抒怀，再配以脚下的小桥流水，一副典型的高士山居图。

作品前景中的树在主要的树干堆砌之后，等泥土干燥后用毛笔蘸泥浆把每根枝条一一画出，当然这个“画”和毛笔勾线不同，需要极其深厚的执笔功力，每根枝条要通过五六次来回叠加泥浆才能有一定高度，而且还要保持枝条的流畅和连贯。工艺难度较高。

这两件作品还充分运用山水画“惜墨如金”的理念，只在极其必要的地方安排具体形象，而突出大部分空白，保留泥身上的肌理。在影青釉色的笼罩下，具有悠远神秘的意味和无限延伸的想象空间。

三、山水画的墨法在现代陶艺设计中的抽象化运用

中国山水画的批评标准非常特殊，如神、妙、能、逸，都是我们古代的一些品评标准，这些都不是对外部世界的描述，而是对人的内在、情绪、心理、情感上的感受的描述。这个标准影响了艺术家创作的状态、方向和价值标准，不求准确再现外部风景，而重在探索人的内在感受与精神追求。而这样的评价标准给予彭赟宾的陶艺创作以启迪。

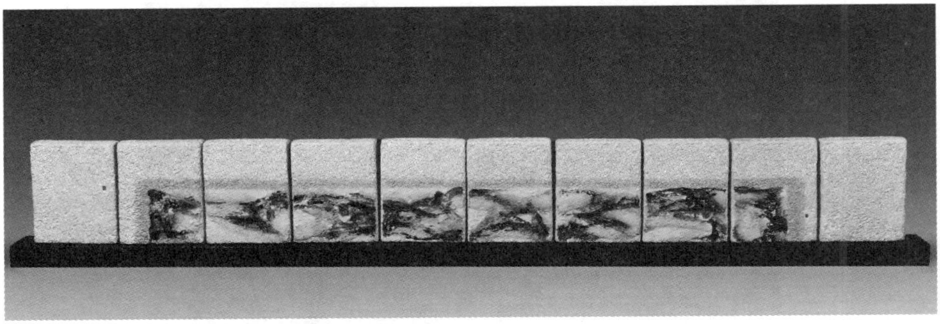

《高温水墨》系列一

彭赟宾的《高温水墨》系列主要体现为对山水画墨法的运用。有笔法但体现为墨法的效果。在他的作品画面中，山水画的墨法体现得丰富而充分。可以看到泼墨、积墨、破墨等墨法，还可以看到墨分五色，焦墨、浓墨、重墨、淡

墨、清墨在画面中得到充分的体现。还有墨的晕染，墨的飞白的效果以及留白的运用也与墨法相得益彰。

彭赞宾的陶艺作品展现出这位年轻陶艺家对传统的思索，以及对现代陶艺抽象语言的理解。他的山水意象符号游走于传统与现代之间，既得见中国山水画中的“似与不似”之境，又可现西方抽象艺术中的游离与反抗。作品中简单的色彩下覆盖着艺术家对传统文化的感悟，抽象的形态彰显着作者对现代艺术的探索，所有的一切艺术形象却又同时构成了他的日常生活，云、山、水、迳……即是他眼中的景亦是他心中的境。他的这种陶艺形式，不仅继承了山水画语言，还打破了陶瓷材料传统的表现手法，形成了自己独特的表现风格，同时，这种“理性与感性”并存的抽象表现形式，不仅赋予了作品生动而自然的意境，更体现出作者高超的艺术审美水准。

彭赞宾试图用泥和釉料来表现自己心中的山水形态及其精神品质。虽然在他的作品中看不到具体的山水形态，例如山川、林木等，但也正因为如此，山水的意蕴反而更加丰富，这些抽象而又具有山水特征的形态，对于观者来说，有时不可名状，但纵横起伏，与呼吸相连，是有生命感的表现。彭赞宾的作品中运用的泥和黑料的表现方法，层次丰富，生动多变。

《高温水墨》系列二局部

泥浆在彭赞宾的作品上表现出速度感，给人一种笔墨飞白的效果和水墨晕染式的酣畅淋漓，彭赞宾擅于使用黑料，黑料将泥浆的韵味强烈化而泥浆的肌理又极大丰富黑料的变化效果，二者相互作用相辅相成，最终呈现作者内心的意境。

彭赞宾的《高温水墨》系列并不讲究精巧至极的技法与工艺，而是追求泥浆的表现性和外延性以及它的无限可能性，泥浆形成的痕迹从作为艺术语言的辅助手段上升为艺术语言本身，最终留下了注入丰富情感精神的物质痕迹。这种情感性物质痕迹是符合他的情绪、情感和观念表达的。因此，泥浆在他的作品中已经从作品装饰转换成情感观念和人文价值的探究，它已演化为诉说情感和观念的艺术语言，体现物质材料自身的审美价值和艺术观念，材料对于他而言不再是单纯的物质，而是一种自我精神世界的映照。

四、山水画意境在现代陶艺设计中的运用

中国山水画一直有诗画一体的传统。当时的很多画家本身就是诗人，很多绘画将唐代诗句直接题写在山水画的局部，形成诗、书、画三体合一的格局，唐代王维的“诗中有画，画中有诗”也在宋画的推动下达到了顶峰。而且很多诗词本身具有禅意，因此山水画中的诗意同时也透着禅意。

解晓明用质感通透的青釉来描绘宋人山水给予的感受，看似不经意的营造中流露出一种妙不可言的精致和生动。解晓明《山水系列》陶艺作品很好地诠释诗画相融的理念。在其作品中观者能感受到山水画的诗意与禅意。

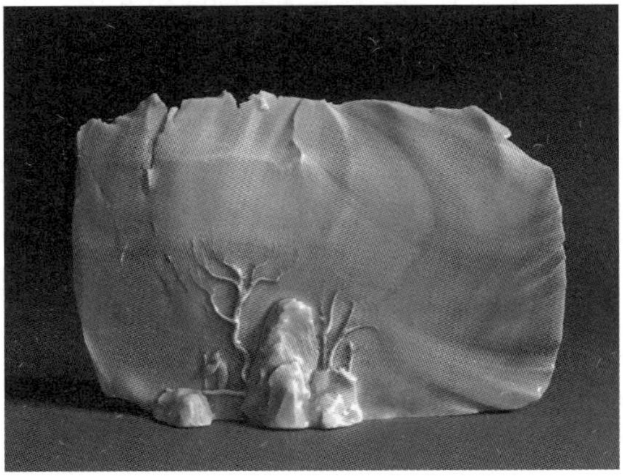

《唐人诗意一》

作品《唐人诗意一》表现的是一位佛教信徒拜佛归来的场景。一棵大树下有座古老的石桥，桥下泉水潺潺流过，树木扎根于山石之中，一位身体前倾的老者正从桥上走过，似乎可以看到老者神情怡然，目视前方，胡须随风飘动。老者身后的“纹理”恰似层层雾气笼罩着整座大山，有包容万象之感。这些钢丝留下的纹理在影青釉的笼罩下又似乎是晚风微起，树叶在微风中颤动，露珠从叶尖滑落，一幅傍晚明月高挂的山中秋景。正如唐代诗人王维《山居秋暝》所云：“空山新雨后，天气晚来秋。明月松间照，清泉石上流。”孤独的老人、古朴的石桥和“云深不知处”的迷茫。作品中泥土形成的天然肌理，又似悬崖峭壁、万丈深渊一般，让人感到整件作品之中隐藏着淡淡的凄凉与哀思。

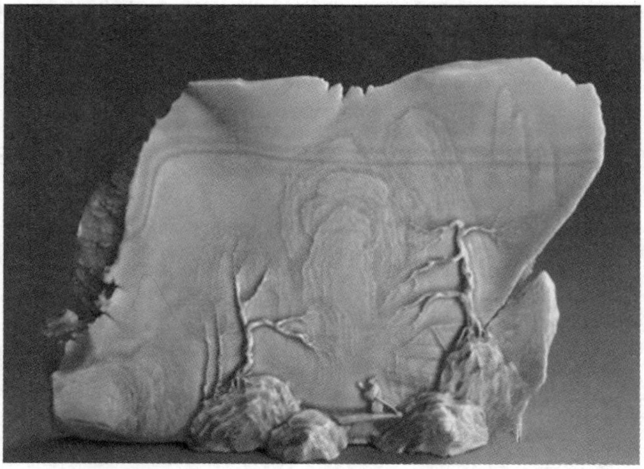

《唐人诗意二》

作品《唐人诗意二》画面中一棵高大苍劲的松树屹立于峭壁之中，松下的禅寺古朴而庄严，人物前方的柳树，根根柳条摇曳于轻风之中，似乎可以看见柳条上的新芽、闻见春的气息。清晰的远山雄壮浑伟，表现一位文人居士清早赶往禅寺跪拜佛祖时途中踏春赏景的场面。其意境有如佛教盛行时期的盛唐诗人常建所作《题破山寺后禅院》：“清晨入古寺，初日照高林。曲径通幽处，禅房花木深。山光悦鸟性，潭影空人心。万籁此俱寂，但余钟磬音。”诗中抒写清晨游寺后禅院的观感，题咏的是佛寺禅院，抒发的是寄情山水的隐逸胸怀。

结　语

山水画笔法、墨法、意境元素在现代陶艺创作中的运用例子不胜枚举。这些元素在现代陶艺作品中变化丰富，运用灵活，给现代陶艺带来多样面貌。除此之外，传统山水画还有其他元素有待挖掘，其与现代陶艺设计之间还有更多可能有待陶艺家的探索。

参考文献

[1]王君刚:《景德镇陶瓷学院陶瓷艺术创作群体与其艺术风格研究》,《景德镇陶瓷学院硕士论文》,2014。

[2]熊祖超:《陶瓷艺术中的山水精神——兼谈本人在陶艺创作中对中国传统山水艺术精神的体悟》,《南京师范大学硕士论文》,2013。

[3]郭甲润:《简析中国艺术审美之意境美特征——以宋代全景式山水画为例》,《青春岁月》,2012。

[4]许珂:《论意境》,《科教文汇》,2007。

构成设计教学革新探讨

◎林　远*

摘　要： 构成设计作为艺术设计基础必修课已走过了二十多年的历程，其在教学内容与教学方式上所存在的弊端已日益明显，革新势在必行。针对目前存在的教材内容与教学观念滞后、课题设计与训练方式僵化、构成教学与专业课程脱节的现状进行分析，提出从自然和生活中感悟构成、充分运用数字化实践平台、创新性使用实践工具和材料、注重对专业设计认知的渗透四项改革应对措施，以期使构成设计在现代设计领域发挥应有的作用。

关键词： 构成设计；教学；现状分析；革新措施

构成，即构造、解构、重构、组合之意，是把所需要的诸要素按照美的形式法则进行组合，形成一个全新的、美的、适合于需要的形象[1](P2)。构成设计源自德国包豪斯设计学院，于20世纪70年代末、80年代初从香港引入国内。它使视觉教育第一次比较牢固地奠定在相对科学的基础上，而不仅仅是基于艺术家个人的、非科学化的、不可靠的感觉基础上[2](P4)。它所研究的是艺术设计所包含的美学共同法则。自它引入的那一刻起，就作为艺术设计基础必修课倍受推崇，为中国设计人才培养立下了汗马功劳。然而，随着社会、经济和文化等方面的发展与变迁，传统的构成教学已难以适应现代设计教育发展的需求，教学革新刻不容缓。

---

* 林远（1968—），男，福建罗源人，副教授，主要从事数字艺术设计理论及应用研究。

一、构成设计教学现状分析

首先，教材内容与教学观念相对滞后。现有的构成设计教材基本上大同小异，特色内容少之又少，章节、单元之间明显脱节，大多侧重于对构成形式抽象理论的阐述，再辅以一定数量的手工绘图和制作案例，缺少启发式教学内容的引入。教学是以学生为主体，教师为主导的过程，教师处于从属地位。但在实际教学中，多数教师不顾学生自身情况，花费大量时间，一味地灌输理论知识，缺乏与学生必要的交流与互动，无意中忽视了学生的想象能力、创造能力和自主精神的培养，不但不能激发学生主动学习的热情，反而在很大程度上限制了学生的个性张扬和创造能力的提升。

其次，课题设计与训练方式一成不变。目前，各个院校教学课题设计大多仅限于课本，内容固定僵化，缺少灵活性，训练方式单调乏味，基本上还停留在单一的手工造型训练方式上。学生面对固定不变的课题，兴趣索然，往往把它当作一项任务去完成，敷衍了事，对课题设计的目的极少做深入探讨。面对枯燥乏味、费时费力传统的手工造型训练，往往东拼西凑，盲目模仿，甚至抄袭，对构成形态缺乏应有的创意。其结果造成学生学而不思，“知其然，而不知其所以然”，违背了构成设计的培养目标，严重制约了学生创意思维和创造能力的培养，更谈不上用之于专业设计了。

此外，构成教学与专业课程严重脱节。在构成教学过程中，孤立地进行认知与学习，缺乏对相关专业知识的渗透，未能把构成教学与专业设计联系起来。构成设计虽有较为明确的课程学习目标，但由于缺乏必要专业知识的渗透途径与措施，学生学习无法做到有的放矢，始终处于被动与盲目地学习状态。不知学习构成设计有何用处，如何运用和实践。直接导致了学生普遍缺乏学习的主动性，教学效果明显低下。既不利于学生对构成设计本质的认知，也不利于开阔学生眼界与拓宽学生创意思维，更不利于专业设计水平的提升。

二、构成设计教学革新措施

首先，从自然和生活中感悟构成。构成设计是一种抽象的美学艺术，在设计过程中，往往把自然和生活中的视觉形态抽象化和纯粹化，旨在探索和发现造型规律的普遍性。在构成教学过程中，应把培养学生的观察能力和概括能力作为教学的重要环节，并贯穿教学始终。教师应引导学生观察自然和生活中存在的形形色色的“点、线、面、体”，并加以比较、联想，体会不同形态、不同载体中“点、线、面、体”带给我们不同的视觉感受和审美趣味。只要善于观察、用心体会，这些形态、颜色和排列各异的“点、线、面、体”，往往成为取之不尽、用之不竭的设计源泉，不断地赋予设计以灵感。同时，还应指导学生运用抽象的构成语言对客观存在的视觉形象进行概括、提炼。抽象形态不仅是自然和生活中千姿百态物象的浓缩，也是人类感性认知与理性思考的升华。抽象的目的是使形态更单纯，色彩更纯净，更具共同性和普遍性，更富有艺术表现力和感染力。

其次，充分运用数字化实践平台。近年，随着信息技术的飞速发展，数字技术被广泛地应用于各个领域，应用软件层出不穷。在艺术设计领域，计算机已经完全取代了传统手工制图，几乎所有关键的设计环节都由计算机去完成。计算机以其无与伦比的便捷、高效、精确、易于修改和保存等特点颠覆了传统的设计思路和设计手法。构成设计教学也应与时俱进，适时引入数字化实践平台。在实践教学中，教师应充分结合 Illustrator、CorelDRAW 等平面绘图工具以及 Maya、Rhino 等三维设计软件，有目的、有意识地对二维图形和三维立体形态的构成做多种形式与色彩的尝试，并对所生成的多种不同的创意形态进行筛选和优化。而所有这些在传统手绘和手工制作需要耗费大量时间和精力去完成的设计训练，运用数字设计工具只需要短短的十几分钟即可完成。无论是设计质量还是学习效率都是传统训练所望尘莫及。此外，对数字设计工具的运用与熟悉也为日后专业学习打下良好的基础。

再次，创造性使用实践工具和材料。构成设计具有很强的实验性，从它诞生之日起就把材料和工艺研究作为不可或缺的教学内容。早在包豪斯基础教学中，约瑟夫·阿尔贝斯就负责进行材料与技术研究为主的基础教学，旨在指导学生了解工艺材料的特性与加工方法，以及它们之间的联系与差别，并为随后的专门训练作准备。构成形态的美除了取决于构成的形式，还取决于材料的质感和肌理。同一构成形态，由于材料质感和肌理的不同，所表现的设计主题和内涵有着天壤之别。在构成实践中，不难发现那些时常被忽略的材料和工艺，在特定的环境下往往起到了关键性的作用。这种综合材料和多种工具的使用，完全摆脱了传统教学中约定俗成“套路”，使学生拥有更加广阔的视角和更加自由的创意空间，能够充分利用多种不同的材料和工具，寻求灵活多样的表现手法，探索形态和材料的完美结合，并辅以适当的工艺去表达和尝试，在探索中去发现材料美和工艺美，增强学生对材料的感知以及对加工工艺的了解。

最后，注重对专业设计认知的渗透。构成设计作为现代设计必不可少的重要基础课程，其目的是为专业课程的学习奠定基础。但由于其内容的高度理性和抽象性，使得初学者在认知与理解上存在一定的困难，认识不到构成形式与专业设计存在着密不可分的关系。经验表明，在构成基础理论教学中，适当引入招贴设计、包装设计、展示设计以及建筑设计等实际设计案例，对视觉设计中的形式、用色以及空间设计中的造型、结构加以解读、剖析，可以使学生更为直观、形象地领会构成基础理论在不同设计领域中的具体运用，使原本抽象的构成内容更为直观化和形象化。不但可以提高学生对构成内容的认知水平，激发学生对专业设计学习的兴趣，增强学生学习的自觉性、主动性。同时，还可以促进构成设计与专业学科之间的有效衔接，而不至于脱节，对专业知识学习起到潜移默化的作用，使构成教学更有目的性和针对性，真正做到“润物细无声”。

设计是创造新的可能，是从无到有的过程，其目的是改变自然，改善生活。同时，设计工作是不断超越自我，充满挑战的工作。一位优秀的设计艺术家，需要有敏锐的美感以及丰富的创意，最重要的是要有创新思维[3](P33)。构成设计以培养创意思维和创新能力为教学宗旨，构成教学成效直接关系到设计的未来和品位，其所肩负的责任之重大不言而喻。因此，构成教学应紧随时代、锐意革新，应把新观念、新方法不断融入构成设计教学实践，转变观念，更新模式，为传统的构成教学注入新鲜的血液。教师应充分运用多种教学方式，引导学生观察自然、感悟设计，以数字化实践为平台，综合运用材料和多种工具，融专业知识于构成教学，努力培养创新型专业设计人才。

参考文献

[1]于国瑞.平面构成[M].北京：清华大学出版社，2007.

[2]林华.新立体构成[M].武汉：湖北美术出版社，2009.

[3][日]朝仓直巳.艺术・设计的平面构成[M].吕清夫译.上海：上海人民美术出版社，1992.

水墨美学对摄影艺术的影响*

◎阮　斌**

摘　要： 任何艺术发展都要体现出民族精神性，这是国家文化复兴繁荣强盛之根本。摄影艺术是科学与艺术发展的必然产物，进入中国化的摄影艺术必然会以东方美学特征和审美理想去“观看”世界，而真正的美学是建立在文化修养基础之上的。“水墨”，则具有中国独特性，当下水墨在社会发展和文化语境下艺术语言早已超越传统水墨范畴，更具有包容性，但深层次的都体现出民族文化精神。因此，相比“水墨”，摄影艺术有很多值得借鉴，特别是民族化摄影路上结合传统与现当代文化艺术语境下创造出中国化摄影艺术。摄影同“水墨”一样借助物象传递意象，以致“境生象外”，此语境下它们是具有相通性。在研究中国水墨与摄影艺术关系中本文从先哲文化思想与历史发展脉络为源头，并结合早期及现当代摄影艺术家来分析其意境及精神性，指明在其特点下当代摄影艺术是有前途，是条可行之路。

关键词： 摄影艺术；水墨；绘画；精神性

---

* 基金项目：福建省中青年教师教育科研社科项目（水墨美学对摄影艺术的影响研究），编号 JAS170814。

** 阮斌（1984—），男，汉族，江西上饶人，硕士，讲师，研究方向：影像，摄影。

引 文

水墨基础即笔墨精神，物理层面上是水和墨在宣纸上所产生的痕迹。水墨印化过程意味着灵性与无限自由想象，是写意和逸品美学的集中体现，感悟宇宙和人生真谛，这是中国知识分子文化精神的体验，在艺术形式语言下借助于笔墨来表现美的艺术以及笔墨下的审美意味情趣，来探索事物本质。摄影艺术同在此中，只不过物质载体与基本特征不同。摄影术发展刚好 180 年历程，由于中国历史原因，摄影发展步伐不同西方，构建起来的美学文化思想单薄。水墨在中国几千年历史，源远流长，有着中华民族的精神内涵，极具有中国文化和哲学精神。相比水墨，摄影艺术有很多值得借鉴，特别是民族化摄影路上结合传统与现当代文化艺术语境下创造出中国化摄影艺术。

现当代摄影与其他艺术形式互为借鉴融合，衍生出新的艺术形式，在东西方文化融合越发深入，艺术画种界限出现模糊，审视传统文化精髓越发重视，这也是中国文化复兴繁荣强盛之必然。郎静山先生将摄影术和中国传统绘画相结合，开拓出有特色的中国摄影艺术观：表现出空灵、唯美、朴素、宁静等中国传统文化精神，创作出具有中国摄影写意意境的美学特点。中华民族历来重视人与自然的和睦共存关系，有着生命意识、宇宙意识、人格精神以及形而上学之外的艺术思维方式，追求天人合一思想。水墨在传统艺术为水墨画，中国绘画代表，现当代水墨在社会发展和文化语境下更具有包容性，艺术语言早已超过了中国画传统水墨范围，如“实验水墨”，但都深层次地体现民族文化精神。

摄影艺术与绘画关系辩论已久，不可否认绘画在摄影史上及今后发展的影响，早期中国摄影术，完全按照传统的美术法则构图，正如郎静山先生所言：“中国绘画艺术，有数千年之历史，而理法技术已达神妙之镜。摄影为图画，绘事亦为图画，其工具虽亦而构图之理则相同。”[①] 但其深层影响还是文化价值形成美学特点和哲学精神。中国摄影经历最初混沌时期、经典繁荣的民国时期、新中国时期及现当代摄影时期，随科技发展，人类自我需求，艺术种类界

① 龙意祖编著：《中国近代摄影艺术美学文选》，北京：中国民族摄影艺术出版社，2015 年。

线打破和相互交融，它们之间关系怎样承载与借鉴？面对水墨自身本体性，“立象以尽意”“得意而忘言”，摄影怎样处理客观性与主观性？

由此，本文从先哲文化思想脉络、水墨意境、精神性来研究摄影艺术与水墨关系，以摄影本体语言为原点，水墨与摄影艺术上是怎样沟通，怎样影响，怎样承载传统与超越传统而具有时代性？本篇在以上诠释预设框架上，分别以郎静山、姚璐、邵文欢等几位摄影艺术家为例，在东方哲学和文化艺术形式上来谈论水墨美学与摄影艺术关系影响，既可以是传统性也可以是当代性。

一、先哲文化思想

观看方式上，中国文化先哲从“无”出发，观“无”方式，以实为虚，托物思清，立足于现象，以“象”悟“道”。《道德经》中“常无欲以观其妙，常有欲以观其徼。”立象传意，“实”“虚”相融。这也是“道”两种属性的矛盾统一，无中生有，以致无穷，繁衍成大千世界。这种“以道观象，以道观物”道家思想从先秦时期的诞生和发展，其思想文化和哲学精神深深影响着我们的行动规则和表达方式。这种特定的理性精神和人文内涵对艺术、文学、绘画、思维方式等占用绝对性的优势主导地位。道家讲究“出世”“空灵”“虚”“遁入山林”，有抽象性和虚拟性特点，尊崇的是天地万物的一种自然而然的生成之道，精神的最高境界是“悟道”。这就注定着传入中国的摄影术会以这样观看方式民族化。

南宋宗炳《画山水序》“圣人含道映物，贤者澄怀味象”，又“夫以应目会心为理者，类之成巧，则目亦同应，心亦俱会。应会感神，神超理得。虽复虚求幽岩，何以加焉?”。形成了传统山水画在形神关系上“以形媚道”“应目会心”的观念。南宋刘勰《文心雕龙》已明确提出“意象”为核心的美学原则与理论体系。再到20世纪初，王国维、梁启超以传统美学范畴，尝试这些为核心建构中国美学体系性理论。在先哲至近现代思想文化对绘画思想形成所起的作用下，还将这些特点汇成美学理论原则。事实上中国摄影不同于西方摄影，五四运动前，受封建思想束缚影响，整体文化水平艺术修养较低，摄影发展缓慢，作品质量低下，后摄影术发展，文人知识分子加入，摄影队伍和文化运动快速推动艺术摄影理论和实践上的发展，文人审美趣味的变化给摄影带来创新精神的作品。如在康有为眼中，优秀的摄影就等同于诗画，文人化摄影精神对作品提出了更高要求。

二、内在表现上

水墨画注重“意境”的营造。其深层意义为“境生象外”，是华夏美学基本和核心范畴，这也是儒家文化、道家哲学和释学一共建构水墨文化的价值基础。“意境”传统艺术美学中大抵作为诗歌内涵语汇。“意境”一词逐步发生很大变化。邓以蛰言：“唐末宋初诸家，如荆关董巨李范之山水无非诗人意境；所画者无非欧阳公之萧条淡泊之意，闲和严谨之形。取其精无左虚右实，远近烘托以显灵气之习气，但为一片天真，平易近人，此其重意境。”。[①] 认为山水画最初就是诗人的艺术。把诗歌“意境”融入了水墨画中，使之成为中国画极其重要的范畴。纵观中国画发展历史，文人画家与水墨画家往往相重合，以文人画家的素养支撑水墨画艺术的成就。同样，摄影术传入中国后，经历最初萌芽和初探，摄影艺术家们自然而然地将摄影纳入绘画审美和自己的文化当中，展现出中国文人审美情趣、文化情怀和意境之美。顾颉刚《大风集》序二中提道：“他原来接近的是中国画，有人批评他的照片，以为充满中国画的神韵。我们听了，也觉得此批评非常得当。”

刘半农先生在《半农谈影》中把照相分为两类，其中一类为“非复写”，又称“写意”。言：“写意，乃是要把作者的意境，借着照相表露出来。意境是人人不同的，而且是随时随地不同的，但要表露出来，必须有所寄藉。被寄藉的东西，原是死的，但到作者把意境寄籍上去之后，就变做了活的。”作为中国第一部摄影理论专著，在他看来，摄影的目的不是为了复制物质世界的真实，而是生动地以镜传意，托物思情美学特征，讲究有限和无限于一体，这也是艺术的本性，“言有尽而意无穷”才有更好的审美享受。光社代表人物郎静山在《静山集锦·自序》提到“集锦之法，画之镜地，随心所欲，于大自然景物中，仿古人传模移写之谐构图，制成理想中之意境”。要求摄影艺术作品境外生象。

---

① 邓以蛰：《画理微探》，见《邓以蛰全集》，合肥：安徽教育出版社，1998 年版，209 页。

三、梳理中国摄影的历史发展

摄影语言较为匮乏，偏向中国式画意摄影占主流的民国时期，但当时保留着国际摄影界交往的开放性，是中国摄影艺术史辉煌时期，是五四运动反封建的硕果。新中国成立前后为民族解放的社会纪实摄影及为无产阶级服务的新闻摄影，新中国成立后三十年，由于国际环境不同，除少数社会主义国家外，摄影同处在闭关自守，为政治任务而拍。此时，西方摄影艺术正处在黄金时代。改革开放后，虽然新闻摄影占有主导位置，但 20 世纪 80 年代北京“四月影会”“裂变群体”、上海“北河盟”等团体出现，为现代主义色彩摄影探索发展沉淀力量，90 年代传播媒体与市场经济介入，外来文化影响和交流，摄影出现新的艺术现象，至此，摄影艺术发展出现多样化。姚璐“中国景观”摄影作品中，画面内容是一堆绿色防尘布所遮掩的建筑材料，把当下中国现实发展状况，隐藏在诗情画意的山水之下，把看似整体“优美”的画面遮盖的真实“现实”，用虚化的风景表达出中国当下现实的态度。通过这一发展脉络，摄影艺术发展始终与中国精神传统绘画紧密联系在一起。

1. 摄影发展与探索。民国时期摄影。西方初期经历绘画主义、印象派、写实主义、自然主义到纯粹派摄影复杂探索过程，直到 1902 年阿尔弗雷德·斯蒂格里茨创建摄影分离派，摄影逐步走向现代之路。摄影进入中国和世界基本同步，但在早期中国，摄影为保留肖像、消遣服务，直到陈万里和黄振玉倡议下在北京大学第一次举办摄影作品展览，并在 1923 年，以陈万里先生等人成立了“光社”艺术团体。1928 年，郎静山和陈万里等人更是“以研究摄影艺术为宗旨”摄影团体“华社”成立。1930 年，创始人郎静山、陈传霖和林泽苍等人成立“黑白影社”。随后，郎静山、黄仲长和徐祖荫成立“三友影会”。这一系列自发团体，自觉地把中国民族历史命运与摄影艺术联系在一起，并致力推动中国摄影艺术发展，并在国际上提高中国摄影艺术地位做出了积极贡献。20 世纪 20 年代后，创新精神摄影作品陆续呈现，中国摄影艺术才迎来深入探索和大发展时期。

2. 摄影客观性与主观性。摄影是科学与艺术发展必然产物，摄影本体是记录，具有复制性与更广的传播性，这机械复制性真能还原“真实”？瓦尔特·本雅明言："遥远之物的独一显现，虽远，仍如近在眼前。静歇在夏日正午，沿着地平线那方山的弧线，或顺着投影在观者身上的一节树枝，感受那远山、那树枝的'灵光'。"① "灵光"是一种看不见的时空层，是自然的光晕，其生息中见证着时光流逝，痕迹遥远而神秘。"于是我们要时常去观察，中心计算着如何安排与开摄，假如一次失败，改用摄法，俟下次机会，再去可摄。"② 此时，摄影捕捉到的是"真实"？还是在被"真实"遮盖的情况下才能真正触及现实？机械复制的摄影术仍具有主观性，这种主观性是剖析自然界的光影山水等物象，画面的表达有无限空间并脱离真实自然的约束。摄影借助物象来表达意象，摄影术工业化发展产物本身具有局限性，在传统艺术上，高度依赖机器和技术使摄影艺术在一定程度上造成了审美主体的失语，摄影人的意念把客体环境等整合在幻觉中融入作品中，其实"意境"就产生了，是主体对客体确立瞬间的幻觉过程，是来自主体的记忆库与当时的实际状况重新完美整合，其"意境"能否表达其深层精神？这就值得推敲，"意境"再好"景象"糟糕，则不能令人赏心悦目地感受作品，是一张残次品，其意境同样是虚无的。同时，作品在看与被看者中的意境存在不同程度的差异，赏心悦目的画面带来的审美心理感受，其意境"非有的然之姿"之妙的艺术精品。

四、精神性

"水墨"是一种语素，具有中国独特性，其决定作用是文化思想对水墨画演变本质。道家重"心"略"物"，正契合水墨精神，绘画中所谓"画道之中，水墨为上"的主张，其都集中体现了中国传统的美学特征，把精神世界作为生命体态最重要部分艺术。中国画的主流是中国文人画，而水墨画与文人心中的国画的涵义最为接近，而不设色的水墨画又是文人所推崇的比较高雅的形式，水墨画在环境上受到道家和帝王崇向黑色倾向。水墨在实践过程中的不确定性，使抽象性和象征性非常强烈，这种符号是艺术思维心灵体会，心像外化的

① ［德］本雅明著，王才勇译：《机械复制时代的艺术作品》，南京：江苏人民出版社，2006 年。

② 王劳生：《取景是摄影成功的关键》，载龙憙祖编《中国近代摄影艺术美学文选》，北京：中国民族摄影艺术出版社，2015 年。

体现，彰显作者精神。从魏晋南北朝之前丹青绘画向唐代水墨蜕变，除画技和画材探索变化丰富外，绘画语言与精神性是驱动着变革，但精神性因素滞后于物质性，水墨样式使之转变，艺术语境得以延伸。盛唐时期经济文化繁荣，道家和释学追求彰显，国人内心世界由外向内变化，佛教自东汉引入中国以来就对人们日常生活和精神寄托产生深刻影响，唐代太宗对道教倍加尊崇，置其位于佛教之上，故在除作品要求意境外，还需个体在自我完善过程进入高层次的精神世界。清布彦图《画学心法问答》："山水不出笔墨情景，情景者境界也。"顾颉刚则在《大风集》开篇言"从极不美的境界中照成它美"。这种精神从个体生命自由发展和人生价值的无限追求中体现中国文人的人生理想，其文人精神和哲学精神是中国化和民族化的。1924 年，陈万里的中国第一本个人摄影集《大风集》出版，其言："摄影不仅须有自我个性，最重要的是能表示中国艺术的色彩，发扬中国艺术的特点。"邵文欢的摄影作品，借用摄影媒介，探索材质、绘画和成像复杂关系，在绘画的主观性和摄影相对客观性上产生"不确定性"。深入的哲学和经典绘画，将中国绘画的审美传统与摄影技术相结合，提出自然、空间和时间哲学"不确定性"的存在主义关系。从根源上追求心灵的感知和体悟，这与中国水墨精神和哲学精神一脉相承。在结合早期和现当代，摄影艺术家发现有意思的是以上几位艺术家们都有同一个特点——都经历了传统艺术绘画语境的熏陶。

历史原因，中国摄影发展道路上曲折缓慢，改革开放后，现代主义快速涌入中国，在短暂历史阶段仓促孕育出摄影语言不够成熟，成果单薄，某种意义上说，我们在姗姗学步一段时间来完成西方现代主义艺术要走的路，难免带有模仿痕迹，其发展瓶颈迫使我们重新拾起对摄影媒介性的认知，回归传统，不单纯对摄影材料与影像探索新的可能性，还在于文化意义文化精神展现新的艺术观和价值观。

结　语

水墨化的精神根源是华夏民族的独特宇宙意识所决定的，以摄影创新精神的作品，以中国传统艺术追求为基础的当代摄影艺术是有前途的，而具有当代性和观念性艺术摄影是现实和精神上的批判。当然，借水墨美学文化之名的泛摄影，形成大众民间和部分官方机构下“唯美”性摄影，他们把文人表面的诗情画意借移过来，以套用某种“空灵”“意境”“禅意”等水墨美学词汇，甚至还配上文字诗赋，这些摄影更多的是陶醉在自己设定的“乌托邦”世界，给摄影大众带入误区，内容浅表。任何艺术发展都要体现出民族精神性，当这种精神性表现极强时，形成新的艺术观和价值观就一定会获得重视，中国化的摄影作为“摄影的艺术”绝对表现中国人的精神特征，从而继续探索自身的艺术疆界与创新艺术可能性。

参考文献

[1]龙憙祖编著.中国近代摄影艺术美学文选[M].北京：中国民族摄影艺术出版社,2015.

[2]刘半农. 半农谈影[M].北京：中国摄影出版社出版,2000.10.

[3][德]瓦尔特·本雅明.机械复制时代的艺术作品[M].王才勇译.南京：江苏人民出版社,2006.

[4]王妍.意象与仿像—艺术表意范式的中西对比与当代建构[M].北京：社会科学文献出版社,2015.

[5]李文方.世界摄影史 1825—2002[M].黑龙江：黑龙江人民出版社,2004.

[6]杨小彦.看与被看——摄影中国[M].北京：中国摄影出版社,2016.

[7]韩林德.境生象外[M].北京：生活·读书·新知三联书店,1995.

[8]李楠.影响：中国当代摄影精神交往录[M].杭州：浙江摄影出版社,2013.

探索再生材料的“再生”魅力

◎林　芳

摘　要：面对全球日趋严重的生存、资源等问题，作为教育工作者的关注点与行动力该在哪？笔者从日常生活、艺术创作、教学经验、书籍、案例等出发，以《探索再生材料的“再生”魅力》为论题，进行思考、研究。论文主要针对“再生材料”，较物质具象化的材料，对其艺术、设计领域进行研究。欲借此唤醒学生及创作者的热情、思考，并影响更多人关注人类生存空间，珍惜、善用资源，尽己所及。论文主要分为五大模块。采用理论、经典案例、个人创作及教学结合进行论述。

关键词：材料；艺术；再生材料；艺术创作；教学反思

一、再生材料的概述

宇宙是由物质元素构成的自然体。材料是人类活动的基本物质条件。任何造型艺术都要通过某种物质来实现或表达其造型，这样的物质称为“材料”。

（一）解读再生材料的概念

1979 年，美国材料科学与工程调查委员会对“材料科学与工程”① 进行定义。“按照 ISO14021—1999（GB/T 24021—2001）环境标志和环境宣言，‘再生材料’（Recyclable Materials）即‘可回收的材料’是指‘把本来会当做废

① “材料科学与工程”的定义：“材料科学与工程是关于材料成分、结构、工艺和它们性能与用途之间的有关知识的开发和应用的科学”。现在，人们对这一传统的材料四要素体系进行了适当的扩展与补充，除了产生具有环境协调性的生态环境材料等概念之外，还形成了再生材料的概念。

弃物处置或者只能用于能量回收的废物收集起来作为一种材料输入，用于再循环或制造过程的材料’。”①

“因此，再生材料的概念是包含两层含义的：其一是再生材料系指再生资源中可回收加工成材料的那部分资源，而不是包括土地、水、大气等更广泛意义上的资源；其二是焚烧、堆肥、填埋等再生资源利用途径不属于再生材料的范畴。”②

综上，再生材料主要指生产与消费的过程中产生的失去或降低了原有的使用价值而被丢弃的各种废弃物，或是通过再回收、循环利用等方式，使资源能源在失去原有使用价值的基础上获得最大的使用价值。

（二）再生材料的分类

进行再生材料研究前，我们必须弄清其与自然资源、再生资源及相关名词间的关系及范畴（图 1）。

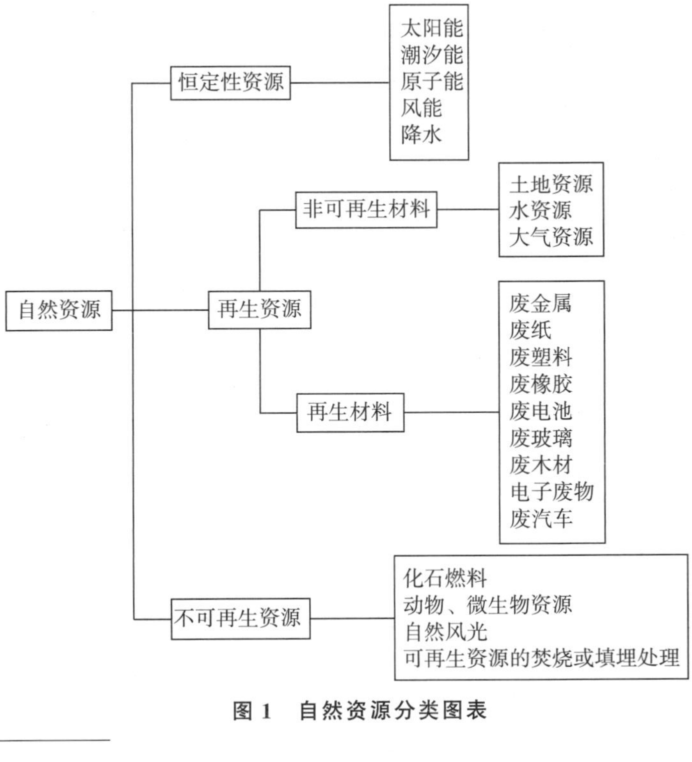

图 1　自然资源分类图表

---

① 王晖、陈晓磊：《再生材料工程专业的定位与思考》，湖南医科大学学报（社会科学版），2008 年 9 月，第 5 期，第 10 卷，第 200 页。

② 王峰：《我国再生材料产业细分领域分析》，中国科技成果，2005 年，第 16 期，第 12—15 卷。

由图表知，自然资源分为三大类：恒定性资源、再生资源、不可再生资源。其中，再生材料主要包含九种：废金属、废纸、废塑料、废橡胶、废电池、废玻璃、废木材、电子废物（包括废旧家电、手机、电脑等电子产品）及废汽车。

二、再生材料创造新活艺术

再生材料是艺术创作很好的选择材料，更是贴近生活的重要表现媒介。

它包含于再生资源中，有别于再生资源。具体指再生资源中可回收加工成原材料的那部分资源，而不包括能源、水等更广泛意义上的资源。不是所有的再生资源都可以成为再生材料，某些本来属于再生资源范畴的物质，若经过焚烧、填埋等方法处理，将转为不可再生资源，更无法成为再生材料。

本章节主要从再生材料的四大组成部分（可再生自然材料；可再生能源材料；人工合成材料；生活、工业回收材料）进行论证。

（一）可再生自然材料

“可再生自然材料”有别于“再生材料”。主要指通过天然作用或人工活动，而进行再生、更新，从而可被反复利用的天然材料，是一种可周而复始，非耗竭性的物质。主要包括土壤、岩石、植物、微生物和各种自然生物圈、生物群落、水生生物等物质。例如，木材、皮毛、常见的天然石材等。在一定条件与时间作用下，若过度使用，将造成再生材料的缺失与不可再生，由此产生土壤侵蚀、流失；植被破坏、不可再生性；或是动物链断裂与物种灭绝等灾难性后果。

案例 1.《蜗牛隧道》(*Snail Tunnel*)(图 2)

《蜗牛隧道》是阿尔菲奥·博南诺[①]为丹麦路易斯安那博物馆设计，运用枫树枝条、橡木、活桦木树等可再生自然材料，就地取材，使之融入环境。自然中的艺术可使我们减少暴力，加深我们对资源、自然的理解与尊重。我们的食物、生存物基本源于大自然，作为艺术家本身，与自然一起工作，可使我们

① *Sculpture MAGAZINE*: *In Nature's Eyes*: *A Conversation with Alfio Bonanno*, John Grande.

发现全新的视角，也许是植物的视角，也许是那只蜗牛的视角，观众也将进入环境与艺术。人，只是自然的一部分。

图 2　《蜗牛隧道》(*Snail Tunnel*)

(二) 可再生能源材料

"可再生能源也可以美丽的"①。可再生能源是指在自然界中可以不断再生、永续利用的能源，具有取之不尽、用之不竭的特点，主要包括太阳能、风能、水能、生物质能、地热能和海洋能等。② 可再生能源材料，在当今艺术创作中应用十分广泛，其对环境的危害性很小甚至无，可反复利用，循环再生。

案例 1.《舞动的向阳花》(*Dancing Solar Flowers*)(图 3)

太阳能是最重要、最基本，具有"取之不尽，用之不竭"美誉的能源。对太阳能的创作运用主要有：1. 利用太阳能板，对其进行艺术造型设计；2. 利用太阳能进行能源转化，使其发、旋转、映射等。常见有 LED、激光等。

① 前联合国秘书长潘基文之语。

② http://baike.baidu.com/view/9292.htm.

图 3　《舞动的向阳花》(*Dancing Solar Flowers*)

亚历山大唐的动力学装置艺术品《舞动的向阳花》显然属于后者。利用太阳能驱动花朵，表达对人与自然关系及对可再生能源与可持续发展的关注、反思。

(三) 人工合成材料

人工合成材料，又被称为“人造材料”①。常被用于非永久性创作，是很好的环保性选择材料。主要有陶瓷、树脂、可降解塑料等。如：波兰艺术家玛

---

① 通过人为地把不同物质进行物理、化学或聚合，进而加工成材料。其特质与原料不同。常见的人工合成材料有玻璃、塑料、钢铁等。其中，塑料、合成纤维、合成橡胶，是 20 世纪三大有机合成技术之一。它的发明对国际民生起着重要作用，并被广泛地运用在日常生活中。通常人工合成的环境降解材料具有一定时效性，会随着周围环境、时间、自然、人为等因素，慢慢被降解、耗损、转换。主要分两大类：①仿生物材料中的可生物降解磷酸盐耐火陶瓷材料；②目前世界上产量最高、用途最广的科技生物降解塑料。

格达莲娜·阿巴卡诺维奇的《阿巴卡红色》；美籍日本艺术家Kay Sekimachi的枫叶碗系列；美国艺术家卡罗尔蒂·维斯特弗的《拥挤的地球》；宋振全的《素色童话》等作品均由人造材料组成（图4）。目前，“纤维”材料创作正不断走向主流市场。

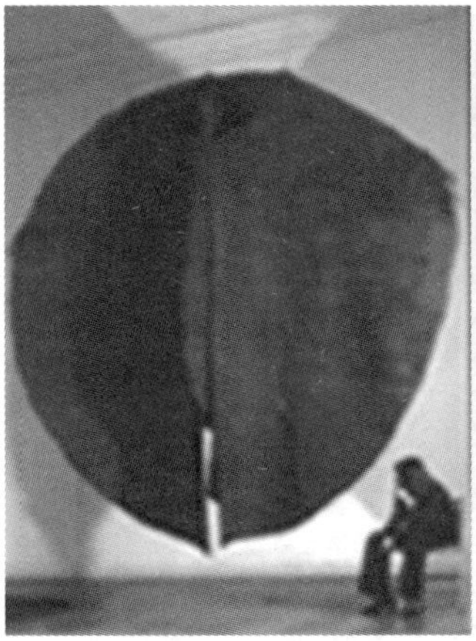

《阿巴卡红色》（波兰）

《枫叶碗系列》（日本）

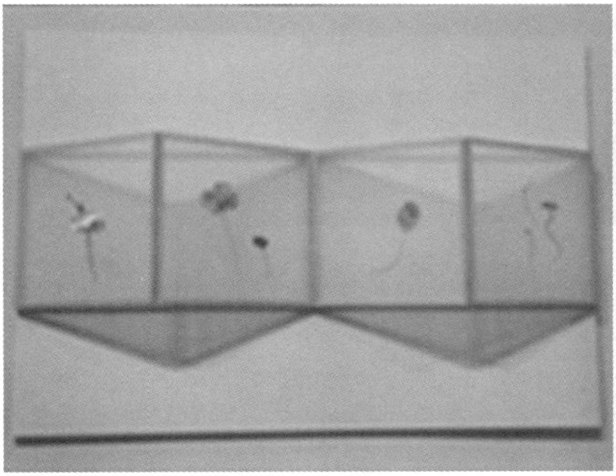

《拥挤的地球》（美国）

《素色童话》（中国）

图4

（四）生活、工业回收材料

生活、工业垃圾回收材料，不仅具有经济价值，更有利于环境、生态的良性循环发展。在创作中，最常见的有玻璃、纸类、金属、塑料、人造合成材料等。

所谓的“垃圾”，很多时候只是放错了位置，物尽其用，没有一块废材。

案例 1. *Nev House*（图 5）

图 5 *Nev House*

难降解的“白色污染”塑料制品一直是人们心中噩梦，却被 Nev Hyman 化敌为友：将回收的废材（塑料与木材）进行合成，造出新材料：木塑板。2016 年获得“Good Design”建筑类奖杯。

案例 2.《瓦茨塔》(*Watts Towers*)（图 6）

《瓦茨塔》由西蒙·罗迪亚耗时 33 年独自完成，作品材料全来自不起眼的生活、工业回收的残片、玻璃、盘子、贝壳、镜子碎片及街边捡来的残片等废弃物。其诞生超越了绝对建筑法则本身并独立存在，更激励人们对废弃物的关注与利用。化废为宝，点燃废弃材料的新生命。

图 6　《瓦茨塔》(*Watts Towers*)

(五) 小结

在主流艺术表现材料中，主要有传统绘画材料与新兴的高科技材料等。科技的发展给材料的创作提供了无限的广阔空间与可能。这是否意味着只有对新技术、新材料的研究与开发，才是我们创作时可选用的材料范畴呢?

莫里斯·科恩《材料科学与材料工程基础》一书很好地回答了该问题：“我们周围到处都是材料，它们不仅存在于我们的现实生活中，而且也扎根于我们的文化和思想领域。”[①] 艺术家借助材料本身优势进行作品塑造而传达思想、情感、理念等意图，对材料的关注与利用更多的是创作者本身融入的“精神”材料。没思想的作品是不会打动观者的心灵。世界上本没垃圾，只有放错位置的材料。

---

① 莫里斯·科恩：《材料科学与材料工程基础》，《建材技术与应用》，2011 年第 4 期。

三、再生材料引领美好设计

再生材料在艺术创作领域里发挥了举足轻重的作用，那么，对当代设计，是否同样魅力四射？笔者结合自身专业及教学经验，从工业设计领域展开研究。

（一）再生材料在设计中“再生”

“中国工业设计之父”柳冠中认为“工业设计”的本质是重组知识结构、产业链，以整合资源，创新产业机制，引导人类社会健康、合理、可持续生存发展的需求。那么，如何将材料从概念变为现实产品，借助美学认知，将其带入日常生活中？

案例 1. *ycelium* ＋ *Timber*（图 7）

图 7　*ycelium* ＋ *Timber*

Sebastian Cox[①] 与 Ninela Ivanova 关于真菌材料应用于日常产品的研究项目——“Mycelium + Timber”（菌丝+木材），其产品都是由菌丝体与废柳木组合制成，二者有机地设计呈现出奇异的色彩与纹理，具有麂皮质感，散发独特性冷淡风，让人眼前一亮。与传统木、金属、塑料等材料制成家具相比，其具有完全无毒、环保、再生等优势；与木类似，并具承受一定打击与强度的能力。

案例 2.《本土创造》[②]（图 8）

2017 年，本土创造携水磨石系列概念产品——瓷造亮相米兰卫星沙龙展 Salone Satellite，这不仅是一个将陶瓷废渣再生的实验，更是一个可实现具有发展潜力可持续化的家具产业链。

本土创造提倡“极简主义是一种发展的必然，首先是人性本能的简单，是在自我认知的过程中而剥去包装，是地球资源的消耗而带来的节俭”。

---

① Sebastian Cox 毕业于林肯大学可持续设计专业，是英国倡导传统手工艺与现代设计结合的年轻家具设计师中一员。早在 2010 年，他就开始研究竹子和原生木作为家具材料的可行性，并致力于将自然质朴气息引入都市生活，唤起人们对事物价值观的重新思考，运用古老、原始的手工艺来设计创造当代设计，试图改变人们对家具材料的多种选择。近日，“蘑菇菌丝体”成为他最新的实验对象。于 2016 年伦敦设计节萨默塞特大厦 Design Frontiers 展出该项目

② 在中国佛山有着全球最大、最成熟的陶瓷产业链及产业集群的建筑陶瓷工厂。这里承载着全球建筑陶瓷 1/8 的年产量及 10 万中国人温饱。与此同时，陶瓷废弃物所带来的环境污染可想而知：陶瓷原料多为不可再生资源，经过高温烧制后，硬度极高，无法自然消化，其废弃物终将被送往偏远地区，填埋鱼塘或非法倾倒，不但处理成本高，而且，不可降解的材质终将无法被自然所消化，占用土地，影响植被生长，污染水源及生态。传统对废瓷的再生利用，仅仅是将废瓷打碎，重新加入陶瓷制作原料中。由于陶土原料需要保持黏性，所以，真正被利用起的废瓷粉极其有限。瓷造，从中国佛山 400 万吨的陶瓷废弃物出发，将陶瓷边角料与混凝土相结合，回归到建材产品中去，改变瓷渣骨料的置入方式，提高瓷渣利用率和生产速度；底部网格构造深化细节，减轻整体重量；而高性能混凝土的加入，确保面板薄至 5mm 仍然坚韧，将其再生转化为具有使用价值、且能批量生产的建材产品。本土创造，成立于 2012 年。作为一个独立设计品牌，以水泥及建筑回收废渣为主要的设计原材料，从事产品创新研发和设计，致力于以设计为基本手段，通过用一系列的实验探索更多的可能，让不同的材质回归它的本质，还原它的独特肌理，制造成符合我们日常生活需求的产品。本土创造的混凝土光影成像墙砖——“影”被授予 2017 年德国红点设计“材料与表面处理”类别“最佳设计奖”。瓷造：用瓷砖废渣制造水磨石的材质再生实验。红点“最佳设计奖”颁予具有极高设计品质或取得重大突破的产品设计，这是中国首次在“材料与表面处理”类别中斩获该奖项。http：//www. bentudesign. com/index. asp

图 8　本土创造

（二）小结

材料，构成了这个物质世界最真实的材质。材料的再生将会是未来最深刻的人文关怀。材料及一切由此产生对现实的衡量与关怀。好的设计，不一定非要再创新，其实，立足当下，我们拥有的资源已够多，只要我们珍惜、善待，用发现美的眼睛与会思考的大脑、会行动的手脚，让材料再生并引领更美好的设计、生活。

四、个人艺术创作与教学实践

“我们应当为了创造，并且仅仅只是为了创造，而学习。” ——尼采

（一）个人艺术创作

笔者研究生时主修工业工程设计，对材料有着专业敏锐度。在“再生与轮回”[1] 艺术展[2]中，笔者将平日收集的废弃材料进行设计创作《21 世纪的盛宴》（图 9）大秀场。许多不起眼的废材料，其实极具艺术再生力！

图 9　《21 世纪的盛宴》概念图及展览现场（美国站）。作品主要由两部分组成：《最后的晚餐》（世界）与《满汉全席》（中国）

透过一个个小零部件、小纸片、碎玻璃、木塞、电线、灯泡、烟头……领略艺术的生命力与物质之上的精神美景。材料收集过程使笔者感触良多，作品由 40 余种生活、工业等废弃材料炮制而成，先后在美国、意大利展出并获好评。

① “英文再生（regeneration）……即重新获得生命的意思。”华东师范大学设计学院：《再生与轮回》，上海，上海锦绣文章出版社，2011 年，序言三，第 6 页。

② 作为华东师范大学校庆六十周年系列庆祝活动之一——“再生与轮回”学生艺术展，于 2011 年 10 月 4 日，首站于大洋彼岸的美国，纽约州立大学艺术中心开幕。这是中美高校间难得的交流，这样的艺术展规模在中国比较少见。其中 50 余件作品以公共艺术作品为主，部分作品在国际、国内都获得大奖，展览在美国当地引起了广泛的关注，参观者对展览作品的艺术水准都表示惊讶与赞许。《新民晚报》相关新闻报道：http：//news. ecnu. edu. cn/mediaview/2011/2011，mediaview，081116. shtml 等。

作品《过期》（图 10）是一次思想提炼与质变飞跃。笔者不再局限于材料收集，更多关注对材料注入人文情感，进行规整、设计如何将记忆收集珍藏，进而传达“万物皆会过期，学会珍惜”之思想。

图 10　《过期》

随着展览结束，许多作品将不再被人提及。但它曾在特定时空绽放过，这就是艺术赋予材料短暂又绚丽地尽情绽放其自身独特魅力。

（二）个人教学实践

教学中，笔者鼓励学生进行各种实验探索。一个好的大学要培养的不仅仅是掌握基本专业知识与技能的学生，更多的应该是学会如何思考、判断、应对，保有一份真诚、独立与自由。笔者鼓励学生们根据创作主题，进行实地“再生材料”的探索，最终确立选材。不硬性指定材料，鼓励从生活周边寻找，不是直接去商店购买。从环保、再生、经济等出发，在生活中练就一双发现美的眼睛与行动力。在此过程中遇到的困难终将被战胜并收获喜悦。学生们纷纷表示要在课程中学会大胆尝试、勇敢交流，并被点燃创作激情。

材料来源于自己的生活，这种珍惜与创造，让人感动。

案例 1. 部分学生创作展示[①]（图 11）

图 11　关于当代综合材料、当代艺术课程实验的线上成果展：“三三两”线上艺术展

（三）小结

用材料“语言”发声，从不同角度思考，呈现想象的无限可能。面对材料选择时，你必须清晰地认知它的属性。它是什么？它可以做什么？它内部隐藏着怎样的艺术之美？……这些都是在你认知它时可思考的方向。

创作需要专注与纯粹。艺术越是纯粹越给人无限遐想与心灵碰撞的震撼

① http：//mp. weixin. qq. com/s/I0Y7IIdZJWjhRkYdk1ncPw

感。材料的生命靠着创作者的思想来呈现、传递。如人的肢体可以是艺术表现的材料本身，动作、舞蹈、行为、语言……面对科技发达的今天，再生材料的再生利用是不可忽视的方向。

五、结论

创作与材料的最初碰撞，形态万千。其原始形态、结构内容、线条形状、色彩质地等客观表象都会引起人们视觉、听觉、触觉等对美的共鸣与追求。好的创作者总是可以从一块材料中看到一个形式并揭去覆盖该形式的一切东西。其最主要闪光点：在意想不到之处发现它的艺术气息，并构思、设计、运用及整合，最后，打造一颗闪亮的“珍珠”，并给人无限想象空间。而这闪闪发光的“珍珠”，常常就是那些随手可捡、被人们废弃的材料。材料的“再生”，就待你那敏感的心与亲身力行。善用每块材料，物尽其用。

参考文献

[1]姜竹青.材料·艺术[M].北京:清华大学出版社,2014.

[2]杨卫.中国当代艺术生态[M].天津:天津大学出版社,2008.

[3]马钦忠.关于生态与场所的公共艺术[M].上海:学林出版社,2009.

[4]曼齐尼(Manzini,E.).环境可持续设计[M].北京:国防工业出版社,2010.

[5]王峰.我国再生材料产业细分领域分析[J].中国科技成果,2005(16)12—15.

基于电子商务模式的家具产品创新设计研究

◎林　莉

摘　要： 通过研究电子商务模式下的家具产品发展的现状，分析家具产品的B2C、C2C、O2O模式与传统家具销售的特点和异同点，分析电商模式消费群体的群体特征、消费水平、审美偏好，总结出基于电商模式的家具产品在品牌定位、构创新设计、风格定位、结包装设计等方面的创新思路。

关键词： 电子商务；家具产品；创新设计

随着信息技术的普及，信息技术革命的扩张，电子商务模式也成为家具产品设计行业的热门模式。有效利用电商模式带来的成本降低、生产效率提高、并实现产品与用户在空间和视觉上的零跨度，成为家具设计师和商家们关注的焦点。

一、电商模式

电子商务模式主要包括B2B（Business to Business的缩写）、B2C（Business to Customer的缩写）、C2B（Customer to Business的缩写）、C2C（Customer to Customer的缩写）以及O2O（Online to Offline的缩写）等五种。其中在家具产品行业应用较为广泛的是B2C、C2C、O2O这三种模式。

B2C，是企业与消费者之间的电子商务，这种模式基本等同于网上商店或者常见的在线零售商店[1]。例如京东商城、阿里巴巴天猫、极有家等都发展出了这种家具零售模式的模块。C2C，是消费者与消费者之间进行交易的电子商务模式，类似于我们生活中的创意市集[2]。例如淘宝网、易趣网等，相比B2C模式的大型商家介入模式，C2C更像是消费者自行建立的大规模夜市，参与的对象主要是零散的家具商和小型企业。O2O模式与前两者的主要差别在于，商家只是把信息流和资金流放在了线上[3]。消费者完成了线上的交易后仍可以享受传统模式的线下送货上门和安装等服务，例如北欧家具品牌宜家的网上商城。B2C、C2C模式中购买者通过互联网线上支付，然后卖家发货至买家手中，买家收到货品后确认收货完成交易流程。这种模式依靠互联网在线平台完成支付、依靠快递公司完成运送服务，与传统家具线下销售模式和电商中的O2O模式相比较，缺乏系统性的安装、售后服务，运输也多是送至物流点或小区，更多的情况消费者需要自己搬运到家，自行组装。即使是O2O模式，由于长途的运输以及线上选购对产品展示的高要求，导致与传统家具本地销售本地运输模式相比，电商模式下的家具产品设计在产品等级定位、风格定位设计、结构设计、包装设计等方面都要有创新的思路。

二、电子商务模式家具产品用户群

首先，由于电商模式是基于现代互联网的兴起而产生的，它的用户群必然将与互联网的使用者有所重复，这就决定了电子商务模式家具产品的客户群集中在年轻一代到中青年一代人群；其次，家具属于大件家居产品，单品价格不低，体量也将占据消费者家中较大面积，且电商模式下的家具产品大部分情况下只能通过图片、视频展示设计细节。这就决定了会在电商模式中选购家具的消费者对于产品的材质、结构有一定的了解，对自己的眼光和选择有一定信心。所以年轻一代并不代表低预算、低质量和低要求，相反，年轻一代的用户群多受过高等教育，视野开阔，对于家具的审美具有更高的标准；再次，现代化的生活节奏快变化多，选择电子商务模式的用户群对于家具的需求已经从传统的终身雇佣制逐渐转变为阶段性雇佣制，用户在频繁的跳槽和搬家的状态中对家具的运输、组装性提出了更高的要求。

三、基于电子商务模式的家具产品创新设计分析

根据现有电子商务模式及电商模式家具产品的用户群的特点，电子商务模式下的家具设计创新可以从不同的角度入手。

（一）中等级别的品牌定位

现有电商模式，尤其是 B2C 模式与 C2C 模式下，商家没有线下体验店，只在线上展示的形式对于高端材料家具的销售大大受限，因而选择较为中低档的材料，这也直接导致这两种模式下的电商家具无法形成品牌的观念，在发展中只能在低价格战和低品质战中屡屡受挫，在 O2O 模式逐渐发展的未来必然受到极大的冲击。因此，发展中的电商模式要求家具应该在中高品质中逐渐建立用户的品牌认知度。

电商模式对应的消费者的审美能力决定了更多的人倾向于在电商平台寻找设计感强的产品，而他们年轻化的消费水平则决定了昂贵的设计师品牌家具不会成为他们选择的主流。所以电商模式下的家具在品牌定位上应介于同质化的现有产品（如宜家）与设计师品牌之间。

（二）便捷多次拆装

在 B2C 与 C2C 模式中，商家无法为消费者解决安装服务，消费者需要自行安装。年轻一代的生活工作现状导致居住地的不稳定，多次搬家的需求广泛存在，消费者在此情况需要自行拆分家具进行打包搬运。所以快速、可重复的拆装成为电商家具的需求重点，目的是让组装网购家具和搬家变得轻松。

北欧家具品牌宜家致力于销售自行组装家具并提供工具，但基于成本考虑使用的自攻钉和纤维板导致安装不可重复，解决此问题的核心在于研发新的合理的紧固件或者使用连接工艺。如底特律的家具品牌 FLOYD 使用的扳手式捆扎带（如图 1），波兰在线家具平台 Tylko 使用特殊的塑料紧固件（如图 2），家具品牌 Burrow 使用的搭扣和手拧螺栓（如图 3）。

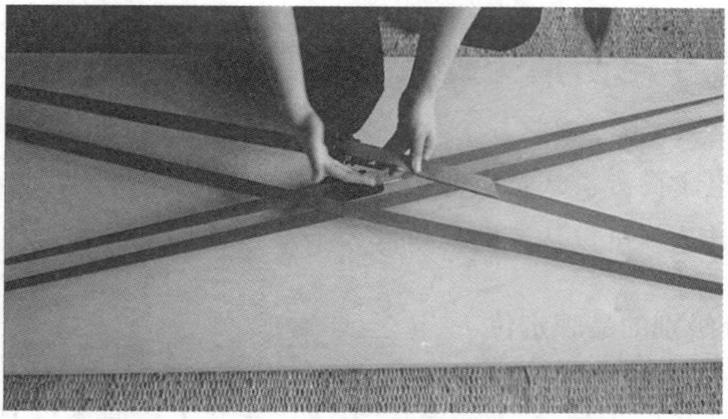

图 1

图 2

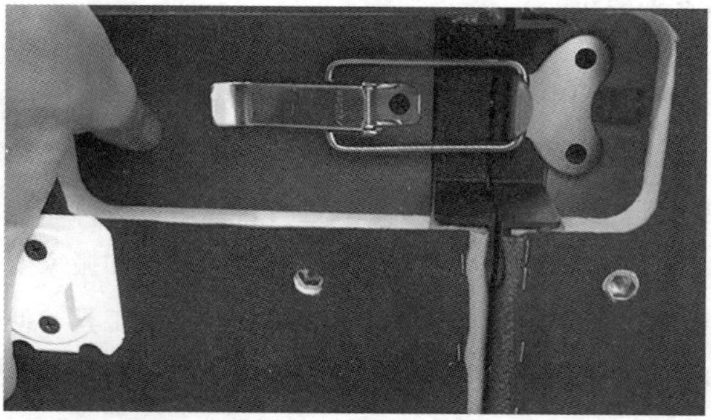

图 3

另一有效解决办法是在合理使用更优质的材质下，提供标准化、方便收纳保管的工具，使得安装家具不成为消费者的购买负担。宜家在家具包装中会附带简单图文的安装说明书及必要时需要的安装工具，在放弃自攻钉和纤维板带来的不可重复难题下，家具设计师们可以思考为消费者提供简单套装的标准化工具如扳手、螺丝刀，六角扳手等，并且为这样的标准工具设计收纳盒，使得安装的过程和工具都具有长久使用的品质，改变用户对自行组装家具的固有印象而更倾向于在电商模式中购买家具产品。

（三）模块化自由组合设计

模块化设计是一种由总体到部分再到总体的设计方法，在产品造型设计领域被广泛使用，设计师先对所做的设计及其面对的消费群体做设计调查，制定出设计的定位和功能需求类别。根据用户所处的需求所在层次的不同划分出总体功能定位，由总体衍生到单个模块的功能，再为用户制定单个模块的组合方式，单个或多个相同或不同的模块之间互相组合，可以整合为功能更丰富、更全面的家具系统。在电商模式家具产品设计中，可以有效地降低研发成本，利用有限的模块组成更多的成品；另外也提高了单个模块的利用率，降低单个模块的生产成本；更重要的是，它们都提供更高的灵活性，让客户自行搭配组装自己想要的效果。

柜子的产生就是模块化设计的良好应用，例如 20 世纪 80 年代我国流行的组合式家具，发展至今用户甚至可以自由选择柜子的层数、柜门宽度、每一层的高度、格子分布的密度、使用什么材质等。这样的设计自由度要求零部件之间能够相互通用和相互替代。

模块化设计另一应用广泛的产品类别在现代风格方块沙发的应用上（如图 4、图 5），统一的模块在某种程度上提升了用户对品牌的认知度。

图 4

图 5

但现有的模块化设计的应用案例存在的瓶颈是，用户在选购模块化设计家具的时候为使购买的单体模块利用率最大化反而增加了购买疑虑。所以优势众多的模块化设计家具并没有成为家具设计的主流。所以模块化的自由组合，增加单体模块利用率成了解决该问题的突破口。现代电商家具模块化设计的方向应以设计系统为目标，将家具中的支架、零部件作为系统的中心，这个系统在设计和价格上给客户提供更多多样性。如图 6，美国的家具品牌 Kickstarter 设计的 UX4 系统，用来把美国常见的 4×2 英寸木料转化为家具，只用几种零部件就能组成一个模块化系统，用户自由搭配喜欢的材料可以组合出不同风格的产品。甚至只需要把这些零部件看作一种五金件，而购买五金部件可以任意将想要的主体和部分组合，成为真正 DIY 的模块化自由组合家具系统。

图 6

（四）现代的审美风格

现代的审美风格来源于德国的包豪斯，当时的包豪斯为实现设计为大部分人服务的理想，推崇简单、易加工、低成本的几何形状来构造产品，并推出形式追随功能的口号。这种风格基调与电商家具的成本预算、运输需求相符合。二战后，人们急切需要更温和的家具来缓和内心，催生出了基于现代主义的世纪中期现代主义，在原本强硬的纯粹几何线和面中增添柔和的有机主义形态。与之理念相同的还有来源北欧的斯堪的纳维亚风格家具。这与电商家具用户群的心理需求相符合。所以，基于现代主义的世纪中期现代主义审美风格，应成为电商家具主要风格偏向。

（五）工业风格的返璞归真

工业风，即工业风格，是建立在工业生产方式、生产资料文化的基础上，蕴含大量工业元素并契合当代人生活方式和审美需求的空间艺术形式[5]。工业风的热潮最早在建筑设计上蔓延开来，逐渐向室内设计和家具设计兴起。与世纪中期现代主义审美风格的由来有着根本的相似之处在于，人们厌倦了现代主义冰冷的几何线条，在审美需求上向马洛斯需求金字塔的更高级进阶，而工业风格作为一种具有强烈时代性的装饰风格，内含了很多工业化进程中遗留下来的装饰元素，当代设计师将过去的典型装饰元素进行设计、搭配成为符合现代人审美的设计要素。

在家具设计领域，工业风格更多表现为粗旷的整体感、做旧感的木材、暴露的五金元件。工业风格一方面是适应人们精神文化需求的产物，另一方面，在电商模式家具中，工业风格家具中暴露的五金元件作为表现设计风格的一大要素，在模块化自由组合设计中不被认为是不安全要素，反而锦上添花，成为设计的亮点。所以在工业化的流行趋势下，电商模式家具与工业风格的良好结合将成为家具设计师们设计风格的考量重点。

（六）平板包装

平板包装的概念是在可拆卸家具的基础上产生的，其目的是对拆装类家具部件进行合理分配和包装，以保护家具产品的完整性[4]。平板包装在电商模式家具中解决了网络销售的快递问题、搬家的运输问题。传统模式中家具大部分是体积大、重量重的东西，但是电商模式的家具包装设计必须要把它拆分成尺寸和承重的几个箱子，使其方便物流运输。这种设计一方面降低商家的仓储成本，另一方面使他们可以和快递公司更好地合作，降低运输成本，增加消费者的购买期望值。

结　语

电商模式与家具行业的日益融合，对于家具行业的品牌产生、产品设计、网络化营销模式、物流、线下服务等提出了新的要求，其中家具产品的设计及其设计相关定位对电商模式的家具发展起到核心作用。每一位从事这个行业的商家、设计师、生产者应立足于电商模式的发展现状和前景方向，以其目标消费者的需求为出发点，在品牌、风格、创新设计、包装设计上对产品做出新的定位，开发出适应电商模式的创新家具产品。这对电商家具的设计师和从业者无疑是巨大的挑战同时也是时代发展下前景良好的机遇。

参考文献

[1]李艳杰.电子商务发展趋势及对策[J]. 商业研究,2002(14):2.

[2]李旭军.体验式营销在C2C电子商务中的应用[J].佳木斯大学社会科学学报,2011(5):38—39.

[3]储益翔.O2O模式下的家具行业运营模式研究[D].合肥:合肥工业大学,2013. 4.

[4]陈星艳,陶涛,韦波,黄琼涛.柜类家具的平板包装设计与应用[J].林产木业,2017(10):50.

[5]贺辉.对工业风引领室内设计新风标的思考[J].家具与室内装饰,2015(5):85.

设计制图课程在艺术类产品设计专业教学中的重要性刍议

◎林　莉*

摘　要：设计制图课程是各设计类专业的学科基础课程之一，旨在培养设计类专业学生绘制和阅读工程技术图样的能力，以便在实践工作中能不仅仅局限于设计的外在，而深入到设计的核心并与工程技术人员协同创造。在艺术类产品设计专业教学中设置设计制图课程能快速帮助学生从绘画思维向设计思维转变，提高学生的技术素养，逐步形成产品创意思维。

关键词：设计制图；艺术类；产品设计；专业教学

当代我国的产品设计专业源于20世纪初发源于德国包豪斯学院建立的现代工业设计理念，根据中国的实际情况加以改进和创新，建立有中国特色的工业设计教学体系，[1]并于1983年被列入我国高等教育学科。经过几十年的专业调整，我国的工业设计办学基本分为工科类的工业设计和艺术类的产品设计，这两大类的设计教育理念基本一致，是艺术和技术兼容的学科，学科内容跨工、文、理三大类别，工科类和艺术类产品设计在工科和艺术学科上分别有各自的侧重点。

一、设计制图课程在国内艺术类产品设计专业教学中的现状

随着工业设计学科的不断发展、进化，设计制图已经成为工业设计系列专

* 林莉，女，福建三明人，福建师范大学协和学院文化产业系艺术设计教研室助教。

业学生的必修基础课，该课程前身脱胎于机械类专业的“工程制图”课程，共同目标是培养学生的制图、识图能力，提高学生对立体产品的空间想象能力。但与工程制图存在明显不同之处在于，产品设计学生除了要讲求产品的规范、准确三维造型外，还应兼顾产品的设计美学。传统工程制图课的教学体系基本上是画法几何、制图基础和机械制图三段教学模式。[2]即以机械零件为教学案例，工程技术理论知识为指导，注重培养工程技术语言的规范、规则。教学方法序列化、严谨化、全面化，教学模式较为枯燥、单一。传统的工程制图教学方法已经不再适用于产品设计专业教学，袁和法、刘平、许懋琦在论文《工业设计的发展需要制图教学的创新》中得出“如果设计专业培养出来的是只会识图和制图的工具人，这有悖于设计教学的宗旨”的结论。[3]这其中，艺术类产品设计专业学生在理工科基础知识上较为薄弱，传统的以画法几何为基础的知识框架对艺术类学生更加难以被接受。传统的工程制图课程教学创新逐渐从工科类工业设计延伸到艺术类产品设计，进而更名为《设计制图》，“设计”的概念在制图课程中被提升到主要地位。基于此现状，设计制图在艺术类专业设置中仍存在以下问题。

1. 高校艺术类产品设计专业师资不足

随着工业设计专业在我国的普及，大力发展工业设计的口号也一再被提起，全国四百多所院校开设工业设计专业，每年有几十万新生进入产品设计专业学习，各院校也纷纷开设制图课程。在工科类、综合类院校中，往往能借助校内本身的工科教师资源进行制图教育，而艺术类院校或文科类的艺术类学院在制图教学方面师资队伍往往有所欠缺。即便能借助工科教师资源，该类别教师在制图的基础知识上基本功很好，但对设计制图所需要的侧重设计学科的知识有所欠缺。大多数开设艺术类方向产品设计专业的学校在这门课程的实际教学中，仍然因为师资力量的不足，而流入传统艺术类学科的自由式教学模式，往往教学效果不佳。

2. 设计制图课程的处境艰难

其一，很多艺术类招生院校在针对产品设计专业设置基础课程时，往往偏向强调培养学生的基本艺术修养，侧重于素描、平面构成、色彩构成等艺术类基础课，而忽略了同样都是从点、线、面为出发点的设计制图课程。其二，在设计专业教学中，学生也往往由于课程教学模式的枯燥性而对制图课程兴趣乏然，缺乏学习的积极性，教学成果不佳导致设计制图课程在艺术类院校中走向恶性循环。此外，当前设计制图方面的教材和教学研究均存在不足，设计专业制图教材虽然有改机械制图为设计制图之名，却缺乏设计相关内容之实，即便有结合实际产品案例，也仅仅是点到为止，缺乏实质上的改革。这三者使得设计制图在教学计划中的处境处于艰难地位。

3. 学生制图基础薄弱

目前艺术类产品设计专业学生存在文史类、理工类基础知识薄弱，产品造型设计能力不强的问题，原因主要来自两方面。一，大学扩招使得部分学生在选择艺术道路上更多基于艺术类本科院校对文化成绩要求较低，生源质量不高。二，艺考的考试方式决定了学生的培训方式过于模式化，缺乏创造能力的培养和考察点，学生在选择设计专业后也很难从临摹、绘画思维中走出来，在制图专业基础教育这种更需要理工科思维、立体思维、创造性思维的基础教学中困难重重。

二、设计制图课程的课程属性、目标、理念

设计制图课程属于艺术类产品设计专业基础的必修课和核心基础课程，其先导课程包括设计概论、产品设计初步等设计通识课程，后续为产品设计专业专题设计等课程服务。

1. 设计制图课程在艺术类产品设计专业教学中的定位

设计制图是产品设计专业学生大一上学习的基础课程，它既要求学生具有严谨的理工科制图思维，又要求学生能够将严谨的制图思维与创造性思维结合，在识图制图技术基础之上能将之运用于立体思维的培养，为产品的三维空间造型能力打下基础。它不同于设计素描、设计色彩等基础课程注重手绘技法的学习，且对艺术类学生来说，这两类课程都在艺考的训练学习中有所涉猎，设计制图课程更多在于培养学生严谨的逻辑思维和二维、三维空间思维的相互转换。这门课程主要帮助学生解决以下两个方面的问题：

第一，从长远的职业规划来看，产品设计学生无论从事一线产品设计工作还是进行设计理论研究，制图技能和立体思维都是必不可少的职业技能。尤其是艺术类学生在基础较为薄弱的前提下，无法从平面思维转向立体思维，将对

后续专业基础课程、专业核心课程，如计算机辅助CAD制图设计、产品模型制作、计算机辅助三维设计、产品专题设计等产生负面影响，甚至对长期专业的学习产生抵触心理。据笔者观察，越来越多的产品设计专业学生在毕业阶段选择转行至平面设计领域工作，其中很大部分原因来自产品设计对立体思维的要求高，需要经历一番磨炼才能得心应手，而这其中设计制图课程基础至关重要。作为一门学科基础课程且课程安排在大一上学期的时间段，良好的课程设计程序为学生四年的专业知识打下学科基础和对专业的兴趣奠定了基础。

第二，从学科本身性质来看，产品设计专业是一个新兴学科，从包豪斯起就强调艺术和技术的结合，发展至今，产品设计已经从最初依附于美术、建筑的格局中脱离出来，不再只是艺术家、设计师依据本人的感性思维进行设计，而是可以融合理性的研究分析方法进行科学设计的学科。这其中艺术代表了对美的感知、欣赏、创造，技术则代表了工艺、材料、新兴科技，在实际进行产品设计的流程中，艺术指代了一个产品的造型、比例的美感，技术则包含了产品的内部结构、材料、表面加工工艺。设计制图作为艺术类产品设计专业中不可或缺的关注产品“技术”的基础课程，担负了为学生指引技术方向的敲门砖作用，其教学效果可能影响后续多门专业核心课程的教学质量。

因此，设计制图在艺术类产品设计专业教学课程中的定位是，具有设计思维、包含艺术灵感的技术启迪课程。这门课程的理念包括：一，以提高制图识图的能力为重要任务，为今后的核心课程知识的学习打下技术基础。二，在课程的结构设置上，以能引导学生的主动思考和兴趣为主，培养技术和艺术共通性思维，为以后的学习打下技术基础。三，在课程的内容设置上体现时下产品设计的前沿性和先进性，注重让学生自主选择对其未来发展有益的知识和技能，用实际有效的案例包装晦涩枯燥的技术知识，并发动学生学会分辨、选择、分析现有产品的优缺点，养成辩证的思维习惯。

2. 设计制图课程的内容与目标

根据上述分析现状及定位，制定新兴教学思路

通过设计制图的课程训练，帮助学生从传统的“填鸭式”教学思路中转变出来，逐步从被动听、学，向主动的研究、领悟转变，从对二维的绘图向三维的设计制图转变，从学科基础课程向专业基础课程过渡。可以从以下几个方面进行改变：

第一，传统的机械制图的知识体系是以画法几何理论为基础，正投影法的原理为方法，目的是通过简单的二维三视乃至多视图表现一个产品的结构、尺寸、零件安装等内容，传统的教材及教学思路均是以此基础展开。在传统教材中，“点、线、面、体”的概念是画法几何教学的案例基础，现有的教材多是采用机械领域的基础几何零部件作为案例进行讲解，体的概念也多是以“机件”的形式出现，这对艺术类产品设计专业学生存在一定困惑性。可以根据各校办学的特色和侧重性选择针对性的教学案例，以福建师范大学协和学院产品设计专业为例，本校本专业的办学侧重点为文化创意家居产品设计，在此基础之上，设计制图的教学案例可以针对性地做出调整，如基础几何零部件用家居产品常用的连接件替代，“机件”的概念用几何造型的陶瓷家居产品替代，一方面培养学生对本专业未来学习方向的认识和兴趣，另一方面减少教学案例的晦涩性，增强课程和实际的联系。

第二，注重艺术与技术的统一，注入审美教育。艺术类产品设计专业的学生从最初接触美术基础教育，艺考的训练方法导致其审美可能被限制在一个狭窄的误区，从笔者的接触来看，艺术类学生分为几类：对艺术本身具有浓厚兴趣、将艺术高考作为捷径对艺术兴趣平平、对艺术和所学专业知之甚少。因此，在大学的起始阶段，就需要为迷茫的新生进行专业化的审美教育。在工程制图教学过程中贯穿美学的启发教育，是激发学生学习兴趣和热情、引导学生享受绘图过程与制图美行之有效的教学方法。[4]在设计制图课程中可以为学生注入“技术美学”的概念，传统的制图图样的概念更多讲求制图的规则章程，如线的用法、尺寸标注注意事项、视图表达规定、技术要求标注要求等，却缺乏对其进一步的描述，应培养学生知其然，也要知其所以然的概念。训练学生究其内在的秩序美感，制图作为一门工程技术语言，具有其内在的语言“技术美学”，而理解这些美感的成因有助于培养学生的审美水平，也能帮助学生更好地学习制图基础知识。

第三，注重手脑结合，传统的制图教学以理论知识为主导，辅助以课堂及课后习题进行巩固，在艺术类学生中此教学方法和教学效果都不佳。在课程前期的点、线、面、三视图理论教学中可以使用软陶泥作为辅助教具，以手脑结合的方式指导学生进行由二维到三维，由平面到空间及正负空间架构的自由转换。在课程后期的巩固练习中，除了选用传统的综合习题，还应以常用常见的可拆装产品，如小家电产品、塑料产品、文具用品等作为测绘巩固的案例以拉近与学生的距离，激发学生进行自主手动操作结合大脑思考的兴趣。

工业设计是一个自然科学与人文科学相交叉的新兴学科，其主要对象是产品设计。[5]创新意识和专业技能是各高等院校培养产品设计学生的共同目标。而目前我们面临的问题是学生学设计到执行设计任务的阶段往往处于纸上谈兵，理论知识夯实却无法将理论与实际良好结合，也无法用现有理论知识进行创新创造。在艺术类产品设计专业中，可以从设计制图这样的基础课程教学中因材施教，更多引入符合现状的教学方法与教学理念，结合所学专业方向引入贴近学生实际的教学案例，为今后的课程设计乃至工作所需创造性思维和制图技术基础打下坚实的基础。设计制图基础课程的教学效果将会影响学生整个设计专业学习的质量，其重要性是不可忽视的。

参考文献

[1]张立昊.包豪斯对当代中国工业设计教育的影响[J].产业与科技论坛，2011,10(14):87—88.

[2]郭惠霞.关于非机类专业工程制图教学改革的思考[J].高等理科教育，2007，72(2):111—113.

[3]袁和法，刘平，许懋琦.工业设计的发展需要制图教学的创新[J].华东理工大学学报，2004(3):117—120.

[4]张四军.工程制图中美学法则的应用[J].科技信息，2008(36):316—317.

[5]李乐山.工业设计思想基础[M]. 北京:中国建筑工业出版社，2007.

梵蒂冈宫的1508年——拉斐尔房间

◎周小登*

2020年逢拉斐尔逝世500周年纪念，世界各地美术馆举办多场令人期待的特别纪念展。此外，罗马梵蒂冈宫“拉斐尔房间”的常设湿壁画展亦值得观摩，其呈现了拉斐尔及其弟子们花费了16年时间绘制而成的心血。

一、“先知之地”上的宫殿

拉斐尔·桑西（Raffaello Santi，1483—1520）只活了37岁，就被一场高烧和错误的放血疗法带走，最终风光大葬于罗马万神殿。与文艺复兴“三杰”其他两位——米开朗基罗、达·芬奇一样，拉斐尔也终身未婚无子，但米开朗基罗享年88岁，达·芬奇亦在世67年，在16世纪初的南欧皆称得上长寿，有足够光阴为世间留下瑰宝无数。好在拉斐尔性格文雅平和，善于社交，工作室广收学徒，弟子们在其身后继承了他的衣钵与事业，才有了我们今天所见的完整灿烂的“拉斐尔房间”。

由四间屋子组成的“拉斐尔房间”（Raphael Rooms）位于梵蒂冈宫二层，满饰拉斐尔和他工作室的壁画。梵蒂冈宫是历代教皇的官邸，坐落在罗马西北部一块在拉丁语里意为“先知之地”的高地上。始建于公元5世纪，多次损毁重建，现在的梵蒂冈宫基本沿袭了15世纪建成的样子，内部结构庞大复杂，

* 周小登，伦敦艺术大学策展与收藏专业硕士。

有房间千余[1]。

站在梵蒂冈宫门前的圣伯多禄广场上，入目是左右两排弧形的白色廊柱，它们气势磅礴地将整个广场囊括翼下。细密的地砖被踩磨得平滑油润，那是数百年来无数朝拜者的印迹。庭前守卫身着具有“梵蒂冈特色”的橙蓝条纹制服，袖与裤腿都是“泡泡”设计，脚踏同配色的靴子，腰盘红色束带，头上一顶黑贝雷帽，手执长矛，天凉时候罩上黑色斗篷。眼前景象交织在一起，可以让来者立时抛却脑海里的摩天大楼与现代都市，与长队一同逐步置身于文艺复兴全盛期中。

宫内瑰宝实在太多，其中西斯廷礼拜堂里有米开朗基罗的《创世纪》和《最后的审判》，有波提切利的《可拉党的惩罚》（*Punishment of the Sons of Corah* ）和《摩西的故事》（*The Trials of Moses*）。而提到“拉斐尔房间”，里面最广为人知的作品则是“签字厅”内的壁画《雅典学院》，它大概也是除了一系列圣母子像外，中国观众最熟悉的拉斐尔作品了。

二、湿壁画寓所

迈上二层，自西向东，组成“拉斐尔房间”的四个屋子依次是：“博尔戈火灾厅”“签字厅”“伊利奥多罗厅”“君士坦丁大厅”。当然，初建时房间是不叫这些名字的，后来人以画作之名为其名，以便辨认。最早是教皇儒略二世（Pope Julius II，1443—1513）打算将这里作为起居住所，于是委托拉斐尔重装内部。工程开始于1508年，拉斐尔1520年去世后，他的弟子们持续工作至1524年才完工。儒略二世同佛罗伦萨的洛伦佐·美第奇一样，是推动亚平宁半岛文艺复兴艺术发展的重要人物。洛伦佐乃美第奇家族和佛罗伦萨公国的统治者，赞助了大量艺术家与学者，米开朗基罗15岁时就曾在他开设的雕塑学校学习；儒略二世则为了装饰梵蒂冈宫，给予了许多艺术家及其工作室资金殷实的委托，米开朗基罗同样在列。

在“博尔戈火灾厅”中，从东墙开始逆时针方向依次是《奥斯蒂亚之战》（*The Battle of Ostia*）、《利奥三世的辩解》（*The Justification of Leo III*）、《查理曼的加冕礼》（*The Coronation of Charlemagne*）、《博尔戈火灾》（*The Fire in the Borgo*）。《奥斯蒂亚之战》说的是利奥四世在奥斯蒂亚战胜了阿拉伯的撒拉逊军队的故事。现奥斯蒂亚古城遗址位于罗马附近的海港，是意大利境内规模仅次于庞贝的古代城邦遗址。《查理曼的加冕礼》和《利奥三世的辩解》，则都围绕着利奥三世（Leo III）向法国的查理曼大帝（Charlemagne）示忠换取支持的故事背景。公元795年，利奥三世靠阴谋手段上位，遭众多教会人士反对，于是他向查理曼大帝交出了罗马旗帜和旧圣彼得教堂的钥匙，查理曼大帝出兵帮助利奥三世，以武力胁迫所有罗马神职人员承认利奥三世之地位[2]。

“博尔戈火灾”是发生于公元847年的一场事故，这场大火几乎烧平了罗马博尔戈区。壁画描绘了利奥四世（Leo Ⅳ）在旧圣彼得大教堂前的阳台上伸手停止了熊熊大火的神话般场面，画面前景是惊慌逃离建筑和取水救火的民众。画中的旧圣彼得大教堂已拆除于16世纪。这幅画很大程度上被认为是拉斐尔作布局设计，再由其助手朱利奥·罗马诺（Giulio Romano，1499—1546）绘制而成的。朱利奥是拉斐尔的主要继承者，在绘画和建筑上皆有造诣，是后来矫饰主义的发起人之一。

不难发现，“博尔戈火灾厅”讲述的都是公元8至9世纪利奥三世和利奥四世的故事。历史上那么多任教皇为什么偏选择这两位来描绘呢？这不得不提及王座的交接。1508年，拉斐尔原是接受儒略二世的委托，但儒略二世5年后就离世了，之后继任的利奥十世（St. Leo X）继续了这一工程，他将“火灾厅”规划为餐厅，重新给拉斐尔下达委任。这位利奥十世同时是美第奇家族的族长，原名“乔凡尼·美第奇”，至此亚平宁半岛两大势力一统于他手中。利奥十世上台后，支持十字军东征，为保护教宗国领土与法王法兰西斯一世签订协约，这些举措在利奥三世与四世身上都能找到影子[3]。利奥十世还要求拉斐尔把壁画上的先辈教皇形象都绘制成自己的面庞，传说拉斐尔是非常敬重利奥十世的，因为其对建筑古迹不是恣意破坏，而是持修复续存的态度。

接下来的“签字厅”是拉斐尔最早完成装饰的房间，东北西三堵墙面的壁画分别是《雅典学院》（*The School of Athens*）、《帕那苏斯山》（*The Parnassus*）、《圣礼之争》（*Disputation of the Most Holy Sacrament*），南墙上从右至左是《格雷戈里九世批准教令》（*Gregory IX Approving the Decretals*）、《三德像》（*Cardinal and Theological Virtues*）、《查士丁尼向伽卢斯颁布法典》（*Justinian Receiving the Pandects from Tribonian*）。这里是宗座圣玺的

最高法院原址，后为儒略二世的私人书房，四周墙壁画对应了哲学、诗学、神学和法学的主题，“智慧”是这个房间的关键词。

《雅典学院》是一幅浩然巨作，画面集不同时空的57位圣哲于一堂，他们分别象征了古希腊“七艺”：逻辑、语法、修辞、数学、几何、天文、音乐。正中央透视点上为柏拉图和亚里士多德，这对师生正在激烈辩论。两人俱抱着书籍，柏拉图手上是《蒂迈欧篇》，亚里士多德手上是《伦理学》，一位手指天空，一位掌心向地，似乎在进行着“唯心”与“唯物”之争。拉斐尔将柏拉图的脸绘制成达·芬奇的样子，以表敬重。事实上，整幅《雅典学院》的个体关系处理与韵律形式都采用了达·芬奇式的做法，人物多而不乱，大致分为11组，往中心偏向；而构图与透视，尤其是拱形穹顶的设计，则受建筑师布拉曼特（Donato Bramante，1444—1514）影响。布拉曼特是拉斐尔的好友，也是米开朗基罗的竞争对手。

拉斐尔在设计每个人物形象的动态神情和服饰配色时，都考量了其个性特征与学术背景。譬如亚里士多德跟前台阶上坐着的老者，是为犬儒学派代表人物第欧根尼。第欧根尼出生于银行家家庭，却倡导质朴苦行地“像狗一样活着”，传说他所有的财产是一个大木桶、一根木棍、一个面包袋、一件斗篷，平日就住在桶里。一次亚历山大大帝拜访第欧根尼，问其需要何物，第欧根尼回答：“我要你让边去，别挡住我的阳光。”[4]这样一位放浪形骸的人物，拉斐尔安排他衣冠不整，斜倚在正中阶梯上，可以想象，若柏拉图和亚里士多德要继续往前来，只有他们自己让道的份，第欧根尼是不会移动丝毫的。

画面左前方一位侧身坐着、腿盖白色布袍、低头认真在书本上进行演算的人是毕达哥拉斯。毕达哥拉斯被颂为西方“数学之父”，他向往东方文明，历经千难万险游历了古埃及（这一说法尚有争议）、古印度和古巴比伦，就差没有抵达古中国了。他还是一位有教无类的优秀教育家，在那个时代首先接受妇女进入其课堂听讲，认为男女皆有学习的权利[5]。拉斐尔笔下的他沉稳专注，面前还有一位孩童为其扶着一块图板。

柏拉图正前方台阶下最显眼处，一位撑着脑袋垂眸沉思的青年是哲学家赫拉克利特，面部原形来自米开朗基罗。赫拉克利特是朴素辩证思想的代表人物，名言“人不能踏进同一条河流两次”即出自他。在《雅典学院》画中，赫拉克利特以一名独自思考者的形象出现。

除以上几位外，画面中还有希腊哲学奠基者苏格拉底、“无神论者”伊壁鸠鲁、女性数学家及占星家希帕提亚、“征服者”亚历山大大帝、“几何之父”欧几里得、“地心说”集大成者托勒密等[6]。当然拉斐尔没有忘了自己，他把自己如“彩蛋”一般藏在画面右下角，头戴深色圆形软帽，露出半张侧脸，神情温和地凝视画外。

从柏拉图创立雅典学院，到拉斐尔绘制《雅典学院》，近1900年光阴间隔其中，这幅画体现了文艺复兴时期人们对古希腊文明的向往赞颂和对智慧真理的追求。人类最崇高、最理想化的智慧图景即是如此，哲学家、科学家、艺术家们或独自思考、或自由辩论，平等无拘束的氛围满溢学院之内。

余下三面墙上的《帕那苏斯山》以希腊神话里太阳神阿波罗和九位缪斯女神的居住地为主场，壁画里的神明们被众多诗人围绕。《圣礼之争》是拉斐尔在工程中完成的第一幅壁画，其中《三德像》中的三位女性对应的是刚毅、审慎、节制三种基本美德，小天使们代表着神学美德：信任、希望、仁爱。剩下两幅《格雷戈里九世批准教令》和《查士丁尼向伽卢斯颁布法典》则回顾的都是国家与法律的历史事件。

第三间房“伊利奥多罗厅”同样得名于画作。东墙为《伊利奥多罗被驱出圣殿》（*The Expulsion of Heliodorus*），北面为《解救圣彼得》（*The Liberation of St Peter*），西侧为《利奥一世会见阿提拉》（*The Meeting of Leo I and Attila the Hun*），南边为《博尔塞纳的弥撒》（*The Mass at Bolsena*）。

其中，《伊利奥多罗被驱出圣殿》这幅画可一分为二地看，画面右侧描绘了伊利奥多罗被驱逐的情节，左侧则是拉斐尔的委托人儒略二世坐在抬椅上目睹画面右侧情节的场景。这幅画构思同《雅典学院》一样，充满了蒙太奇的意味，把不同时间线上的人物并置在同一画面里。而《解救圣彼得》这张画戏剧地对比表现了三种光源：夜空里的月光、人为的火把光、上帝降下的光。另外，还有狱卒盔甲上的反光及窗下透进的自然光。在夜幕的背景中，整个画面称得上是一场“光的礼赞”。

最后是半官方礼庆与接见来访者的空间“君士坦丁大厅”，它是四间屋子里面积最大的。东北西南依次是《十字架显圣》（*Apparition of the Cross*）、《君士坦丁的赠礼》（*Donation of Rome*）、《君士坦丁受洗》（*The Baptism of Constantine*）、《米尔维安大桥战役》（*Battle of the Milvian Bridge*），俱描绘了君士坦丁大帝生平事迹。君士坦丁一世（Constantine，275—337）是人类历史上对世界影响最大的帝王之一，公元4世纪开始称霸欧洲至13世纪初的城市君士坦丁堡（今土耳其城市伊斯坦布尔）即以其命名。

和“火灾厅”一样，拉斐尔设计规划了房间装饰，他的弟子朱利奥·罗马诺（Giulio Romano，1499—1546）和乔万·弗朗西斯科·彭尼（Giovan Francesco Penni，1488—1528）做具体实施。“君士坦丁大厅”的装潢周期跨了四位教皇在位期，从儒略二世开始、利奥十世、阿德里安六世，到克雷芒七世的时候完工。这个房间的绘画用色较为浓重冷冽、画幅最大、人物众多，呈现了史诗的磅礴壮阔，与拉斐尔亲作绘画相比，矫饰主义倾向明显。

16堵围绕着宗教和历史题材的湿壁画墙，加上4顶天花板，花了拉斐尔及其追随者们整整16年才完成。湿壁画是始于13世纪意大利的一种特殊绘画技法，工作量极大。湿壁画基本制作方法是在墙壁或天花板上先抹几层灰泥做基底，在倒数第二层上画出草稿，最后一层刷上石灰浆，接下来画者动作要快，在石灰浆干燥之前用水性颜料在灰泥层上完成绘画，期间要不停喷水保持涂层湿润，待干燥后，颜料就彻底凝固进了墙面[9]。这种技法不适用于室外，画作容易因风沙和微粒造成侵蚀剥落，却尤其适合室内，能长久保持画面颜色鲜明、肌理细腻。

三、500年的回溯

13到17世纪间，现意大利北部曾存在一个不大的乌尔比诺（Urbino）公国，是神圣罗马帝国之附庸国，拉斐尔正出生于此。尽管11岁就成为孤儿，但拉斐尔的出身并不差，他的父亲是一名宫廷画师，双亲离世后，担任监护人的叔叔把他送去佩鲁吉诺的工作室继续学习绘画，及至17岁出师，一路没什么波折[10]。老师佩鲁吉诺（Pietro Perugino，1446—1523）曾与达·芬奇同窗学艺，虽然在职业生涯后期被指失去创造力，但因教导出了拉斐尔，艺术史还是相当肯定了他对文艺复兴的贡献。出师四年，拉斐尔移居佛罗伦萨，在佛罗伦萨共和国他受到当地人文主义思想影响，并积极从达·芬奇与米开朗基罗两位前辈的画面汲取养分，自我风格日趋成熟。之后便是1508年，声名鹊起的25岁的拉斐尔受邀至梵蒂冈宫工作，在罗马走过生命中最后12年。

2020年，拉斐尔逝世500周年，全球多地都举办了盛大的相关纪念展览。比如罗马的奎里纳勒博物馆，奎里纳勒向佛罗伦萨的乌菲兹美术馆借了一批杰作以规划大展《拉斐尔》，展期为3月5日至6月14日；罗马这座城市对拉斐尔有别样的意义，他在这里度过了近三分之一的人生，最后又安眠于此。所以到罗马看拉斐尔展览，不仅能欣赏艺术，更能身临其境融入历史。再有英国国家美术馆，将在今年10月3日至明年1月23日开放一场规模最大的《拉斐尔》纪念展，展览将全方位地回顾拉斐尔的艺术成就，涉及绘画、雕塑、建筑、诗歌等内容。美国国家美术馆也精心策划了展览《拉斐尔和他的朋友圈》，2月16日至6月14日期间，除了拉斐尔的5幅油画，还将呈现他的25张版画和4张素描，及其追随者们的一批作品。另外，英国的维罗利亚与阿尔伯特博物馆，也将开放翻新后"拉斐尔展厅"，以展示拉斐尔的挂毯草图。

回望拉斐尔的一生，绝对算不上跌宕，没有丢勒那样的少时贫困、学艺艰难，没有伦勃朗那样的巨星陨落、命运直转，除了突如其来的急病死亡，他的生命一直都很"温和"，即使有一些绯闻轶事，也远不至于离经叛道。其所作圣母像充满典雅的理想美，自画像亦是神情平静目光柔和。他的个性、生活、画面三者达成了高度一致：安宁、恬静、协调。

在万神殿处，一座墓碑上刻着："拉斐尔就在此安息，他活着的时候，大自然害怕被征服，而他死后，大自然担心自己也随之枯亡。"这是作家、学者彼得罗·本博（Petrus Bembus，1470—1547）为拉斐尔所作的墓志铭。后人很难再用胜过这句话的修辞来描述拉斐尔的一生了。

参考文献

[1]*The Vatican: Spirit and Art of Christian Rome* [M]. New York: The Metropolitan Museum of Art. 1982.

[2] Noble T F X ,*The Republic of St. Peter: The Birth of the Papal State*, 680 - 825 [M]. Philadelphia: University of Pennsylvania Press. 1984.

[3] Herbert M V. *The Medici Popes* [M]. London and New York. 1908. Kessinger Legacy Reprints.

[4] Laertius D. *Lives of Eminent Philosophers*, *vol*. 2 [M]. Loeb Classical Library. 1931.

[5] Robinson D, Groves J. *Introducing Philosophy* [M]. Icon Books Ltd. 1999.

[6] Jones R, Penny N.*Raphael* [M]. Yale University Press. 1983.

[7] Bruschini E. *Vatican Masterpieces* [M]. Scala Arts Publishers Inc. 2006.

[8] Ramsay M.*Constantine* [M]. New York: Dial Press. 1969.

[9] Mora P, Mora L, Philippot P.*Conservation of Wall Paintings* [M]. London Butterworths. 1984.

[10] Shearman J.*Raphael in Early Modern Sources* 1483—1602 [M]. Yale University Press. 2003.

第三辑　广告学

三十年高校广告教育的不足及变革出路

◎张发松*

摘　要： 国内广告高等教育30多年发展历程虽然取得一定进展，但其创建伊始便存在与生俱来的三大瓶颈始终未能解决——师资匮乏使其先天不足，急功近利使其后天薄弱，分工不明使其发展乏力。三大瓶颈的束缚直接形成了广告高等教育与广告产业发展之间的两大矛盾——人才供应缓慢与市场需求迫切的矛盾，人才技能片面单一与市场需求复合全面的矛盾。要解决这两个矛盾必须从源头抓起，全面改革高校广告高等教育体制，打破传统广告教育模式，构建新型广告高等教育模式，引进“综合学分制”，实现广告高等教育的社会分工，由高等院校发挥理论研发优势，重点完成广告高等教育的“理论教育”功能，由广告公司与企业发挥实践应用优势，辅助完成广告高等教育的“应用教育”功能，相辅相成，实现理论与实践的全面融合。

关键词： 广告教育；产业教育；产业学分制

截至2013年底，我国广告企业达到44.5万家，广告从业人员达到262.2万，全年广告经营额5019.7亿元，中国广告市场总体规模跃居世界第二位。[1]面对世界第二的产业规模，广告教育发展则难掩尴尬，甚至连世界广告TOP10都排不进，广告教育的滞后从根本上遏制了中国广告水平的整体提升。

中国广告教育最早开始于1920—1925年，在上海圣约翰大学、厦门大学、

* 张发松，福建师范大学协和学院。

北京平民大学、北京国际大学、燕京大学和上海南方大学开设广告课程，只进行报纸广告研究。[2]1983年6月，厦门大学新闻传播系创办了中国第一个广告专业。[3]自此，广告教育作为一个新生教育领域在中国产生并发展。全国广告专业由1983年的1所院校发展到2007年322所院校，发展迅速，尤其是全国38所985院校中，有57.89%（22所）开设广告专业，说明广告专业作为一个学科得到高校的普遍认可和接受。[4]国内广告教育30年发展历程虽然取得一定进展，但其创建伊始便与生俱来的三大瓶颈始终未能解决——师资匮乏使其先天不足，急功近利使其后天薄弱，分工不明使其提升乏力，三大瓶颈的束缚直接形成了广告教育与广告产业之间的两大矛盾——人才供应缓慢与市场需求迫切的矛盾，人才技能片面单一与要求全面的矛盾。要解决这两个矛盾必须从源头抓起，全面改革高校广告教育体制，打破传统教育模式，构建新型广告教育，引进“综合学分制”，实现广告教育的社会分工，由高等院校发挥理论研发优势，重点完成广告教育的“理论教育”功能，由广告公司与企业发挥实践环境优势，辅助完成广告教育的“应用教育”功能，相辅相成，实现理论与应用的全面融合。

一、当前高校广告教育的不足

自从1983年厦门大学开国内教育风气之先，率先引进、设置广告专业以来，广告教育在中国大陆走过了30年的历史。作为一个新兴的教育领域，广告教育30年来仍然存在种种瓶颈，阻碍广告教育的进一步发展。

（一）师资薄弱使得广告教育先天不足

广告教育是一门新兴学科。1983年厦门大学创办广告专业时，师资力量供应上有两个显著特点：一是教师基本是从营销、中文、绘画艺术等关联学科抽调组织而成，没有与国际广告教育保持同步的资深人士，没有权威的学科带头人。我国广告专业教师的本科学历遍布我国12个学科门类中的10门类，只有军事学和医学门类没有。其中81.09%的广告专业教师本科学历属于“文学”这一门类；[5]二是教师年轻化，基本上是“文革”后新三届毕业生，这部分教师经历个人自学成才后成为“文革”后第一批大学生，其文化及学科研究功底与国际上那些长期稳定作研究的广告类教师有着极大的差距。

除了师资力量自身的缺陷外，广告教育的社会环境也不尽人意。在1992年初邓小平南巡以前，国家整体封闭使得广告教育界无法与国际同行开展交流，汲取先进理念与经验，致使中国广告教育长期处于缓慢的成长状态。可以说广告教育师资的薄弱，使得广告教育从一开始就缺乏底气，先天不足！

（二）急功近利使得广告教育后天薄弱

急功近利是中国广告教育的第二个瓶颈。由于受广告教育先天不足的影响，广告教育试图利用几年、十几年的时间来达到国外几十年的水准，力图在最短的时间内与国际接轨，从而陷入了急功近利的处境。

急功近利使得中国的广告教育不可避免地陷入“格式化、批量化、产品化”的处境，广告教育力图在最短的时间提供合乎社会需求的大批量人才，还希望这种人才是全面的，是集中理论与实践能力的“完美人才”。与此同时，社会的急功近利进一步加剧了广告教育的后天缺陷。中国的企业及广告公司存在的历史都较为年轻，本身缺乏足够的底气与内涵，无法完成对人才的培养，于是乎广告公司和企业就把希望全部寄托在院校的广告教育与培养上，间接促成了中国广告教育“格式化、批量化生产”的特殊现象。

（三）分工不明使得广告教育提升乏力

分工不明是中国广告教育存在的第三个瓶颈。

国际上广告教育有着良好的分工——广告教育机构完成广告理论与广告研究的教育功能，广告公司则承载着广告从理论转化为应用、广告应用的方式技巧功能，两者各自发挥专长，广告人才处于一种良性的教育培养环境中。

广告教育是一门综合性的交叉边缘学科，具有较强的应用性、包容性和开放性特点，这也正是广告学科与传统基础学科的不同之处。广告知识涉及经济学、营销学、传播学、广告学、社会学、心理学、统计学、文学和艺术等诸多领域，能够直接在应用过程中发挥作用，创造价值。同时，也正是广告的应用型色彩较一般传统学科更重，使得广告在保障传统理论教育的同时，也必须兼备应用教育的功能。而在中国，广告教育的所有功能——从理论教育到应用全部由广告院校来完成。然而，广告院校作为学术性的单位，受到工作环境与思维环境的影响，很难实现广告的应用教育与积累论证环节，在应用教育这一领域难免显得“力不从心”，直接导致中国高等教育培养的广告人才严重“畸形”——用主观去实践广告，而不是用市场与客观去验证广告。广告人才的薄弱导致中国广告产业的低水平发展，广告产业的低水平发展又制约了广告教育的提升。

二、当前高校广告教育的两大矛盾

广告教育三大瓶颈直接形成了当前中国广告的两大矛盾——人才稀缺与需求迫切的矛盾；技能单一与要求全面的矛盾。

（一）人才稀缺与需求迫切的矛盾

当今中国已经成为世界第二大经济体，也是世界第二大广告体。截至2013年9月底，全国实有企业1469.31万户。[6]数量庞大的企业集群，快速发展的企业步伐使得广告人才异常稀缺。与此同时，中国经济的发展与竞争环境正在日趋市场化，局部生产过剩的产品领域已经进入全面竞争的市场状态，企业要获得生存和发展，必须制造有效差异，脱颖而出，成为行业强势品牌，顺利排除竞争对手。

品牌的塑造与销售的推广，离不开专业广告公司与专业广告人员的共同努力。中国的广告业随着中国的企业发展而壮大。从20世纪80年代现代广告的开源到今天，中国广告行业已经蔚为壮观。截至2013年底，我国广告企业达到44.5万家、广告从业人员262.2万。与此相对应的是中国的广告教育的发展远远跟不上广告行业的发展步伐。截至2013年底，中国300多所大学培养的广告专业人员不超过30万，这个数字与中国广告人的市场需求的落差极大。除了广告公司的从业人员之外，中型以上规模企业对广告专业人员的需求更是惊人。以国内20万多家中型规模以上企业的广告人才需求推测，广告专业人才的市场总量应该是在500万以上。这个数字每年都在增加，相对于广告专业教育人才的增长幅度，中国对广告专业教育人才的需求远远得不到满足。

概而言之，当前中国广告存在的突出矛盾是——人才稀缺与市场需求迫切的矛盾。这个矛盾的存在，使得中国的广告教育面临迫切改革的需要。

（二）技能单一与要求全面的矛盾

技能单一的问题是当前广告教育的第二个突出问题。这个问题与中国广告教育先天不足有着必然的联系。

如前所述。中国广告教育自诞生伊始就因教育环境不成熟，教育资源稀缺、教育模式单一等障碍而先天不足。教育资源稀缺主要体现在中国广告教育刚刚起步，尚且缺乏成熟的、历经市场验证的广告理论及丰富的广告案例。教育资源的稀缺还体现在广告应用环境资源的稀缺。很长时间以来，广告教育的理论与研究无法经过实践的检验与论证，无论是广告公司还是企业都没有广告应用的环境资源。教育资源的稀缺体现在两个方面，一是师资力量的稀缺；二是广告实践案例的稀缺。由于中国的广告处于萌芽起步阶段，还没有形成一批久经考验的实践案例来论证广告理论的科学性与正确性；教育模式单一对广告教育的打击更是不容忽视。广告是衍生于营销学科的一个细分学科，学科特性已经决定了广告是一种兼具应用型学科而不是单纯理论型学科，但中国广告教育长期以来一直以理论教育为主，几乎不涉及应用教育领域。这种教育模式下培养出来的广告人才，自然无法承载广告行业对其的期望与需求。

广告的本质是为市场服务的。纵观高等院校的广告教育，大多偏重于理论教育的培养，对于营销实践的培养几乎不涉及，造成培养出来的广告学员“专业人才不专业”的滑稽事实。广告教育的失败与广告教育的学科定位息息相关。广告学专业现在普遍被列为新闻传播学（一级学科）下的三级学科，属于传播学（二级）领域。这个定位实际上以学科划分的形式规定了广告学的学科性质。即广告学是传播领域中的学科，广告学所研究的广告理论与广告实践，是属于信息传播理论与信息传播实践的研究。这个定位决定了对广告的信息传播性质的肯定，而忽略了广告的营销本质，严重忽略了广告的营销本质，使得当前高等院校的广告教育普遍存在市场适应性不足的问题。

表 1　广告课程设置合理结构

教育涉及领域	比重
公共基础课	约 25%
人文、社科、经济管理课	约 15%
专业基础课和专业课	约 30%
专业前沿课及特色课	约 15%
实践教学环节	约 15%

三、建立“产业教育”理念，推行“综合学分制”

当前广告教育所存在的两大突出矛盾仅仅是具体的表现形式，更深层次的矛盾应该是广告理论教育与应用教育融合度较低的矛盾。要解决这一难题就必须打破传统的广告教育模式，倡导新型广告教育观念，充分利用社会资源实现广告教育的合理分工，由高等院校完成理论研究、教育功能，由广告公司与企业完成应用与实践教育功能，融合理论教育与应用教育，培养合格的广告人才。广告教育不仅是高等院校的事，更是专业广告公司和企业的事。专业广告公司及企业与高等院校一样，也必须是广告教育的主体。

（一）建立“产业教育”理念

“产业教育”是相对于当前传统的广告教育而言，“产业教育”具有两个根本性的突破，一是把广告教育的领域由原先的重理论、轻实践转变为理论与应用并重；二是把当代教育的“综合学分制”引入广告的理论教育与应用教育环节，真正保证了广告人才培养的“理论与应用并重，理论与应用齐专”的理想状态。破除旧有观念，引入“产业教育”理念，实现广告教育的“综合学分制”，才能真正借助广告教育的社会资源，整合广告教育，在最短的时间内，培养更多、更适应广告市场需求的广告专业人员。

表 2　广告教育三大主体优劣势分析

广告教育单位	教育偏重	优势	劣势
高等院校	理论型教育	相对较强的理论功底相对较强的师资力量稳定的学习安排相对成熟的教学经验	薄弱的广告实践经验过时、不适用的广告理论
广告公司	应用型教育	直接的广告作业环境亲身经历广告运营的各个环节间歇性的广告理论总结	不系统的理论教育自主的实践教育不稳定的教育状态
企业	应用型教育	广告作业起源亲身经历广告作业的内部环境完整的广告运动流程	模糊的广告作业状态

通过上表我们可以知道，广告教育主要存在于企业、广告公司与高等院校三个领域。传统广告教育太过单一，闭门造车偏重理论常识，企业与广告公司则偏重于广告运动的实践作业。如果高等院校与广告公司、企业的广告教育相结合，既涉及理论，又亲历实践，能够做到两个方面的深入与钻研。

（二）导入“综合学分制”，完善广告教育社会分工

中国广告的迅猛发展需要大批理论与应用扎实的广告人才，而广告人才的快速供应必须进行广告教育的改革，进行合理的广告教育社会分工。

1. 理论教育与应用教育相结合

高等院校有理论研发的优势，能够集中各种资源升华广告应用经验为广告教育理论，并以历经市场检验的广告理论教育培养广告人才，少走弯路。广告公司与企业则具备应用优势，能够提供给广告人才应用的舞台与机会。因此，广告教育的理论教育与应用教育存在分工的社会要求，也具备分工的社会条件。

导入“综合学分制”可以从制度上有效保证“产业教育”的执行与效果，真正实现理论教育与应用教育相结合的广告教育模式。

所谓“综合学分制”，是指改革现有高等院校广告教育的学分模式，变单一的理论学分教育为包含“理论学分”与“应用学分”在内的综合学分教育。高等院校发挥理论教育的优势，所修学分占总学分 70%～80%的比重，广告公司与企业发挥应用教育的优势，所修学分占总学分 20%～30%的比重，总

体学分不合格或某一方面学分不合格，均不得正常毕业。理论学分与应用学分可以同时交叉并修，也可以先修理论学分后修应用学分，同样可以先修部分理论学分再修应用学分，最后修完理论学分。为了保证应用学分的含金量和公正合理，可出台措施，一是由教育部、中国广告协会等广告主管、权威机构组织发起、认证一批综合实力强、操作成熟、有能力承担应用教育的大型广告公司与企业为应用教育单位，执行应用学分制度；二是对于广告学术理论或实践有突出贡献的行为也列入学分范围，比如发表在权威媒体上的学术文章或广告操作案例，获得国际、国内重大奖项等行为均可获得应用学分。

2. 理论教育功能实施——高等院校

传统的广告教育是中国广告教育的根本，中国300多所高等院校的广告专业是中国广告人提升理论水平的基地。这300多所高等院校开设的广告专业除了为中国市场提供专业的广告人才之外，还应当成为企业、广告公司从业人员的“理论提升基地”。

①理论研究基地

作为高等院校的广告专业，无论是从其内部环境，还是从师资力量、教育设施等角度都是一个很好的理论研究基地。高等院校可以组织力量，对现存的广告现象进行深入地剖析，发现不足，对广告现象进行调查研究，总结出广告现象深层次的本质内涵，升华为广告运动的经验。同时，高等院校的广告专业还可以通过对现象的研究，探析出未来广告发展的动向与趋势，为中国广告行业的发展指明方向，少走弯路。

当然，高等院校也应当借助教育资源，积极开展高端人才如硕士研究生与博士研究生的培养工作，为中国广告行业提供高级智慧支持。

②传统广告人才输送基地

高等院校同时仍然是中国广告人才的输送基地。特别是国家实行“扩招”政策之后，广告教育的资源被更多的人所分享，高等院校为中国输送广告人才的比率翻了10番。尽管这个数量对于中国广告行业的市场需求而言仍然不够，但我们必须看到，在中国广告领域受过传统广告高等教育的人才大多成为中国广告行业的中坚力量，无论是在传统的理论研究上，还是在广告运营上，都深刻地影响着中国广告行业的发展，成为中国广告行业的主流领军群体。传统广告高等院校应当扮演广告人才输送基地的角色。

③应用型广告人才培训基地

高等院校拥有广告教育的深厚资源和成熟模式，可以通过开办短、中、长期的培训班或是企业大学的方式，有效地为企业、广告公司提供广告人才培养的理论基础和理论基地，完成广告理论的普及工作。

高等院校的这一功能，可以迅速弥补企业、广告公司及传媒应用型广告人才的理论修养不足的缺陷。发挥专长，相得益彰。

3. 应用教育功能实践——广告公司与企业

广告公司和企业也是广告教育特别是广告实践教育的重要基地。

广告公司直接承担广告运动整个过程的作业，对于广告实践的深入程度无出其右，有着天然的优势。1979 年，李奥·贝纳（中国）广告公司成立，开始发展中国业务。从此，位居世界前列的广告集团纷纷来到中国拓展业务。这些跨国广告公司大多历史悠久，对于广告的运作形成了丰富的经验和一定的作业模式，如李奥·贝纳的固有刺激法、达彼思的 USP 法等。这些经验和模式为中国广告界带来了全新的广告作业方法。跨国广告公司初到中国，非常注重人才的培养，基本上开设了定期的内部培训课，从理论常识到作业实践，从广告策略到广告创作，从广告构思到广告执行，进行了较为全面的规范化教育培训。前精信广告总经理陈一枬曾言道："广告教育的应用型人才培养如本科教育完全可以由跨国广告公司来完成，高等院校可以侧重于硕士研究生、博士研究生等理论型人才的培养。"虽然有失偏颇，但也指出广告公司对教育应用功能承担的可能性与可行性。

应用教育功能的完成也可以通过企业来实现。中国大量中型以上规模企业本身就是广告运动的主体。为了配合广告公司或其他外部单位，执行企业的广告传播任务，企业的广告从业人员不可或缺。据调查，中型规模以上企业内部广告或相关岗位人员编制大都在 4～8 人，以此来推算中国企业内部广告从业人员实际上超过了 200 万。企业内部广告从业人员最大的优势就是从广告的源头开始接触、控制广告作业。企业的广告运动为这些内部的广告从业人员提供了足够的实践舞台。经过培养，他们清楚广告作业的每一个环节，熟悉广告作业的障碍特别是企业内部的障碍。因此，这部分人员拥有丰富的广告实践作业经验。

结　语

概而言之，当前中国广告教育存在诸多弊病，但其中最突出、最尖锐的两个矛盾莫过于人才稀缺与需求迫切的矛盾和技能单一与要求全面的矛盾这两大矛盾。从根本上讲，这两大矛盾的存在究其原因在于当前中国广告教育未能实现合理的社会分工，精于理论疏于应用的各广告高等院校单独承担了广告教育的理论与应用功能，使得广告教育长期畸形。

解放广告教育思想，导入“产业教育”理念，实施“综合学分制”，可以充分实现理论教育与应用教育齐头并进，全面调动广告高等院校与广告公司、企业的广告教育资源，因势利导，各尽所长，整合培养，在思想上和实践上解决当前广告教育所存在的种种问题，实现中国广告教育的根本性改观，从根本上解决当前广告教育的两大矛盾。

参考文献

[1] 张晓松．去年我国广告业增速有所降低 网络广告经营额增长逾46%[DB/OL]．http://news.xinhuanet.com/fortune/2014-04/17/c_1110288784.htm，2014-04-17.

[2][3] 陈培爱.中外广告史[M].北京：中国物价出版社，2008.

[4][5] 黄合水等.中国广告教育状况研究报告[J].广告大观(理论版)，2008(05).

[6] 中新网.工商总局：全国私营企业数量占企业总数近80%[DB/OL].http://finance.chinanews.com/cj/2013/04-19/4746070.shtml，2013-04-19.

（本文原载于《采写编》，2017年第4期）

大数据时代背景下的“广告策划”课程教学内容改革思考

◎陈　丽

摘　要： 大数据时代，传统的广告营销模式正在发生革命性的变化，广告策划工作的诸多环节也随之发生变化。“广告策划”课程教学内容应该与时俱进地进行补充和调整。本文从广告调查、市场细分、消费者洞察、广告诉求、媒体投放、效果评估等章节入手，提出优化“广告策划”课程教学内容的建议。

关键词： 大数据时代；广告策划；教学内容；改革

大数据时代已经到来，具有4V特征（Volume大量、Velocity高速、Variety多样、Value价值）的大数据如今几乎应用到了所有人类致力发展的领域中。在教育领域，多数学者关注大数据如何提高教学管理水平，而笔者更关注大数据对某一具体专业课程教学内容的影响。

目前大数据最主要的用途是在商业领域。从商业经济学中分离出来的广告学专业，可以算是大数据影响较为直接的学科。“广告策划”作为广告学科体系中较为核心的一门课程，其教学内容必须跟上大数据时代广告营销的剧烈变革，与时俱进地进行补充和调整。只有当“广告策划”课程教学内容跟上市场环境变化的速度，甚至有更多具有前瞻性的知识，广告策划人才的培养才跟得上时代的脚步。

一、大数据时代广告营销新趋势

如今，一个大规模生产、分享与应用数据的时代已经来临。大数据不仅改变了人们的思维方式和生活方式，而且给诸多产业发展带来了巨大的机遇和挑战。在广告领域，传统的广告营销模式正在发生革命性的变化。

传统的广告营销模式是从广告主角度出发，首先由广告主确定广告营销目标，然后广告策划团队基于广告主的需求，开展市场调查、策略提炼、创意表现、媒介选择与购买等一系列工作，最终将广告成品投放于若干适合的媒介平台，以最大范围地触达和影响消费者。因此，传统广告营销的重点在于“广而告之”，通过强势的媒介策略，如投放黄金地段的路牌、高收视率的电视节目等，增加广告产品的曝光度，提升产品在消费者心中的知名度与美誉度，进而“可能”增加产品销售额。

大数据时代背景下的广告营销模式则完全不同。消费者是广告营销的起点，广告策划团队在对海量消费者数据进行分析后，找到与产品特征、市场定位适配的目标消费者，并对其需求痛点、购买决策路径、媒体使用习惯等进行深刻洞察，以此开展策略提炼、创意表现、媒介选择与购买等工作，最终帮助广告主在正确的时间、正确的情境下对正确的人说正确的话。因此，大数据时代的广告营销重点在于“量身打造”，通过对海量数据的挖掘与分析，实现针对特定个体的精准营销，最终帮助广告主高效达成广告营销目标。

总的来说，广告营销在经历了大众传播、分众传播阶段后，如今在大数据的影响下进入了个众传播阶段。广告营销的剧烈变革，导致广告行业人才需求的巨大变化。因此，在大数据时代到来之际，优化广告专业课程教学内容，具有必然性。

二、“广告策划”在广告专业课程体系中的地位

广告策划工作是整个广告运作的核心和灵魂，在广告运动中起决定性作用。因而“广告策划”课程是广告学专业的核心课程。正如武汉大学张金海教授在《20世纪广告传播理论研究》书中所言，“广告策划本身并未建立起什么理论，它只是理论的运用，属实务操作的范畴”。《广告策划》课程是对广告学

专业其他各门课程的融会贯通，通过该课程的学习，学生应学会对广告专业知识综合运用。因此，“广告策划”是广告专业课程体系中实践性与应用性最强的一门课程，也是受市场环境变化影响最深的一门课程。

“广告策划”课程教学以广告策划工作基本流程为标准，分解广告策划的各个环节进行设计，教学内容主要包括广告调查、市场细分、消费者洞察、广告诉求、媒体投放、效果评估等部分。然而，在大数据时代广告营销剧烈变革的大背景下，获取市场信息的途径、细分市场的方法、目标消费者的洞察、广告诉求内容的提炼、广告媒体的选择、广告效果的评估等广告策划环节都在发生变化，但绝大多数院校开设的“广告策划”课程教学内容尚未进行补充和调整，尚未将大数据相关知识引入各章节内容中。因此，基于大数据时代广告营销的新趋势，重新思考“广告策划”课程教学内容，具有必要性。

三、大数据时代“广告策划”课程教学内容优化的建议

（一）“广告调查”章节，内容要点从“随机样本调查方法”向“全体数据调查方法”转变

广告调查就是对市场信息进行系统性收集，了解市场变化的态势，或发现企业当前营销问题的核心，为企业经营决策提供依据。市场信息获取必须运用科学的方法，才能确保经营决策的准确性。以往关于广告调查方法的教学内容，大多将重点置于问卷调查法和直接观察法这类小样本性调查。这类调查研究设计是用尽可能少的数据来证实尽可能重大的发现，这在大数据时代精准营销背景下逐渐暴露弊端。一方面，一旦调研人员在采样过程中存在任何偏见，分析结果就会相去甚远，那就很难达成精准营销。另一方面，调研人员只能从采样数据中得出事先设计好的问题的结果，而无法突然意识到某些潜在的问题，从而导致一些重要的、深刻的消费者洞见无法获取。

大数据时代，广告调查会慢慢抛弃随机采样这样的捷径，不再仅仅依靠一小部分样本得出结论，而是借助各种监测技术获取更多的数据，有时候甚至可以分析处理与调研问题相关的所有数据。例如，从社交网站可以获取所有目标消费者的基本身份资料、社交关系、价值观念等数据；从电子商务网站可以获取所有目标消费者的消费结构、消费能力、品牌偏好等数据；从手机导航获取

所有目标消费者的地理位置、集聚区域等数据。相比于“随机样本调查”“全体数据调查”的优越性表现在两个方面。首先广告主的营销策略将更精确。计算机后台服务器被动地收集了大量的消费者数据，收集的数据越多，调研分析结果会越准确，广告主的营销策略也会更有据可依。其次广告主的营销策略将更具前瞻性。大数据时代的广告调查将不再有准备阶段，不需要事先考虑调研中要解决哪些问题，因为计算机可以轻易地把收集到的海量数据聚集起来，发现数据背后隐藏的意料之外的相关关系，而这些相关关系可以帮助广告主充分地理解消费者的需求，预测新的商业价值。因此，建议“广告调查”章节中，内容要点从“随机样本调查方法”向“全体数据调查方法”转变。

（二）“市场细分”章节，内容要点从“人口属性细分标准”向“兴趣爱好细分标准”转变

面对同一类产品，不同的消费群体有着不同的消费需求，企业不能笼统地对待所有的消费群体，必须专注于一定的市场范围和目标，这就是所谓的市场细分。市场细分的作用能否充分发挥，关键在于市场细分的标准是否合理有效。以往关于市场细分标准的课程内容，大多将重点置于人口属性细分，诸如性别、年龄、教育、收入等。而这类细分标准在大数据时代精准营销背景下也逐渐暴露弊端。一方面，按人口统计变量细分市场，很难做到精准细分。以某减肥茶为例，如果根据年龄特征细分市场，有可能将目标消费人群定位在18—40岁的女性，但如此宽泛的定位就意味着只要会照镜子的爱美女人都是产品的目标消费者。另一方面，不同消费者即使人口属性特征完全相同，也可能由于态度观念的不同而产生不同的消费行为。同样是20岁的女性，萌妹子和女汉子会出于不同的心理需求购买减肥产品，笼统地将他们归于一类消费群体明显不合适。

大数据时代，借助云存储的海量数据以及数据分析技术，广告策划人员不仅可以更为精确地知道目标消费群体的年龄、性别等人口基本属性，而且能够将消费群体按照心理认知相似、爱好追求相似再细分。具体来说，每个网民感兴趣的关键词、网页访问行为偏好、社交网络中的人脉关系等，都通过cookie（指某些网站为了辨别用户身份、进行对话跟踪而储存在用户本地终端上的数据）记录在案。计算机后台服务器基于大数据能够为每个网民贴上无数的个性

化兴趣标签，从而勾勒出每个网民专属的“数字画像”。例如，沃尔沃汽车基于百度大数据的品牌探针，了解到其目标消费群体不是“中年大叔”，也不是“富二代”，而是“创一代”，他们的兴趣爱好集中在户外运动、阅读和时尚，他们最不感兴趣的是奢侈品。通过大数据，沃尔沃拥有了一张清晰、立体的目标消费者画像，这让品牌策略的精准传播成为可能。因此，建议“市场细分”章节中，内容要点从“人口属性细分标准”向“兴趣爱好细分标准”转变。

（三）“消费者洞察”章节，内容要点从“依赖直觉判断需求”向“精准数据分析需求”转变

要获得好的广告策略和创意，关键在于如何有效洞察消费者内心真实的需求与欲望，挖掘消费者感兴趣的产品概念。以往关于消费者洞察方法的课程内容，强调“有效的沟通信息来源于最个别消费者的个体行为”，即从精准的目标对象入手，通过深度访谈全方位地了解其消费心理和购买行为特征，并从个性化信息中发现可能的共通性。这种质化的洞察手段在大数据时代精准营销背景下也逐渐暴露弊端。因为它往往依赖策划人员的主观认识和个人见解，由于产品、消费者以及竞争环境之间关系错综复杂，大多数企业管理者如今不愿仅凭他人的直觉和灵感进行重大的战略决策。

大数据时代，广告策划人员将逐渐放弃质化的洞察手段，而借助更实时、更全面、更连续性的消费者量化数据进行重大的战略决策。具体来说，每个网民日常每一次不经意的搜索、留言，往往是其内心需求最真实、最及时的表达；每一次有意识的浏览、点击、消费，都直接反映其喜好、感受、态度；其随身携带的智能手机等移动终端，每一秒都在透露其即时位置信息。通过数据分析，广告策划人员可以精准圈定目标消费者的位置、生活方式、需求痛点、兴趣爱好、产品使用感受、品牌偏好等，从而找到与他们沟通的最佳方式。以某美白产品推广为例，消费者洞察环节就是要弄清楚“什么样的人会有美白需求？他们为什么会有美白需求？他们在什么时候最可能产生美白需求?”通过百度搜索大数据，可以了解大多数消费者搜索“美白”之前的情境，以此找到隐藏起来的消费需求。大数据发现了户外运动与美白之间的相关关系，于是“运动美白套装”这一产品概念应运而生。因此，建议“消费者洞察”章节中，内容要点从“依赖直觉判断需求”向“精准数据分析需求”转变。

(四)“广告诉求”章节，内容要点从“单一诉求方式”向“多元诉求方式”转变

针对特定消费群体的特定需求而传递的信息焦点，就是广告诉求点。广告诉求点是广告创意表现的核心，是剥离了所有外在执行因素的创意表现的中心思想。在广告诉求点选择问题上，著名的USP理论主张“必须向消费者提供一个明确而独特的销售主张”。这是教学过程中重点介绍的发展广告诉求的方法。“27层净化”的乐百氏纯净水和“有点甜”的农夫山泉矿泉水，都是找到产品独一无二的卖点和说辞，从而获得巨大的商业成功。但USP理论在大数据时代精准营销背景下也逐渐暴露弊端。如今人们的生活更加碎片化，注意力更加碎片化，从而导致消费需求也更加碎片化。单一的广告诉求点很难即时响应、解决消费者不同时刻的碎片化需求，因而成为广告沟通的障碍。

网络时代，消费者注意力更加碎片化，导致消费需求也更加碎片化，进而使商品亮点不应局限于某一方面。广告策划人员需要根据消费者的实时反映随时调整广告传播内容。具体来说，广告策划人员需要了解目标消费者当前的兴趣爱好，将广告融入消费者的信息流中，以潜移默化的方式传递给消费者，达到“内容即广告”的效果。于是，广告诉求内容不一定都与产品相关，可能是围绕品牌精神或产品价值的周边信息，也可能是与产品毫不相关的但消费者感兴趣的有创意、开放性的话题。总之，大数据时代的广告传播不再单纯为建立产品与消费者的买卖关系，而是为建立更深层次的互信、双赢的伙伴关系，以此增加消费者对品牌的好感度，最终促成购买。因此，建议“广告诉求”章节中，内容要点从“单一诉求方式”向“多元诉求方式”转变。

(五)“媒体投放”章节，内容要点从“基于媒体量和质的综合评估选择广告媒体”向“实时竞价选择广告媒体”转变

广告通过一定的媒体最终与消费者接触，因此对广告媒体的选择同样是广告策划课程的重要内容。以往关于广告媒体选择方法的课程内容，大多将重点置于介绍广告媒体的各项评价指标。通过对各广告媒体量和质的指标的综合评估，比较各媒体的传播效率，以此作为媒体选择的依据。在这种方法指导下，中央电视台等主流媒体的黄金广告位非常有吸引力，成为广告投放的必争之

地。然而，这种广告媒介选择方法在大数据时代精准营销背景下也逐渐暴露弊端。受众接触媒体是出于娱乐、了解新闻或获取知识等目的，而不是为了接触广告。即使将广告投放到黄金广告位，也会因为广告内容与目标消费者当下需求不相关而被忽略，从而使传播效果大打折扣。

寻找一种花费少但效果好的广告投放模式，是广告发展的必然之路。大数据支撑下的RTB广告投放模式（Real Time Bidding实时竞价），由于更具针对性和匹配度，如今越来越受广告主的青睐。在RTB广告投放模式中，互联网媒体将广告流量资源发送到Ad Exchange平台（广告交易平台），广告主将广告需求发送到DSP平台（Demand-Side Platform需求方平台），DSP平台通过与Ad Exchange平台技术对接，实时竞价购买广告位（更确切地说，是实时竞价购买看广告的人）。具体而言，某一位用户打开某一网络页面时，该网络媒体就会将相关信息发送到Ad Exchange平台，DSP平台大数据系统有能力迅速提取这位用户的微观特点，包括其物理属性标签及其实时社交行为、发布行为以及消费行为，若这位用户与广告主的目标受众相匹配，DSP平台会代广告主出价竞标这位用户所看的网页广告位，最后出价最高的广告主获得这一次广告展示机会。这样的广告投放模式不仅有效规避了无意义的受众到达，而且能实现对有意义的受众适时、适地、按需推送差异化的广告，广告效率大大提高。因此，建议“媒体投放”章节中，内容要点从“基于媒体量和质的综合评估选择广告媒体”向“实时竞价选择广告媒体”转变。

（六）“效果评估”章节，内容要点从“事后反证评估效果”向“事前准确预判效果”转变

广告行业有一个难题长期困扰着广告主和广告人，“我知道我的广告费有一半浪费了，但我不知道是哪一半”。广告效果是广告传播的终极目标，同时也是最难衡量的环节。关于广告效果评估方法，目前大多数广告策划教材主张，消费者的购买行为一般不是在广告暴露后立即进行的，因此广告效果评估通常在广告传播结束后才进行，而评估的方法一般是以广告能否达到预期目标的程度来衡量。这种广告效果评估方法在大数据时代精准营销背景下也逐渐暴露弊端。大数据的精准营销让“广告接触即购买”成为可能，让广告效果从此具有即时性的特征，因而“事后反证评估效果”已经不合时宜。

大数据让“广告接触即购买”成为可能，广告效果评估方式将以“事前评估”为主。具体来说，一方面，因为有了更多的人口属性数据、社交互动行为数据、网络购物行为数据，以及广告接触数据，广告策划人员能更精准地把关联度高的广告推送给真正的目标受众，因此广告主费用预算浪费现象将减少，广告效果事前评估也将更准确。另一方面，利用互联网和移动技术，如二维码、APP 等，目标受众在产生消费欲望后可以第一时间实现购买，这有助于提升广告转化率，使广告效果事前预测更准确。因此，建议“效果评估”章节中，内容要点从“事后反证评估效果”向“事前准确预判效果”转变。

结　语

大数据时代正加速广告策划工作的科学化进程。“广告策划”课程教学内容（包括广告调查、市场细分、消费者洞察、广告诉求、媒体投放、效果评估等章节在内的诸多内容），应该与时俱进地进行补充和调整。这就要求我们一线教育工作者多关注当前广告业界最新动态与发展趋势，逐渐完善“广告策划”课程教学内容，不断提升教学质量。

参考文献

[1]〔英〕维克托·迈尔-舍恩伯格，肯尼思·库克耶.大数据时代：生活、工作与思维的大变革[M].盛阳燕，周涛译.北京：中信出版社，2013.

[2]陈刚.创意传播管理：数字时代的营销革命[M].北京：机械工业出版社，2014.

[3]陈刚，李丛杉.关键时刻战略：激活大数据营销[M].北京：中信出版社，2014.

[4]黄升民，段晶晶.广告策划[M].北京：中国传媒大学出版社，2013.

[5]余明阳，陈先红.广告策划创意学[M].上海：复旦大学出版社，2012.

[6]张金海.20 世纪广告传播理论研究[M].武汉：武汉大学出版社，2004.

[7]舒咏平.新媒体广告趋势下的广告教育革新[J].广告大观理论版，2008(4)：82.

[8]黄升民.大数据背景下营销体系的解构与重构现代传播[J].现代传播，2012(11)：13.

基于新媒体的微电影广告传媒研究

◎肖　夏

摘　要： 快速发展的社会经济背景下，人们对于电影行业发展的重视程度也逐渐提高。新媒体的到来，将微电影广告传媒工作做好，有助于影视资源利用率的提升，同时也能将人们有关微电影广告方面的要求有效满足。鉴于此，本文围绕新媒体背景下的微电影广告传媒展开研究，期望能为相关人员提供帮助。

关键词： 新媒体；微电影；广告传媒

新媒体下发展迅速的微电影，逐渐形成为商业与艺术的结晶。而微电影广告在自身独特优势及广告赞助商的广泛支持下，逐渐成为全新的广告传媒形式。然而，微电影广告近年来在发展中也凸显出一系列矛盾，以至于自身发展受到阻碍。所以，本文探索了基于新媒体的微电影广告传媒策略，以供参考。

一、微电影广告传媒特点

（一）提高画面意象

新媒体背景下，将图片融入微电影广告中，能将观众注意力更好地吸引，可将人们对企业文化的重视程度提高。将图片插播在微电影广告中，还能确保观众可将企业需要传播的文化接收到。一般情况下，企业将图片融入微电影广告中时，基本都是以自身知名度的提升为主要目的，通过观众对企业文化的深入了解，促进企业价值的提升，最终实现企业经济效益的提高。

（二）改变原有播放方式

微电影广告可将传统广告传媒方式改变，有效进行企业品牌的宣传。快速发展的国民经济也带动了电影行业的发展。传统电影行业中基本仅是在电影院内播放电影，插入电影中的广告业受到限制。而以微电影形式来转化电影中的广告，可将观众注意力集中，使其更深刻地认识微电影广告品牌，如此即可为观众观影质量提供保障[1]。以微电影广告渠道传播电影广告，还能缓解电影播放人员的工作压力，实现更显著的工作效率，企业品牌宣传也更为有效。

二、基于新媒体的微电影广告传媒策略

（一）加强微电影广告情感体验

基于新媒体的微电影广告，需对情感体验予以重视，依托感染力十足的故事情节将某种情感或理念传达给受众，在广告中融入目标受众的情感，方可促进微电影广告应用的实效性。而微电影广告传媒中情感体验的增强，主要作用表现在两方面：其一，可将目标受众厌烦和抵触广告的心理消除，而历经良好情感体验之后的目标受众能将广告信息传媒自主接受；其二，微电影广告依托情感体验构建了与目标受众之间的沟通桥梁，可促进微电影广告与目标受众间的有效互动与沟通，唤起目标受众的共鸣。例如益达微电影广告便依托丰富的故事情节、流畅的广告语及浪漫的画面将年轻受众群体目光聚焦，在动人的故事情节中融入了益达产品信息，产品信息透过观看微电影便传达给目标受众。不难发现，情感诉求十分强烈的微电影广告，在传媒效果方面更加显著。基于新媒体的微电影广告，需将新媒体平台优势充分发挥，为目标受众情感诉求与体验促进产品与其之间互动的增强，从而实现微电影广告传媒效用的增加。

（二）提升微电影广告内容和创意

首先，重视剧本质量的提升。作为创作环节之一的剧本是十分重要的，创

作者于创作早期便需要将剧情契合产品的点位找出。微电影广告主要是对产品特性进行传播，在剧情中融入广告，探寻剧情与产品间的共同点，将广告植入的痕迹消除，这也是各大网站热播的微电影广告中播放次数及点击率较多的共性。将广告强制性地植入，会使受众产生厌烦心理，而恰当融合至剧情中却不会使观众对产品传递的信息产生抵触感，愿意主动购买该产品；其次，巧妙安排视听。微电影广告的传播中，主要方式为画面体验、听觉感知，而受众在传播信息的接受中也是通过这两种方法进行的。因此，美妙绝伦的画面会让受众产生赏心悦目的感觉，适宜的音响与配乐也有着十足的说服力。工作者制作期间需合理安排上下镜头，在烘托环境、渲染氛围的音响辅佐下，方可获取震撼人心的效果；最后，确保内容的创意性。现下存在着极为严重的内容同质化现象，这也突出了好创意的重要性[2]。如微信的微电影广告中，将亲情密切融入微信沟通方式中，依托微信展现父母与子女的沟通，看似简单平凡却有着深长的意味，获赞数众多，鲜有能与之媲美的场面。

（三）密切融合虚拟和现实

快速发展的新媒体，将大量便捷的跨屏传播渠道供于微电影广告传媒使用，在多种平台如手机屏、电视屏或电脑屏的使用下，目标受众便可将各个信息顺利接收。加之新媒体具有跨时空特性的缘故，能使传统虚拟媒介有效地结合现实生活，使人们能够来回穿梭和游走在虚拟与现实生活之中，如此即可将多姿多彩的双重世界提供给人们。所以，在应用和传播微电影广告的具体期间，需要在多种形式措施的贯彻落实下，促使产品信息宣传能够有效地融入至目标受众现实生活之中，便于推进微电影广告传媒效果与质量的提升。具体来说，首先，微电影广告需以目标受众为对象合理采取线上与线下的宣传方式，在加大宣传效果的同时也将目标受众信息获取的时间缩短；其次，微电影广告在线上宣传方式的运用中，对于线下与目标受众的沟通和互动也应当予以重视，便于将自身与目标受众存在于心理上的距离缩短，将优质、全面的服务提供给目标受众；最后，致力于户外广告投放与传播的增强，积极创新户外广告，便于将虚拟平台中受众参与广告传媒的积极性激发，从而在更大范围内实现微电影广告的传播应用。

结　语

总而言之，当前新媒体时代下，将微电影广告传媒技术融入电影广告中，有利于企业知名度的有效提升，为企业的健康长远发展提供动力。然而，具体工作开展期间，面对一系列存在的问题，要求相关人员立足于原有基础上，加大学习与创新力度，推进自身职业综合素质的提升，便于为本单位、本行业的发展作出贡献。

参考文献

[1]沙凡茹.新媒体时代的微电影广告营销研究[J].传播力研究，2019，3(28)：7—8.

[2]任娟.新媒体背景下微电影广告传媒的发展及应用研究[J].今传媒，2017，25(05)：24—25.

第四辑　影视动画

我国景观电影的视觉奇观与叙事浅析

◎曾喜庆

摘　要：电影艺术是一门视听综合的艺术，电影史上的每一次视觉和听觉艺术的进步都是依附于电影技术的发展而产生的。当“景观”理论从科学和哲学的范畴进入社会学范畴，进而被引用于电影艺术范畴的时候，它使电影艺术创作界和学术界掀起了又一场技术与艺术的辩争。笔者认为，景观电影的发展应把奇观追求与叙事完美地结合，才能真正实现电影技术与艺术的完美结合。

关键词：景观电影；技术；艺术；叙事

传统戏剧电影派比较注重电影的叙事功能，传统戏剧理论认为，只有电影有一个好的叙事，才能使电影的各种元素达到最优的组合，发挥出电影最大的艺术魅力，叙事使电影有最大的生命力体现。“景观电影”是依托于电影技术发展而出现的新名词。景观电影较之前的传统电影，最突出的特点是追求视觉的奇观性。有些研究学者已把景观电影定义为一种新的电影艺术类型，他们积极拥护这种电影艺术的画面奇观。而对于奇观的过度推崇势必会出现对于电影其他元素的忽视，亦如中国电影艺术创作界一样，过于注重电影的画面效果从而弱化了电影的故事性。当“景观”理论从科学和哲学的范畴进入社会学范畴，进而被引用于电影艺术范畴的时候，它使电影艺术创作界和学术界掀起了又一场技术与艺术的辩争。

一、景观电影的特征

景观电影的出现和定义是视觉文化时代的要求和产物。视觉文化是相对于话语文化而言的一个文化范畴，它的兴起是一种当代现象，是继话语文化主导形态之后的又一新的文化形态。视觉文化的主要特征是普泛的视觉化和视觉性，所以，这样的文化时代必然造成许多新的文化现象的出现，景观电影是其生成的典型艺术形态。

法国理论家波德尔在1967年的《景观社会》中首次对景观电影作了阐释：所谓景观电影，就是依靠宏大的场面，唯美的画面来阐释导演的理念，尤其是超现实主义的画面描写和逼真的声音，对观众的视觉产生强烈的视觉冲击，从而使观众陷入暂时的“沉醉”之中。我国周宪教授在他的研究中指出：依据话语（语言）和形象（视觉）的二分，我们有理由在共时和历时的两个层面上，将电影区分为以叙事为主的电影和以景观场面为主的电影，两者形成了叙事主导与景观支配的不同结构性模式。“所谓奇观，在我看来就是非同一般的具有强烈视觉吸引力的影像和画面，或是借助各种高科技电影手段创造出来的奇幻影像和画面。”

周宪教授还将奇观电影划分为动作奇观、身体奇观、速度奇观和场面奇观等。

动作奇观讲究动作特技和奇特视觉效果，一些动作片、科幻片、战争片都属于这种奇观，比如《拯救大兵雷恩》《霹雳娇娃》等。身体奇观以身体作为对象，注重身体的延伸，比如《本能》《色戒》。速度奇观内速度与好看是同时具备的，蒙太奇组接发挥着重要的作用，这类奇观电影比如《生死时速》。场面奇观包括自然奇观、人文奇观、虚拟奇观，比如《英雄》《星球大战》等。

电影在其发展的过程中，逐渐摆脱语言中心模式的影响，找到了电影之所以成为电影的根据所在——景观。景观电影的最大特征就是追求画面视觉的奇观性、刺激性。在这样一个讲究视觉快感的时代，叙事电影娓娓道来的故事显得有些平庸和平淡，很多观众看电影不再仅是满足于看故事的戏剧性和人物的命运性。在一个对视觉要求日益飙升的时代，讲究画面视觉效果的电影应运而生。观众看电影的同时也在追求身临其境地感受撼人心魄的现场视觉冲击，看电影不再只是看故事，更多地成了看画面。当深层影像技术、数字合成技术、数字跟踪技术、动作捕捉技术、虚拟拍摄技术、三维建模技术应用于电影创作中，电影的形态发生了很大的变化。这就成了一个电影景观狂欢的时代，电影的“纯粹性”会得到完全的张扬。

二、景观电影的奇观追求与叙事的矛盾

电影作为一种视听综合的艺术，视觉和听觉是其相辅相成的两个元素。视觉元素，即画面元素，包括画面的构图、景别、角度、运动、光线和色彩。听觉元素，包括人声、音响和音乐，它多侧重于电影的故事内容讲述和渲染。电影艺术与科学技术的发展密切相关，电影史上的每一次艺术进步都是依附于电影技术的发展而产生的。电影的几个里程碑式发展，从固定到运动、从黑白到彩色、从无声到有声都有赖于技术的推动。当前，数字技术又催生了景观电影的出现，使电影的技术发展发生了质的飞跃，但这个飞跃却不一定使电影在艺术上也实现同样的飞跃。

景观电影与传统的叙事电影相比较，景观电影更关注于场面、画面的视觉性，即将电影场面、画面景观化，从而弱化了电影的叙事，致使景观电影的情节推进中，画面和场景严重地制约了叙事的完整性。我国的电影创作界在电影技术的运用和向国外景观电影学习方面，做了大胆的尝试。不过，事实证明，这种学习带有很大的片面性和幼稚性，最后，却也向叙事电影作了回归。我国的新一代名导演们，包括张艺谋、陈凯歌、冯小刚的电影创作都有向景观电影靠近的实践，比如张艺谋的《英雄》《十面埋伏》《满城尽带黄金甲》，陈凯歌的《无极》，徐克的《蜀山传》等。我国的前一批尝试性的景观电影较之前的叙事电影，画面是相当的精美、绚丽、刺激，真正地给观众们带来了一场视觉盛宴。但这些电影，一个个电脑合成的特技让我国电影观众享受到了电影的新鲜的同时，这些电影也在承受着另外一批人的谩骂和讽刺。甚至有人认为这一批景观电影是对传统叙事电影的颠覆。

电影技术的发展是景观电影的支撑，大多数创作者掌握着电影技术，似乎有些为技术而创作电影的意图。因为他们过于展示电影技术的美，在画面上很精雕细琢，在电影本身的戏剧性设置方面，却显得不那么在意。景观电影在我

国创作之初，似乎出现了故事为画面而设定的现象。张艺谋在拍完《英雄》后接受采访说道：“过两年以后，说你想起哪一部电影，你肯定把整个电影的故事都给忘了。但是你永远记住的，可能就是那几秒钟的画面……但是我在想，过几年以后，跟你说《英雄》，你会记住那些颜色，比如说你会记住，在漫天黄叶中，有两个红衣女子在飞舞；在水平如镜的湖面上，有两个男子在以武功交流，在水面上像鸟儿一样的，像蜻蜓一样的。像这些画面，肯定会给观众留下这样的印象。所以这是我觉得自豪的地方。”

由此看出，景观电影的最直接也是最终的目的，就是追求画面，而这种追求，可以不惜牺牲电影的故事为代价。确实也如张艺谋所预料的那样，今天当我再想起《英雄》来，我确实已记不得它的故事情节了，不过，同样地，对于它的画面，我的记忆也是模糊的，不像他预计的记忆会那么深刻。心理研究表明，我们的记忆也是具有逻辑性的，对于具有逻辑性的事件的记忆会比单个画面的记忆在我们大脑中储存得更久。所以，笔者认为，我国早期的景观电影过于炫耀技术的进步，从而造成与艺术进步的脱节是一种不明智的行为。幸而，很多电影艺术创作者们已经意识到此做法的局限性，也在尝试着把奇观追求与叙事结合。

三、景观电影的奇观追求与叙事的结合

近年，国内影院的几部大片反映出，我国的电影创作正积极地把电影奇观追求与叙事相结合起来。张艺谋前几年的几部电影，如《英雄》《十面埋伏》《满城尽带黄金甲》都是画面绝对炫丽的作品，虽然这几部影片也传承了张艺谋一贯的创作风格，取材于小说或故事，但很明显，这几部作品相比张艺谋早些年的作品，比如《红高粱》《大红灯笼高高挂》，它们的叙事性则没那么强。不过，后来的《山楂树之恋》似乎是张艺谋风格的一种回归，个人认为，这部作品是一部把奇观追求与叙事完美结合的景观电影，影片中的唯美画面和动人故事相得益彰。如果说《山楂树之恋》是张艺谋对叙事电影回归的尝试的话，那么，他今年的《归来》则可以看成他对叙事电影的又一倾心之作。片名叫“归来”，似乎也彰示着叙事电影的回归之意。另外，其他一些导演的作品，似乎也有这种景观电影往叙事方面的回归趋向。比如陈凯歌的《赵氏孤儿》，冯

小刚的《唐山大地震》，画面的震撼和影片的故事内核很好地糅合在了一起。另外，还有冯小刚的《集结号》《一九四二》等，在卖座的同时，也获得了观众良好口碑。景观电影的奇观追求与叙事的结合，会是电影创作的一个趋势。

景观电影中，电影技术的展示与电影艺术的表现的关系，应是一种形式与内容的关系。景观电影的奇观只是一种形式，而其实质内容还是叙事性电影，景观电影的奇观画面是为叙事服务的。因为，如果我们的电影院里一直充斥在观众面前的都是一个个奇观性的电影画面的话，总有一天，受众会审美疲劳的。画面意在体现故事的环境，故事本身才是电影的核心，画面为故事存在，不能以客代主，画面不能替代故事的主角地位。单靠绮丽炫目的画面奇观是无法构成一部优秀的电影的，而脱离了叙事的奇观呈现，就算再美轮美奂，其魅力也是极其有限的。

当然，我国的景观电影的奇观追求与叙事也不能绝对平均，不同类型电影应有侧重追求的不同方面，不应一概而论，也不能对好莱坞电影盲目跟风。电影在诞生之初就奠定了两大功能，一是真实地纪录客观世界，二是用电影的各种技巧虚构故事。在我们的影院中，观众买票看电影，基本是看故事性电影。对于观众来讲，如果观看景观电影是单纯追求好看刺激的画面，那还不如直接去观看风景片或纪录片电影了。现阶段，很多纪录片电影和纯粹的纪录片都在往故事电影方向学习和借鉴，在纯事物或纯画面中插入了一些故事线索来吸引观众的眼光，但故事电影却在为追求画面而忽略了故事性，这不能说是一种艺术的进步。唯有把电影的技术真正转变为电影艺术服务，电影艺术才可能实现质的飞跃。

参考文献

[1]〔法〕居伊·德波.景观社会[M].王昭凤译.南京：南京大学出版社，2006.

[2]周宪.视觉文化语境中的电影[J].电影艺术.2001(2).

[3]贾磊磊.中国武侠电影史[M].北京：文化艺术出版社，2005.

[4]颜纯钧.景观电影——电影史的又一个幼稚时期[J].电影艺术.2006(5).

[5]虞吉.电影的奇观本性——从梅里爱到美国科幻电影的理论启示[J].当代电影.1998(5).

[6]蔡贻象.影视文化美研究[M]. 北京:中国广播电视出版社，2004.

[7]闫新."景观电影"中的奇观与叙事[J]. 电影评介.2009(21).

[8]张宏树.叙事的式微景观的狂欢——张艺谋电影的文化解读[J].信阳师范学院学报(哲学社会科学版).2005(4).

转变思路创新动画色彩的教学模式

◎黄春霞*

摘　要：动画色彩同过去的纯色彩基础课不同，传统的色彩课相对比较单纯，而动画色彩课程由于动漫的创作有别于传统的艺术，这对于基础教学来说是个新的挑战。动画制作是一个动态的连续画面的创作，有时空、场景、人物及各种物体的变化，它打破了传统的静态造型观念。在这样的情况下，对于动画色彩课程的设置就需要作出相应的调整。

关键词：动画；动画色彩；教学改革

近年来，在国家重视动漫产业发展的政策引导下，在动漫行业迅速发展后对动漫人才需求的就业市场驱动下，动漫高等教育迅速扩张。在进入21世纪后的今天，全国有数千所高校开设了动画专业，也凸显出一些问题。

作为动画教育工作者，要推动动画教育的发展，必须透过现象发现本质，应该深入思考，发现问题，解决问题。所以对于动画色彩教学改革的方法和途径主要有以下几个方面：

---

* 黄春霞，1983年11月生，女，福建莆田人，硕士，福建师范大学协和学院讲师。

一、创新动画色彩的教学模式，由“传统型”向“风格型”转变

通常一说到“色彩”自然会想到“素描、色彩和速写”这些美术范畴。而在动画色彩课程的教学中，不能只是客观地写生或是照搬美学中简单的色彩原理。面对当前日新月异的动漫时代，传统型的教学模式制约了学生能力的培养，所以动画色彩的教学改革迫在眉睫。动画色彩开设在第一学期，学生刚从高考的绘画风格模式出来，进入大学后依然是按照考前的风格进行绘制，这必然导致了色彩风格的局限性，而开放性、多元性、个性化的“风格型”教学是动画色彩教学的第一步。

作为动画专业的色彩基础训练，要求学生在一定的色彩理论基础上要与艺术实践相结合，掌握色彩的多种表现形式。所以在这一阶段应该培养学生风格型的绘画风格，应在以往传统的水粉画模式上进行风格创新。例如可以学习梵高艳丽色彩的笔触感或莫奈的点彩画风格等。同时在这一个阶段教学生如何画出水彩画的风格，在动画风格中，水彩画的风格经常应用在场景中，水彩会给人一种轻松愉悦、一气呵成的感觉。在动画艺术短篇中，艺术家追求风格上的个性，经常会以水彩工具作为绘画的媒介。在绘画媒介上，绘画工具同样可以进行多项选择，不单是以往常用的水粉颜色，可以拓展到油画棒、水彩颜料、油画颜料、蜡笔、水粉笔、彩色铅笔、钢笔、马克笔、宣纸墨水等绘画相关材料。不同的绘画材料，绘制出来的画面风格有不同的效果，结合艺术创作和实践，通过对材料的运用，表现不同风格的动画色彩。

二、渗透动态表达，突出动画专业的特点

相比较其他专业的色彩课程，动画专业的色彩教学有其自身的特点。因为动画是根据“视觉残留”的原理发展起来的。就是说人的眼睛看到一幅画或一个物体后，在一定时间内不会消失。“视觉残留”会给人一种流畅的视觉变化，这种变化有时空、场景、人物以及各种物体，它打破了传统的静态观念。所以动画色彩教学在动态造型的基础上应该进行多幅连续动作的色彩练习，可以立

足于减少单幅画面处理的时间，多做4到6幅的动画色彩训练，同时要求分组进行团队合作，利用编剧与创作两方面进行多幅画面的有机结合，来培养学生对大局色彩的整体把握能力。

三、表达色彩情感，由“客观”向“主观”转变

自然界中物体的色彩都不是孤立的，它们是相互影响、相互联系、相互存在的。物体间的色相、明度、纯度、冷暖在特定的画面中所产生的色调和情感的表现是十分丰富的，其变化也是无穷无尽的。如蓝色是最冷的色，它象征着天空和大海的辽阔景色，无论深蓝色还是淡蓝色，都会使我们联想到无垠的宇宙或流动的大气。因此蓝色也是永恒的象征。蓝色与白色调和会产生不同程度的浅蓝色，使蓝色的色调趋弱。蓝色与灰色、补色、黑色等调和会形成纯度与明度各异的蓝绿灰。当蓝色作为主要的颜色或小面积点缀色时，在深色的以及黑色的卡纸上会显得很明显，在白色的纸上则相反，会有后退感。

红色是最具有热烈、温暖而富有生气的色彩，容易引起人们的注意。不同程度的红色从明度和纯度以及冷暖的变化会产生粉红色和灰红色等其他色彩变化。从上面的例子可以得出，应用不同的色彩对比，可以表现画面的情感和色彩冷暖的氛围，从而更加主观处理画面中的色彩关系。要引导学生用视觉去思考多种色彩造型，让学生保持一种原创的态势，用源于生活高于生活的态度进行再创作。在动画制作中，往往要面对各种不同的场景、环境、时代与虚构性角色，有时可能是完全不同的时空与环境，这就要求学生应更多地自主开发想象空间，更多地去了解天文、地理、历史、宗教等各种人文方面的知识，由单纯的客观被动性到自身的主观能动性。

四、根据包豪斯的教学理念实行艺术与技术相结合，开创创意色彩

现在大部分教科书从理论原理展开色彩训练，偏向色彩原始本质的分析，忽略了对色彩创造性的主观分析。与国外的学生相比，我国的学生缺乏的是创造性思维的培养。以往的色彩教学大多偏重以自然色彩写生的感受为主要内

容，忽略了对色彩本体语言的研究，造成了学生离开了写生就不会画色彩，不敢大胆地想象以及诠释色彩。毫无疑问，这样的教学是有很大局限性的。

在教学中，创意色彩的教学手段有多种多样，笔者在教学实践中摸索出一些方法。例如教师布置一个课题给学生，之后师生一起讨论、探究，一起分析总结，这是一种互动式教学。在德国和法国的艺术学院中经常开设这种有主题性系列的作业。这样做，可以在主体性设计课中，把设计观念引入动画色彩课中，使学生在学习色彩的同时，提高创新能力的培养。另外一种方法是借用多元的视角提高学生的知识量，可以让学生去收集喜欢的素材元素或图片资料，对原有的素材或图片进行个人创意的自由想象，用夸张、变形、重组、打散等手法进行主观性的创造，同时注重与民族传统色彩的结合。

总之，动画色彩是动画专业非常重要的一门课程，培养学生对色彩的认识、审美、整合和主观表现的创新能力，使他们在学习的过程中发挥自身的优势，从而尽显各人的特点，为以后的专业学习打下坚实的基础。

参考文献

[1]陈守义.综合绘画基础课程教学[M].北京:中国美术学院出版社,2005.

[2]顾大庆．设计的视知觉基础[J].室内设计与装修.2002(9).

[3]〔美〕布朗·科赞尼克．艺术创造与艺术教育[M].马壮寰,译.成都:四川人民美术出版社,2000.

妙趣横生的超轻粘土课堂教学对动漫学生创造力的培养*

◎黄春霞**

摘　要：超轻粘土能够把一个作品从平面的造型到立体的转化，从简单的原材料到多种材质的结合，从点、线、面的感知到肌理的演变，从形态造型到装饰色彩的融入。它能够很好地将趣味性、艺术性、创造性三者融于一体。在动漫衍生品的教学中引入超轻粘土之一材质，开展创意教学，不同的形式，多样性的表达主题，不仅可以激发学生学习的兴趣，也可以加深对动漫之一行业的热爱。

关键词：超轻粘土；动漫教学；动漫衍生品；创造力

超轻粘土最早诞生于德国并逐渐传遍整个欧洲，后经日本、韩国、中国台湾传至中国大陆，超轻粘土可塑性强、色彩艳丽，制作者可以自由揉捏、随意创作，是一种集陶土、纸粘土、雕塑油泥、橡皮泥等优点集于一身的新型手工创作材料，它可与木头、金属片、亮片、玻璃等材质完美结合使用，在24—48小时内可自然风干且有弹性、不碎裂，可以永久保存。干燥定型以后，可用水彩、油彩、亚克力颜料、指甲油等上色，有很高的包容性。

该材料目前应用较多的是低龄儿童，及DIY爱好者，而应用在大学的动漫课堂上，较为少见，从动漫课程的设置来看，这些刚进入动漫专业学习的大

---

* 基金项目：2018年福建省中青年教师教育科研社科项目（社科类）（项目编号JAS180862）。

** 黄春霞，1983年11月生，女，福建莆田人，硕士，福建师范大学协和学院讲师。

学生，对动漫作品有一定的了解，特别是相关的动漫衍生品也只限于了解阶段，对他们来说，需要进行大量的感知训练和动手训练，引导他们对动画专业感知的亲近度。

对这些初次接触动漫课程的大学生来说，绘制相关的动漫衍生品能够起到一定的训练作用，但由于层次的不同，学生的兴趣度会有一定的影响，而超轻粘土比较利于学生感知，呈现的作品直观地体现在创作人的面前，更能触动学生对动漫衍生品的创造力。

根据超轻粘土的特点，笔者经过多年的教学实践，结合动漫专业学生的特点，优化了所授课的内容，以动漫学生创造力培养为目的，设计了超轻粘土课程的递进结构，主要从下几点展开。

一、从不同的内容展开——提出趣味性的内容架构

（一）培养学生的兴趣和耐心——使用超轻粘土制作食物、植物

在超轻粘土课堂上学生基本都是第一次接触这种材料，基于这种情况，从大家比较熟知的食物上着手制作，一方面可以激发学生学习的兴趣，树立信心，另一方可以训练学生动手的能力，学生懂得基本制作手法后可以制作多肉植物，可以训练耐心，因为一株多肉植物的叶片相差无几，较为明显的是大小之分，所以制作难度不大，需要的是耐性和细心。

初期阶段主要以大家较为熟悉的身边能见之物进行制作，以搓、揉、捏、压、拉等动作的方法，通过基本的动作元素训练，建立兴趣的培养模式。针对初期阶段的学习，作品质量时刻把控，数量不做要求，以个人的实际能力来执行，以培养兴趣和耐心为主要目的。

（二）激发学生制作的热情——妙用超轻粘土制作动物

这一部分是以动物为载体进行有主题、有目的地创作。

在熟知超轻粘土的基本制作手法之后，制作动物的形象就会得心应手，可以是写实的动物形态，也可以是卡通动漫里的动物。可以根据动画片中动物的形态进行提炼，也可以对写实的动物进行重塑，亦可提取大脑中的记忆，原创

一些动物的形象。在材料上可以利用超轻粘土和其他辅助材料进行创作。这个阶段，可以采取单个独立的个体元素进行创作，也可以以一个系列的方式进行组合创作，充分激发学生创作的热情。

（三）巧用超轻粘土制作动漫人物

制作动漫人物是比较难的一部分，特别针对正比人物，需要掌握人体解剖学，形象设计、服饰搭配、道具及场景的塑造。特别涉及到人物的身高比例以及身体的重心问题，这时需要铁丝或铜丝作为骨架来支撑身体，按照人物身体结构，分开制作，把每一个部分制作好再拼接在一起，最后做衣服及配饰。

这一部分难度较大，在指导教师的授课后，对已有的形象进行模仿借鉴，待熟悉制作工艺之后，可以原创并设计制作出一个独一无二的动漫形象，以培养创新创意为主要目的。

二、从不同的制作方式展开——提出创新性的教学架构

（一）将平面的造型立体化

创作的过程从无到有，在草稿的设计阶段到实物的转变，这个过程让人很期待，在教学中引导学生创新性的设计，从平面的语言演化到立体造型，使用超轻粘土让作品立起来，展现一个立体的空间。

例如在授课的过程中，提出一个课题——《设计惠安女》为例，先观看相关视频，之后具体讲解要注意的要点、人物的大致形象特征；所处环境、着装特点等，经过“消化、吸收”后学生开始头脑风暴，展开设计，先在纸上设计形象，绘制好线稿涂好色彩，学生间相互观摩、积极讨论以及教师的最后修改指正，再到实物的立体制作，最后作品的立体呈现，这个过程是有获得感的，因为是自己亲手制作出来的，呈现的作品是独一无二的，有手作的温度，也有设计创新的感知度。

（二）创作半浮雕作品，优化绘画语言

在动漫的教学中，在纸上画一幅插画作品是较为常见的，但结合超轻粘土

这个材料呈现出的半浮雕作品较为少见，这种单纯的平面绘制与半浮雕作品在视觉感官上是不一样的。如何创作半浮雕粘土作品，笔者在授课中抛出的主题是《以自然界中动物的头部》作为创作的素材，要求优化绘画语言，创作一幅半浮雕作品。

以一只鹿的半浮雕头像为例，首先为了作品的美观和统一性，笔者会建议学生买一个画框，取出画框底板作为画纸的背景，展开设计，为了避免头部太重，画面支撑不住的问题，笔者一般会建议根据动物的头部特征先在画框上钻几个孔用来固定，之后因为涉及到头部的延伸，会用粗细铁丝进行外轮廓的框架搭建，同时要注意与画框底板进行结合，而内部填采用生活中常见的报纸、纸巾等，只要材质轻一点都可以，之后用锡箔纸顺着外形包裹起来，接着用白色的超轻粘土进行塑造，在塑造的过程中要注意水润度，手指需要沾些水以揉、搓、拉、切、捏、剪、压、刻等相关手法进行塑造，同时背景也用超轻粘土全部铺满，在根据具体的细节进行肌理的处理，等自然风干后，开始使用水彩颜料、丙烯颜料、油画颜料等进行创作。

这种手工制作产生的肌理，结合美学上的点、线、面构成，运动木头、金属片、亮片、玻璃、珠子、麻线、毛线等不同材质的介入，材料的丰富性，表现形式的多样化，能够很好地激发学生制作的热情以及无限的创造力。

传统手绘插画或者电脑板绘的插画是平面形式，人们已熟知，并且也看惯了这类插画，而这种半浮雕的插画在视觉上有一个很好的冲击力，它行云流水般绘画性的线条和独特的肌理效果、丰富的装饰语言、半立体的表现及多视点观看的角度，能够很好地拉进观者与创造者的距离，更大程度地接近绘画形式，对于动漫学生来说，这是一种新材料新绘画语言的尝试。

（三）让场景逼真起来——巧用超轻粘土深化动漫场景的立体架构

用超轻粘土搭建动漫的场景是一种挑战，它需要结合其它材质匹配完成，同时学生们也需要具备一定的美术基础和艺术造型能力，如何在空间形态造型上搭建立体场景，就需要多角度思考问题。

在超轻粘土的设计中，针对不同的风格，不同的形式，多样性的表达主题，能够很好地激发学生的创造性。

例如以《动漫场景搭建》为主题，分小组进行，学生们可以展开讨论，可以表现动漫室内的一角，也可以选择室外一角，确定好方向，就可以着手画设计稿。

在搭建时根据设计稿进行设计，注意重心的把握，画面支撑的地方可以用铁丝、泡沫或木块进行支撑，用超轻粘土进行包裹塑造，最后用颜料进行细节的绘制。

场景的搭建以小组的形式展开，同学间可以相互讨论，培养团队合作的意识，不仅对以后动漫的场景设定打好基础，也对以后动画短片的相互合作奠定了基础，同时也激发了学生学习的兴趣。

三、从不同的模块展开——由易到难

按照以往超轻粘土课程设计的经验，模块化的教学方式是较为理想的。每个模块设计 2 至 4 个相同技能技法的课程内容，按照工艺设计从易到难进行制作，亦可按照不同内容、相同难度进行不断练习。为了更好地达到最终的教学目标，将教学内容的设置从简单到复杂，大致分成若干的模块，在教学中根据学生的能力情况设计每个模块的内容，能力强的学生进度较快，基础模块的内容会少一点，能力弱的学生进度较慢，基础模块的内容会多一点。

例如在模块教学中，我们设计了人物动漫形象的制作，以捏、搓、揉、压、拉、切、卷等为基本技法，对于能力强的学生，可以制作出立七、坐五、盘三半的正比人物动漫形象，但对于能力较弱的学生来说，制作 3 头身的卡通人物会比较从容一些，而制作正比人物就会力不从心。但通过教师趣味性的模块教学后，学生掌握技巧，理解并应用后再制作 8 头身的正比人物就会得心应手。

相对来说，每个模块的内容教师多讲解学生多设计，这样才能保证学生充分掌握这项技能。为了避免学生在制作学习的过程中因大量的重复同一个技能而感到厌烦，每个模块的内容不能太多，可以按照学生的实际情况进行调整，也可以根据学生的兴趣进行模块转换。必要时可以结合其他综合材料进行教学。这样可以保证学生充分掌握该项技能和技法，又能够在制作的过程中挖掘内在的创造意识。

通过模块化的教学，教师能够及时地总结经验，学生也能够能够更集中更专注地学习，这种有目的性的设计教学内容，能更好地激发学生学习的兴趣和创造力。

总之，超轻粘土这种极具创造性的手工材料，能够激发学生的创造力，在教学方法上以教师主观引导与学生自由创作相结合的方式，以渗透造型、材质表现、宏观设计、作品欣赏、综合研究、可行性探索等方面的内容为依托，在教学中边教边做，在做中学，在学中做，以动手为主。在制作上根据动漫学生的特点可以制作动漫玩偶、公仔，以及动漫场景搭建；在设计上，可以进行装饰设计、物品设计，例如胸针、配饰、仿真花；在欣赏方面，可以结合名画名作进行再创作，也可以制作浮雕壁饰、插画作品；在综合材料的探索上，则可以结合报纸、珠子、玻璃、金属、蕾丝、亮片等相关材料等进行创作。超轻粘土应用十分广泛，可以有效地增添教学内容，对于动漫学生的创造力有良好的提升。

最后，把没有生命的超轻粘土这一材料赋予它灵魂，当学生用材料表达自己的内心想法和创意之后，学生独特的观察力、想象力、创作力赋予了材料新的价值，这时候材料不仅仅是材料，而是创造自己艺术语言的载体，它能够很好地将趣味性、艺术性、创造性三者较好地融于一体，所以在超轻粘土的课堂教学上，使用这一材质可以把课堂教学变得妙趣横生，不仅提高他们的动手能力，同时也培养了创造力和想象力。

参考文献

[1]赵健磊，张宏岳.中国民间泥塑技法[M].北京：中国劳动社会保障出版社，2009.

[2]刘春雷，汪兰川.材料动画角色设计与制作教程[M].重庆：西南师范大学出版社，2017.

[3]〔日〕竹内泰人.定格动画[M].北京：中国青年出版社，2013.

[4]〔英〕梅尔文·特南.创意定格动画实验室[M].上海：上海人民美术出版社，2016.

浅析“幻想题材”对游戏专业教学的作用

◎陈北欧*

摘　要：“幻想”是动画和电脑游戏中比较流行的背景故事，也是本专业学生在进入工作后时常要面对的工作内容。“幻想”的美术设计涵盖内容广泛，对学生的专业素养和知识面也有着很高的要求，其世界观和故事背景的设计需要学生掌握两种以上的设计元素，并同时将这两种元素进行融合，因此对学生的素材搜集能力、知识面、绘画能力都是极大的考验。所以，在高校的教育过程中，让学生们养成有意识地搜集源素材的习惯，以及教授如何使用是动画和游戏专业的高校教师在教学期间的重要工作。

关键词：幻想；科幻；世界观；游戏；教学

一、何为幻想题材

“幻想题材”是非常受欢迎的电影和游戏设定题材，其在商业上成功的案例数不胜数——如电影《星球大战》系列、《指环王》《艾利之书》等，在游戏上如《质量效应》《魔兽世界》等，而国内在这方面的游戏以及影视作品屈指可数，因此在学术研究上也少有文献可供参考。因此在文中所选择的案例为动画和游戏作品的美术设计案例。

---

* 陈北欧，福建师范大学协和学院助教。

“幻想题材”是产生在另一个时空的世界，这个世界可以是发生在遥远的过去或者未来，他可以符合人类文明的发展规律，比如以现有世界的科学技术作为支撑，但是比我们现在的世界技术上先进数百年的科幻世界，也可以完全地建立在一个剑与魔法的大陆上。总之与现实世界不同的美术题材设计我们统称为幻想题材。

幻想题材中所有的元素都与我们现实世界大有不同，除了所处的时代背景外就是建筑风格，人类的服装造型以及生活习惯，甚至所在世界的气候环境，都与我们所处的现实世界大相径庭。该如何让这个世界呈现出让人心驰神往的魅力，让人相信这个世界能够真实存在并让人流连忘返，就是我们这些设计者的工作。

二、幻想题材在电脑游戏中的表现

幻想题材是当下电脑游戏和动画中时常出现的背景故事设定，大体可以分为两种风格。即科幻风格和奇幻风格。

以科幻风格为例，科幻风格表现的是一个科学技术高度发达的未来世界，这个世界可以是一个人类已经到达了银河系各个角落的太空史诗般的世界，也可以是一个科学技术强大但是人类生活水平低下的反乌托邦世界，甚至可以是一个已经被热核战争摧毁的死亡世界。但是无论处于什么样的背景设定下，这个世界在美术设计上一定要符合动画和电脑游戏美术设计的核心要求——符合观众和玩家的审美。

因为动画和游戏都是商业化极高的艺术产品，因此设计师在设计这个世界中的一切元素时既要保证这个世界的独一无二和现有世界的区别，又要在美学上符合这个商业产品的受众群。这个世界虽然并不真实存在，但人物角色，场景设计一定都会有现实世界的影子，没有让观众和玩家有代入感而设计一个完全基于设计师自己想象的世界是不明智的。好的美术设计一定是结合了现实世界的元素并融合设计师的想象力以及造型功底，假以时日不断地绘制，修改，讨论而形成的。

例如由索尼发布于2017 年 2 月 28 日、Guerrilla Games 制作、PlayStation 4 平台独占的第三人称动作角色扮演游戏——《地平线—零之曙光》：游戏讲述了在遥远的未来，人类文明已经结束，被损毁的星球正在重建，人类并不是最优种群，高度发达的智能机械兽稳坐食物链的顶端，玩家在游戏中扮演的是一个被部落抛弃的年轻人——亚罗伊，为了解开围绕在她身边的一些神秘事件，从而踏上了冒险的征程。

当然，不同的“科幻世界观”也都有不同的设计风格。“游戏美术”这个围绕着商业的行业决定了它的设计在视觉上符合玩家审美的前提下，同时也需要注重真实感，至少是看上去真实。因此基于故事背景的不同，美术设计上表现角色对技术的使用程度也是不同的，在《地平线—零之曙光》这个故事里，人类文明被机器所摧毁后部分人类生存了下来，他们发现机器也随着人类的消失而消失了，随之产生的是一个个类似于动物一样在地球上生存的机械。而人类在丧失了科学技术以后，为了生存而回到“刀耕火种”的技术水平——制造生产资料需要原始地从动物和植物上获得。同时，这个故事发生在世界毁灭又重生后的北美科罗拉多州地区，因此游戏在角色设定上就体现出杂糅了科幻风格和北美印第安人的服装风格，也是这个游戏的角色设计美学的核心。主角埃罗伊的服装就是很好的体现（图 1），其服装结合了不同材质的动物皮革和毛发，型制上也借鉴了很多印第安人由野牛皮制成的服饰，花纹和颜色设计上同样参考了北美印第安人的型制和配色（图 2），并且在服装的细节上加入了许多背景故事中机械动物的部件来作为装饰和道具。在游戏的世界里，人类制造机械的技术已经流失殆尽，对猎杀的机械兽部件只能进行粗略的切割和缝补，并不能进行精细的加工，而这个细节在游戏里几乎所有的角色设计上都有体现。在其他科幻类型的角色设计中，机械细节除了装饰作用外更加注重其实用性，而在这个作品里，机械细节更加纯粹地作为装饰品，以及单纯的物理防护。主角埃罗伊的服装是作为盔甲而使用，所以在设计的视觉呈现上注重其对身体重要部位的保护，而她的护臂和护膝都是使用了与身上其他部位服装不同的机械部件，这些部件均是来自于她猎杀到的机械动物身上，在拆卸下来后进行粗糙加工作为护具使用，这个设定也是这款游戏最有特点的视觉元素。

图 1

图 2

主角惯用的武器是一把反曲弓——弓是人类最原始的投射武器之一，在这部作品里是标志性的道具，它在使用方法上和现实中的弓没有区别，但是其设计和背景设定上就用了很多游戏世界的元素。游戏中的弓臂和弓稍都使用了从机械动物上回收的配件，尤其是弓稍——一般的弓稍是用扣将弓弦挂在里面，以保证弓弦在弓拉开时能够吃上力，而设定中的弓稍变成一个分岔，弓弦被扣在这个分岔上。我们尚不谈这把弓在现实中的作用是否合理，但是在审美上确实带来了好看的形状，增加设定美观的同时，在总体设计上也大致符合了弓这种武器的真实性。这便是科幻背景美术设计的核心理念——兼顾审美和表面上的真实性。这些细节也是设计师在了解此类美术风格的同时，也研究了许多关于弓箭的资料和原理，在美观和外形合理上找到了平衡点。

总之，在这个游戏的世界观背景中，美术设计师想要表现的是人类已经彻底丧失对科学技术的使用能力，而将它视为类似于萨满教的神灵之力。对于这些机械产物又敬畏又害怕，在使用上完全不对其技术进行研究，只是单纯地把它当作装饰和物理防御用具。这便是一个典型的人类对技术已经完全失去掌控和运用能力的“后启示录世界观”。

与《地平线—黎明时分》对比，这里再列举另一个极为经典的“科幻世界观”沙盒类 RPG 游戏的美术设定——即《辐射》。《辐射》的故事发生在人类文明被核战争摧毁后 200 年的美国，这里并没有如《地平线》那样人类文明被摧毁得干干净净，人类在经历核辐射、强盗掠夺者以及各种因为辐射而变异的怪物猎杀中顽强生存了下来。

《辐射》中世界观的美术设计是以“废土朋克”为核心元素——所谓“废土朋克”的基本要素在于无政府主义与文明的倒退，不同类型的废土作品着重于描述不同灾难后人类的生存状况。其中倒退的原因不限于核战、自然灾害、外星人入侵等不可抗力，每一种不可抗力对人类文明的毁灭方式也是不同的。比如核战，最小当量的核武器也能轻易摧毁一座城市，随之而来的核冬天也能杀死幸存人类。而《辐射》的故事也就发生在这个故事背景中。

图 3

图 4

《辐射》的美术设计中元素的融合最主要体现在游戏中角色的服装设计上，如图 3、图 4 所示，《辐射》在其服装风格的设计上参考了 20 世纪五六十年代美国中产的居家衣着风格，同时也是《辐射》系列的美术造型特点，使之与其他的废土风格游戏和动画作品在辨识度上有着很大的区别。

《辐射》系列的游戏世界里，其社会模式依然参考了战前社会——虽然世界已经被破坏殆尽，人们在那个充满了饥饿、掠夺和杀戮的环境下苟且生存。人们的服装风格仍然保持了战前的样式，在细节上加入了末世风格的元素，如裙子的边缘破损和补丁，身上的背包和携行具也采用了厚重的皮革绑带，以制造造型上的反差。如此，既保留了复古美学的服装风格，也融合了战后废土生存者的角色特点。服装上的装饰也加入了许多不同的混搭元素，如用摩托车头盔改装的头部护甲，轮胎和绳索制作的护肩等，以体现人类在废土上失去了社会秩序和科学技术，只能使用旧时代的残留物品裹身以求生存。

三、幻想题材的美学风格和创作方法对动画专业教学的影响

大学本科的教育目的是让学生具备专业研究学习的基础和技能，而具备专业的技能则要求学生对专业本身有较为深刻的理解和见识。动画这种实用美术的专业尤其如此。因为动画的专业特性要求学生具备比较强的造型基础，才能更好地把握角色和人物的造型，在常规和夸张的动作绘制上保持造型的统一和美感，这是动画专业基础的一种。但同时也要求学生对动画和游戏的故事背景，以及表现方式有一定研究，因为完整的故事背景与合理且厚重的世界观营造是动画和游戏作品的故事基础。

虽然动画和游戏的角色造型设计上很讲究轮廓的美观和辨识度，但是没有合乎背景故事的细节也是不行的，而这些细节就是表现角色在所处世界中身份、地位以及职业的标准。

在游戏和动画的制作流程中，美术设计属于前期，在明确的描述文字基础上进行角色的造型和服装的设计，而在其作品本身能够获得的具象信息比较少，因此需要美术设计师们拥有较高的专业水准以及绘画能力。近年来，动画和游戏在叙事和故事背景构成上越发庞大，对美术设计的体量和要求也越来越高，尤其是现在比较流行的高自由度沙盒式（如《巫师 3》《上古卷轴》等）

游戏——在场景上讲究无缝链接，需要构建一个庞大的游戏地图以及丰富多样的角色、复杂的人物关系，因此对美术师的设计能力以及背景知识的掌握和储备有着相当高的要求。在前期的美术设计中需要参考大量的文字和图像资料，但又不能原原本本地将图像资料进行照搬，必须进行相当程度的创作和调整，比如体现在角色的服装细节上和盔甲的设计上。以盔甲为例，古代的盔甲是士兵在战场上自我保护的装备，但是精致的铁器和铠甲在任何时代、任何社会制度下都是只有贵族阶级才能保证拥有和使用的，一般的士兵盔甲和武器则是以实用为主，这就导致了在审美上很难有所讲究。但是游戏和动画是商业化极强的文化产品，需要在每一个细节上照顾消费者的审美需求。因此在游戏和动画中，角色的盔甲设计就需要在真实和美术创作中寻找平衡点，即要满足符合游戏背景世界观的时代，又要符合大众的审美，这对美术设计师的要求就很高。

学生对资料的搜集和使用意识偏弱，通常教师花费心思和时间去搜集的资料摆在讲台上供学生拷贝，居然鲜有人有意识去接受。同时，学生对原始资料的使用也缺乏认识，在进行动画的角色和场景设计时更多依靠的是自己脑中的图像累积与想象，而非借鉴更为详尽的图像资料及系统性的游戏和动画设计资料，更有甚者直接使用网上搜集到的游戏和动画人设素材，进行修改拼贴便直接使用，极其缺少个人的思考和创作。严格来说，适当的参考和拼贴在商业用途上只要不涉及版权，便不失为提高效率、节省时间的方法，但对于学生来说，过早地直接进行素材拼贴，而不是去增加素材的存储量、提升绘画技能、增强对不同素材归纳和整合的理解能力，会导致学生在进入工作后其专业技能不会有明显的提高。因为在进入游戏和动画公司后，美术的工作强度非常大，而且需要极高的效率，尤其在分工作业上会非常细致，长期处于这种环境中虽然能够锻炼工作的效率和熟练度，但是对个人的画技以及创造力则会产生一定的负面影响。现在的游戏、电影、动画的前期美术设计十分注重效率和出稿量，因为现有的美术风格分类已十分明确，而且在大众审美上也有了固定印象，因此在美术设计中同类题材已经很难做出非常明显的区别，雷同度很高。

四、结论——在专业教学中可以采用的方法

综上所述，动画和游戏专业的学生在学习期间需要较为系统地提升知识

面，多了解自己平时接触不到的素材和信息。过程也许会比较花费时间，比如研究中世纪风格的美术设计就要去收集城堡、服装、铠甲、骑士纹章、具有时代背景的道具等，以及相对简略但完整的历史背景，过程中会相对枯燥且缺乏绘画技术提升时带来的成就感，但是素材敏感度和知识面的提升会对学生将来的职业生涯产生极为深远的影响。因此，作为专业教师也要有很强的素材收集意识、较为完整的素材库和较广的知识面，同时也要有意识地引导学生对素材搜集的兴趣。以下是我总结的几种方法：

1. 课堂上分析优秀的游戏和动画作品中世界观背景的美术风格来历，如上文中提到的《辐射 4》，来自 20 世纪 60 年代核子能源大发展时期的视觉元素和“后启示录废土朋克”风格的合成，他们的角色设计、场景设计、道具设计如何符合背景选取的元素，视觉元素产生的背景等。

2. 通过该作品的原画设计稿来进行解构和讲解设计团队如何制作出如此庞大的世界观，如主角的服装和武器的设计，其来自现实中存在的哪种武器或者物品，如何由一个形状衍生出一个物品、道具甚至是角色，游戏或动画中怪物的设计来自哪种动物等。

3. 通过教师对原素材的认知和讲解进而分析如何使用，比如如何将一把中世纪时期的武器改成科幻风格或者后启示录风格，以实际操作的方式教授学生如何学习和使用素材。这需要教师具有比较优秀的造型基础、较强的绘画能力以及想象力，需要比较广泛地涉猎动画、影视作品以及游戏设定。

参考文献

[1]《辐射 4》游戏概念艺术设定集。

[2]《地平线—黎明时分》游戏概念艺术设定集。

第五辑　音乐舞蹈

从三次研讨会看我国音乐教育哲学研究10年

◎马　达*

摘　要：2005年至2015年，随着三次音乐教育哲学学术研讨会的召开，我国音乐教育哲学研究取得了一定的发展。本文通过对“审美音乐教育哲学”“实践音乐教育哲学”“其他多元的音乐教育哲学观”“围绕基础音乐教育改革的音乐教育哲学观讨论”“有关如何建立中国特色音乐教育哲学体系的讨论”五大部分代表性文献的分析与述评，梳理出这期间音乐教育哲学研究的发展脉络和特点。

关键词：三次研讨会；音乐教育哲学

2005年以来，我国音乐教育界开始关注音乐教育哲学的研究和发展，出现了一批有关介绍、探讨、争鸣音乐教育哲学问题的论著。顺应这种学术研究趋势，广州大学音乐舞蹈学院分别于2009年和2011年在广州大学两次主办国际性音乐教育哲学学术研讨会。2011年南京艺术学院、中央音乐学院、中国音乐学院、上海音乐学院等院校在南京艺术学院联合主办“2011南京国际音乐教育高层论坛”，音乐教育哲学研究是会议的一个主要议题。这三次研讨会的召开，对于促进我国音乐教育哲学研究的深入发展具有积极的意义。

第一次研讨会举办时间是2009年11月5日至7日，会议名称：“2009中国广州·音乐教育哲学学术研讨会”，这是中国大陆第一次以“音乐教育哲学”

---

* 马达，博士生导师，二级教授，文学博士，福建师范大学协和学院教授，广州大学音乐舞蹈学院名誉院长，广州大学“广州学者”特聘教授。

为主题的研讨会。来自国内外 50 多所大学、刊物编辑部等单位的 88 位代表参会，会议收到 25 篇论文。实践音乐教育哲学创始人、美国纽约大学音乐教育系主任戴维·埃里奥特教授应邀参加会议，他在会议上做了“实践音乐教育哲学：主旨及其在音乐教学中的涵义”“何谓实践音乐教育?”“音乐制作、音乐聆听、音乐理解与音乐价值”“音乐课程设计与指导”四场专题讲座，讲座中结合音乐教学活动，介绍了实践音乐教育哲学的主要思想。本次研讨会的中心议题是音乐教育哲学思想研究、音乐教育哲学流派研究、音乐教育哲学思想发展趋势、在音乐教育哲学思想指导下的中国学校音乐教育理论和实践研究等。

第二次研讨会举办时间是 2011 年 11 月 10 日至 12 日，会议名称：“2011 中国广州·第二届音乐教育哲学学术研讨会暨传统音乐教育高端论坛”，来自国内外 63 所院校等单位的 130 多位代表参会。会议收到音乐教育哲学研究论文 23 篇。音乐教育哲学研究国际学术组织“五月组”（May Day Group）核心成员、美国密歇根大学音乐教育系主任玛丽·麦卡锡（Marie McCarthy）教授应邀参会，为与会者作了“变迁世界中的音乐教育哲学：新视野与未来发展的方向”的学术讲座，介绍了当今国际音乐教育哲学研究的新动向。她同时向大会提交了两篇书面论文《在教育环境下对音乐教学重新思考》《儿童音乐文化的教师和现状》。本次研讨会延续了 2009 年研讨会的主题，但在讨论的深度和广度方面有了进一步的深化和扩展，特别是在如何建立具有中国特色的音乐教育哲学思想体系方面出现了一些重要的观点和论述。将音乐教育哲学与传统音乐教育两个主题结合在一起进行探讨，可以看出会议主办者试图通过音乐教育哲学思想的讨论来探索适合本土音乐教育实践的教育教学观念和教育教学模式。

“2011 南京国际音乐教育高层论坛”于 2011 年 11 月 4 日至 6 日召开，来自国内外各大学的 70 余位专家学者参加了会议，会议收到音乐教育哲学研究论文 20 篇，对音乐教育哲学的前沿理论进行了探讨。

探讨适合中国音乐教育健康发展的音乐教育哲学思想，使其来引领中国音乐教育实践，应是这三次研讨会的办会宗旨。

以下通过分析这三次研讨会论文及 2005 年至 2015 年公开发表的论著，对我国 10 年来的音乐教育哲学研究做一阶段性的梳理和总结。

一、审美音乐教育哲学

审美音乐教育哲学的代表人物是美国西北大学教授雷默（Bennett Reimer，1932—2013），他于1970年出版《音乐教育的哲学》，提出了“音乐教育即审美教育”[①]的音乐教育哲学思想，书中论述的审美音乐教育哲学观成为美国20世纪70年代至80年代音乐教育哲学的主流思想。随后，该书于1989年、2003年两次修订再版，这两次修订版由熊蕾翻译，先后于2003年、2011年由人民音乐出版社出版。“雷默在第一、二版中坚持认为音乐教育的本质和价值由音乐的本质和价值决定，即由音乐审美的本质和价值决定，他认为这是音乐教育哲学的前提。在第三版的前言中，雷默明确指出第三版依然保持了这个前提。”[②]他认为：“如果音乐教育要成为审美教育，那就首先必须是音乐教育。如果提倡对音乐的非音乐体验，它就不可能成为音乐教育。”[③]这种观点关注的是音乐自身形态对人的情感所起的作用，认为这种对音乐的体验才是审美的，而忽略了音乐作品中所承载的社会语境的意义。即音乐教育的本质仍是情感教育，提高学生的审美经验是音乐教育的最终目标。

这10年中介绍、研究美国审美音乐教育哲学思想的论文主要有：覃江梅《从〈音乐教育的哲学〉三个版本述评雷默审美音乐教育哲学》[④]、覃江梅《“音乐教育即审美教育”——贝内特·雷默音乐教育哲学思想述评》[⑤]、郭小利《美国审美音乐教育哲学思想的历史演变》、[⑥]、王秀萍《论音乐教育的审美范

① 覃江梅：《当代音乐教育哲学研究——审美与实践之维》，上海音乐出版社2012年版，第82页。

② 覃江梅：《从〈音乐教育的哲学〉三个版本评述雷默审美音乐教育哲学》，《中央音乐学院学报》2008年第2期。

③ （美）雷默：《音乐教育的哲学》，熊蕾译，人民音乐出版社2003年版，第163页。

④ 覃江梅：《从〈音乐教育的哲学〉三个版本述评雷默审美音乐教育哲学》，《中央音乐学院学报》2008年第2期。

⑤ 覃江梅：《“音乐教育即审美教育”——贝内特·雷默音乐教育哲学思想述评》，《外国教育研究》2007年第11期。

⑥ 郭小利：《美国审美音乐教育哲学思想的历史演变》，《中国音乐学》2008年第2期。

式》[①]、覃江梅《为了情感的教育——美国音乐教育的审美精神内核》、[②]陈孝余、马艺宁《从纯粹体验到融合立场：雷默审美主义音乐教育哲学释论》[③]等，这些论文对美国审美音乐教育哲学思想发展演变的历史脉络和特点进行梳理和研究，对我国音乐教育界了解、研究美国审美音乐教育哲学思想有一定的帮助。

审美音乐教育哲学在21世纪初对我国音乐教育界产生了广泛的影响并得到认可。基于雷默的审美音乐教育哲学思想，2001年开始的新一轮基础教育音乐课程改革提出了"以审美为核心"的音乐教育理念，在教育部颁发的音乐教育法规文件《全日制义务教育音乐课程标准（实验稿）》中明确指出："音乐教育以审美为核心，主要作用于人的情感世界。""以音乐审美为核心的基本理念，应贯穿于音乐教学的全过程。"[④]像美国20世纪七八十年代那样，审美音乐教育哲学成为指导中国学校音乐教育发展的官方的、主流的音乐教育哲学。

赞成该观点的论文主要有：宋瑾《以审美为核心的音乐教育改革》[⑤]、王州《论"以音乐审美为核心"的音乐课程基本理念》[⑥]、田蕾《浅谈"体验"在雷默三种音乐教育哲学观中的表现》[⑦]、吴跃华等《试论音乐教育要"以音乐审美

---

① 王秀萍：《论音乐教育的审美范式》，《中国音乐学》2006年第2期。

② 覃江梅：《为了情感的教育——美国音乐教育的审美精神内核》，《外国中小学教育》2007年 第8期。

③ 陈孝余、马艺宁：《从纯粹体验到融合立场：雷默审美主义音乐教育哲学释论》，《新疆艺术学院学报》2013年第2期。

④ 中华人民共和国教育部：《全日制义务教育音乐课程标准（实验稿）》，北京师范大学出版社2001年版，第2—3页。

⑤ 宋瑾：《以审美为核心的音乐教育改革》，《中央音乐学院学报》2004年第4期。

⑥ 王州：《论"以音乐审美为核心"的音乐课程基本理念》，《2011中国广州·第二届音乐教育哲学学术研讨会暨传统音乐教育高端论坛论文集》，广州大学音乐舞蹈学院主办，2011年11月，第75—80页。

⑦ 田蕾：《浅谈"体验"在雷默三种音乐教育哲学观中的表现》，《2011中国广州·第二届音乐教育哲学学术研讨会暨传统音乐教育高端论坛论文集》，广州大学音乐舞蹈学院主办，2011年11月，第95—98页。

为核心”》[①]、陈国符《雷默〈音乐教育的哲学〉的启示》[②]、陈培刚《全球语境中“以审美为核心的音乐教育观”面临的挑战》[③]、周冰琦《音乐教育的哲学思辨——雷默〈音乐教育的哲学〉读后》[④]、吕琳《当代中国音乐教育哲学研究的现状与发展》[⑤] 等。

二、实践音乐教育哲学

20 世纪 90 年代中期以来，西方出现了以戴维·埃里奥特（David J. Elliott，1948—）为代表的实践音乐教育哲学与雷默的审美音乐教育哲学的音乐教育哲学思想争论与交锋。埃里奥特的实践音乐教育哲学的代表作《关注音乐实践：新音乐教育哲学》于 1995 年出版，中译本由齐雪、赖达富翻译，于 2009 年由上海音乐出版社出版。

戴维·埃里奥特现为美国纽约大学音乐教育系教授。他在《关注音乐实践：新音乐教育哲学》中反驳了雷默的音乐教育作为审美教育的音乐教育哲学观点。他主张的实践音乐教育哲学的基本观点“音乐是一种多样化的人类实践活动”[⑥]的命题是与当今世界多元文化格局的多元文化音乐教育哲学相适应的。埃里奥特说他之所以在这本书中将自己的观点称之为实践哲学，其原因是“实践”一词蕴含了一种重要的哲学思想，那就是：对音乐本质和价值的全面理解

---

① 吴跃华等：《试论音乐教育要“以音乐审美为核心”》，广西艺术学院学报《艺术探索》2006 年第 6 期。

② 陈国符：《雷默〈音乐教育的哲学〉的启示》，《南京音乐学院学报》（音乐与表演版）2005 年第 4 期。

③ 陈培刚：《全球语境中“以审美为核心的音乐教育观”面临的挑战》，《星海音乐学院学报》2008 年第 3 期。

④ 周冰琦：《音乐教育的哲学思辨——雷默〈音乐教育的哲学〉读后》，《音乐探索》2009 年第 1 期。

⑤ 吕琳：《当代中国音乐教育哲学研究的现状与发展》，上海音乐学院，硕士学位论文，2010 年 6 月。

⑥ David J. Elliott. Music Matters：A New Philosophy of Music Education [M]. New York：Oxford University Press，1995：45.

远比理解音乐作品更为重要。[①]埃里奥特认为音乐是一个行为和结果相互交织的活动，“实践”就表明人们所从事的音乐活动具有目的性、内容性和社会性。在这本书中埃里奥特想强调的是：“音乐”是一种具有目的性、环境性的特殊行为，因此，它能够揭示出一个人的个性以及与同一社会环境中他人的关系。“实践”告诉我们：应当在实际音乐表演活动、音乐听赏活动以及特定文化背景中去理解音乐。[②]

实践音乐教育哲学的出现结束了审美音乐教育哲学作为官方的、主流的音乐教育哲学一统局面。对我国音乐教育哲学思想的探讨产生了深远的影响。2005年，管建华《“审美为核心的音乐教育”哲学批评与音乐教育的文化哲学建构》[③]的公开发表，是我国实践音乐教育哲学与审美音乐教育哲学两种音乐教育哲学观论争的开始。文章直指音乐课程标准中的“以审美为核心”的音乐教育理念，认为：“‘审美为核心的音乐教育’的哲学基础是一种过时的普遍主义的哲学。”“国际音乐教育的哲学已经转向将‘音乐作为文化’的音乐教育文化哲学基础上。”提出了将音乐作为文化的音乐教育哲学与审美的音乐教育在哲学建构上的三个不同点。韩忠岭《音乐教育哲学导论》[④]认为该文意义重大和深远，一方面，它引导人们关注新课改以来教学实践层面的问题，对音乐课程标准在实践中所起的引领作用是一种监督和检验；另一方面，它引发了我国音乐教育界对音乐教育哲学的普遍关注和研究，为使我国音乐教育哲学逐渐形成一门学科体系奠定了基础。

管建华这篇对官方音乐教育哲学批评文章的发表，开启了音乐教育界学术争鸣的新局面，更多的学者开始关注音乐教育哲学问题，参与了这场讨论，涌现出一批成果。

---

① 在这里，埃里奥特实际上批判了雷默审美音乐教育哲学观将“音乐”等同于“音乐作品”，将“音乐是什么”和“音乐作品是什么”的问题混为一谈，将音乐教育中所使用的“音乐”作为一种客体来认识它的本质，一味强调对“音乐作品”的审美感知，而忽视了音乐创造活动过程中人的实践作用及其价值。

② 马达：《戴维·埃里奥特和他的实践音乐教育观》，《人民音乐》2009年第5期。

③ 管建华：《“审美为核心的音乐教育”哲学批评与音乐教育的文化哲学建构》，《中国音乐》2005年第4期。

④ 韩忠岭：《音乐教育哲学导论》，高等教育出版社2014年版，第91页。

（一）实践音乐教育哲学的介绍与分析

郭小利《从艾利奥特学术思想发展历程看北美音乐教育哲学思想之变迁》[①] 从埃里奥特的成长背景入手，探索其学术思想成长的五个阶段。管建华《埃里奥特的后现代音乐教育学思想》[②]认为埃里奥特提出的实践音乐教育哲学的基点是以多元文化为基础的音乐教育，他提出的“音乐是一种多样化的人类实践活动”这一命题就是要建立一种适应当今世界多元文化格局的多元文化音乐教育哲学。林红、管建华《埃里奥特音乐教育思想后现代转向的文化分析》[③]对埃里奥特2004年发表的“追忆国际音乐教育学会50年间四位名誉会长及对过去、现在和未来的一些反思”的文章作了详细的介绍，对文章中包括音乐现代性与后现代性五个方面的反思做了文化与学术背景的分析，认为埃里奥特在文章中明确提出的音乐教育的后现代转向，为音乐教育哲学研究提供了一种新的视角。

马达《戴维·埃里奥特和他的实践音乐教育观》[④]以作者应邀到纽约大学音乐教育系讲学与埃里奥特教授会谈取得的第一手资料为基础，介绍了埃里奥特教授的成长过程及他的实践音乐教育哲学的主要思想。朱玉江《从交往理论看音乐教育实践哲学》[⑤]从交往理论视角来审视实践音乐教育哲学，认为音乐教育是主体间性的交往实践活动，是对话与理解的过程，是蕴于生活世界。

埃里奥特参加“2009中国广州·音乐教育哲学学术研讨会”时，向会议提交了两篇书面论文《实践性音乐教育的基本主题、教学方法以及最新成

---

① 郭小利：《从艾利奥特学术思想发展历程看北美音乐教育哲学思想之变迁》，《艺术百家》2010年第5期。

② 管建华：《埃里奥特的后现代音乐教育学思想》，《中国音乐学》2004年第3期。

③ 林红、管建华：《埃里奥特音乐教育思想后现代转向的文化分析》，《中国音乐学》2011年第3期。

④ 马达：《戴维·埃里奥特和他的实践音乐教育观》，《人民音乐》2009年第5期。

⑤ 朱玉江：《从交往理论看音乐教育实践哲学》，《2011中国广州·第二届音乐教育哲学学术研讨会暨传统音乐教育高端论坛论文集》，广州大学音乐舞蹈学院主办，2011年11月，第59—64页。

果》[①]《作为专业活动的总体课程设计》;[②]第一篇论文进一步解释了实践音乐教育哲学的主要思想以及具体的音乐教学方法，第二篇论文《作为专业活动的总体课程设计》论述了实践性音乐课程的主要设计方式和要求。埃里奥特说这两篇论文是第一次介绍给中国读者，主要是让中国音乐教育工作者了解实践性音乐课程的具体教学方法和教学要求。

实践音乐教育哲学的另一个重要倡导者韦恩·鲍曼（Wayne D. Bowan），他是加拿大布兰顿大学音乐学院教授、著名音乐教育家，近年他多次来我国讲学，介绍实践音乐教育哲学思想研究的最新动态和前沿成果；由黄琼瑶等翻译的鲍曼论文集《变化世界中的音乐教育》[③] 2014 年 7 月在我国出版。黄琼瑶《鲍曼及其音乐教育哲学思想》[④]介绍了鲍曼的学术经历及主要学术思想，论述了鲍曼从九个方面对审美音乐教育哲学与实践音乐教育哲学思想的比较、分析和研究。管建华《鲍曼（Wayne D. Bowman）音乐教育实践哲学的新实用主义哲学趋向简析》[⑤]简要介绍了即将出版的鲍曼文集《变化中的世界的音乐教育》的内容，认为鲍曼的实践音乐教育哲学思想更接近后现代哲学的新实用主义部分，因此在学术的思考上更加前沿，也更为贴近当代哲学发展的背景。介绍鲍曼的文章还有詹燕君《"Praxis"，音乐教育哲学的另一种阐述方式——鲍曼博士上海音乐学院讲学纪实》,[⑥]尚建科《在众声喧哗中重构音乐教育哲学——韦恩·鲍曼著〈音乐的哲学视野〉述评》[⑦]等。

介绍国际实践音乐教育哲学学术活动和学术组织的论文主要有：覃江梅

---

① 戴维·埃里奥特：《实践性音乐教育的基本主题、教学方法以及最新成果》，郑隽逸译，马达、陈雅先：《当代音乐教育哲学论稿》，上海音乐出版社 2010 年版，第 3—9 页。

② 戴维·埃里奥特：《作为专业活动的总体课程设计》，赖达富译，马达、陈雅先：《当代音乐教育哲学论稿》，上海音乐出版社 2010 年版，第 10—20 页。

③ 韦恩·鲍曼（Wayne D. Bowman）：《变化世界中的音乐教育》，苏州大学出版社 2014 年版。

④ 黄琼瑶：《鲍曼及其音乐教育哲学思想》，《中国音乐》2007 年第 3 期。

⑤ 管建华：《鲍曼（Wayne D. Bowman）音乐教育实践哲学的新实用主义哲学趋向简析》，《中国音乐》2009 年第 3 期。

⑥ 詹燕君：《"Praxis"，音乐教育哲学的另一种阐述方式——鲍曼博士上海音乐学院讲学纪实》，《人民音乐》2007 年第 6 期。

⑦ 尚建科：《在众声喧哗中重构音乐教育哲学——韦恩·鲍曼著〈音乐的哲学视野〉述评》，《中国音乐》2013 年第 3 期。

《音乐教育哲学研究的前沿阵地——“五月组”及其行动理念与研究发展》,[①]文中介绍了当今国际著名的音乐教育哲学研究学术组织“五月组”（May Day Group），该组织的口号是“为了改变音乐教育而行动”。在这个大方针下，五月组确立了作为实践音乐教育哲学纲领性文献的七大行动理念。戴维·埃里奥特、韦恩·鲍曼、玛丽·麦卡锡等人都是五月组的核心人物。五月组拥有自己的门户网站（http：//www. maydaygroup. org）、行动理念，并不定期出版电子期刊，另外还有相关的专著专门阐述它的行动理念。该文对于中国音乐教育工作者了解当今国际最新的音乐教育哲学学术研究动态提供了有益的帮助。

对实践音乐教育哲学进行分析的论文还有：周正基《艾略特的实践音乐教育哲学解读》[②]、张业茂《论埃利奥特的实践思维——以 *Music Matters：New Philosophy of Music Education* 为例》[③]、李英玉《戴维·埃里奥特的“实践音乐教育哲学”思想及其启示》[④]、赵颖《〈关注音乐实践〉之后：关于〈实践的音乐教育：反思与对话〉的述评》[⑤]、赵慈琳《音乐教育哲学的批判性思考——〈音乐问题——新的音乐教育哲学〉基本观念解读》[⑥] 等。

（二）审美与实践两种音乐教育哲学观的比较与分析

覃江梅的专著《当代音乐教育哲学研究——审美与实践之维》是一部全面梳理审美音乐教育哲学与实践音乐教育哲学的力作，全书 5 个部分 12 章，主要以第一手英文资料为论据，详细描述、研究了西方审美音乐教育哲学与实践

---

① 覃江梅：《音乐教育哲学研究的前沿阵地——“五月组”及其行动理念与研究发展》，《2009 中国广州·音乐教育哲学学术研讨会论文集》，广州大学音乐舞蹈学院主办，2009 年 11 月，第 79—85 页。

② 周正基：《艾略特的实践音乐教育哲学解读》，《中国音乐》2009 年第 3 期。

③ 张业茂：《论埃利奥特的实践思维——以 *Music Matters：New Philosophy of Music Education* 为例》，《2009 中国广州·音乐教育哲学学术研讨会论文集》，广州大学音乐舞蹈学院主办，2009 年 11 月，第 117—123 页。

④ 李英玉：《戴维·埃里奥特的“实践音乐教育哲学”思想及其启示》，《教育科学》2010 年第 5 期。

⑤ 赵颖：《〈关注音乐实践〉之后：关于〈实践的音乐教育：反思与对话〉的述评》，中国音乐学院，硕士学位论文，2012 年 4 月。

⑥ 赵慈琳：《音乐教育哲学的批判性思考——〈音乐问题——新的音乐教育哲学〉基本观念解读》，《人民音乐》2009 年第 10 期。

音乐教育哲学的历史与发展，在第十一章“对两种范式的评价与反思”中，肯定了审美音乐教育哲学在历史上的作用，同时指出审美音乐教育哲学的问题与缺陷：“1. 音乐作为审美客体的存在；2. 否认了音乐所具有的社会历史文化因素；3. 审美经验脱离了日常经验；4. 审美观念依存于二元认识论；5. 审美哲学体现的是欧洲精英文化和大写的哲学（美学）文化。”[①] 评述了实践音乐教育哲学的积极影响：“1. 结束了长期以来一种哲学占主流的局面；2. 试图对音乐和音乐教育进行多维度的解读；3. 试图消融传统音乐教育哲学的二元对立边界；4. 突出地强调了多元文化音乐教育的必要性。”[②] 书中也指出了实践音乐教育哲学所存在的一些问题。最后，作者认为只有在保证中国音乐文化、传统精髓的基础上，在确保中国音乐文化主体地位的前提下，才可能建构适合中国实际的音乐教育哲学，在这方面，实践音乐教育哲学的视角无疑提供了有益的借鉴。

郭小利《北美“审美”与“实践”两大音乐教育哲学思想之比较研究》[③] 结合雷默三个版本的《音乐教育的哲学》分析，认为雷默“融合”立场下的“体验哲学”，将音乐体验作为情感体验，将音乐教育作为情感教育，本质上还是“审美”哲学。埃里奥特则将音乐视为开放性概念，注重音乐的人类参与性、目的性、实践性、文化性，以学生的发展为音乐教育的根本目标，将音乐教育视为“生命教育”“终身教育”，故属于人本主义教育的体现。覃江梅《当代音乐教育哲学研究中的几个问题》[④] 认为审美与实践两种音乐教育哲学研究范式的基础和理念截然不同，无法融合也没有必要融合；审美音乐教育哲学主要是从分析哲学（美学）的角度进行思辨论述，实践音乐教育哲学则试图从多个学科视野进行研究。

对这一问题进行论述的还有：王秀萍《从审美范式到反思性实践范式——

---

① 覃江梅：《当代音乐教育哲学研究——审美与实践之维》，上海音乐出版社 2012 年版，第 179—194 页。

② 同上，第 194—203 页。

③ 郭小利：《北美“审美”与“实践”两大音乐教育哲学思想之比较研究》，《音乐研究》2008 年第 5 期。

④ 覃江梅：《当代音乐教育哲学研究中的几个问题》，《2011 中国广州·第二届音乐教育哲学学术研讨会暨传统音乐教育高端论坛论文集》，广州大学音乐舞蹈学院主办，2011 年 11 月，第 30—36 页。

历史视域中的音乐教育范式转换研究》[①]、覃江梅《音乐教育哲学的审美范式与实践范式》[②]、朱玉江《音乐教育主体性哲学范式及其批判》[③]、于晓晶《后哲学文化为基础的学校音乐教育》[④]、徐敦广《后现代语境中审美现代性思想批判——从20世纪美国音乐教育哲学谈起》[⑤]等。

三、其他多元的音乐教育哲学观

近年，除了审美音乐教育哲学观和实践音乐教育哲学观的讨论外，还有一些论著涉及其他多元的音乐教育哲学观，如文化的音乐教育观、兼容的音乐教育观、功能的音乐教育哲学观、音乐创造为核心的音乐教育哲学观等。

刘沛《音乐教育哲学观点的历史演进——兼论多维度音乐课程价值及逻辑起点》[⑥] 梳理分析了西方六种主要音乐教育哲学观的形成及其理论和实践意义，认为有关音乐教育价值的不同观点，在实践中左右着对音乐教育的功能和目的的认识以及相关的行为，澄清音乐教育的哲学观点，有助于全面地审视和论证音乐课程的价值，从而更好地指导音乐教学实践。该文有助于我国音乐教育界了解西方音乐教育哲学的主要理念，是10年前发表的一篇重要文章。

（一）文化的音乐教育哲学观

文化的音乐教育哲学观是以文化人类学理论为基础，在当今国际上重视多元文化教育的大背景下，提出应将“音乐作为一种文化”来传授的观点，从“文化价值相对论”的角度强调文化差异的合理性。其代表人物是著名音乐人

---

① 王秀萍：《从审美范式到反思性实践范式——历史视域中的音乐教育范式转换研究》，《中国音乐学》2008年第3期。

② 覃江梅：《音乐教育哲学的审美范式与实践范式》，《中国音乐》2008年第1期。

③ 朱玉江：《音乐教育主体性哲学范式及其批判》，《音乐探索》2012年第4期。

④ 于晓晶：《后哲学文化为基础的学校音乐教育》，南京师范大学，博士学位论文，2011年3月。

⑤ 徐敦广：《后现代语境中审美现代性思想批判——从20世纪美国音乐教育哲学谈起》，《外国教育研究》2009年第6期。

⑥ 刘沛：《音乐教育哲学观点的历史演进——兼论多维度音乐课程价值及逻辑起点》，《中国音乐》2004年第4期。

类学家、美国伊利诺伊大学教授布鲁诺·内特尔（B. Nettl，1930—），管建华《后现代音乐教育学》中介绍了内特尔的观点："所有音乐人类学家相信对于音乐最好的理解是把它作为文化的一个方面，音乐是文化的一部分。"[①]管建华教授也是该观点的积极倡导者，他涉及文化的音乐教育哲学理论研究的成果主要有：著作《后现代音乐教育学》《世纪之交：中国音乐教育与世界音乐教育》，[②]论文《后哲学文化与音乐教育文化哲学》[③]《音乐文化哲学与音乐教育哲学思想》[④]《当代社会文化思想转型与音乐教育》[⑤]等。

（二）兼容的音乐教育哲学观

崔学荣《兼容的音乐教育哲学观——基础音乐教育实践的行动指南》[⑥] 通过分析对我国音乐教育产生影响的六种不同的音乐教育哲学观，即"美育论音乐教育哲学""审美的音乐教育哲学和以审美为核心的音乐教育哲学""实践的音乐教育哲学""功能的音乐教育哲学""文化的音乐教育哲学""以音乐创造为核心的音乐教育哲学观"，分析各种音乐教育哲学观的不同立场及其哲学主张的合理性、片面性与兼容性，主张用兼容的音乐教育哲学观作为基础音乐教育实践的行动指南；而这种兼容的音乐教育哲学观的基点是"音乐审美为核心"，作者认为其他几种音乐教育哲学观都是针对审美的和"音乐审美为核心"的音乐教育哲学观而提出的，都是对审美音乐教育哲学的有力补充。因此，只有立足"音乐审美为核心"这一教育观，突出音乐学科特点，兼容并蓄其他各种音乐教育观的精华，音乐教育与其他学科相比才会有安家立身之本。

---

① 管建华：《后现代音乐教育学》，陕西师范大学出版社 2006 年版，第 256 页。

② 管建华：《世纪之交：中国音乐教育与世界音乐教育》，南京师范大学出版社 2002 年版。

③ 管建华：《后哲学文化与音乐教育文化哲学》，《星海音乐学院学报》2005 年第 5 期。

④ 管建华：《音乐文化哲学与音乐教育哲学思想》，《2011 中国广州·第二届音乐教育哲学学术研讨会暨传统音乐教育高端论坛论文集》，广州大学音乐舞蹈学院主办，2011 年 11 月，第 13—21 页。

⑤ 管建华：《当代社会文化思想转型与音乐教育》，《中国音乐》2008 年第 2 期。

⑥ 崔学荣：《兼容的音乐教育哲学观——基础音乐教育实践的行动指南》，《中国音乐》2008 年第 2 期。

（三）功能的音乐教育哲学观

功能的音乐教育哲学观的代表人物是美国明尼苏达大学音乐学院教授保罗·哈克（Hacck Paul）。它是基于“儿童中心”的一种哲学观。功能音乐教育是针对审美音乐教育中所存在的一些问题而提出的，认为音乐教育中除了审美音乐教育哲学所强调的“为艺术而艺术”的审美功能外，还应关注到其他多种功能（如美国音乐人类学家梅里亚姆提出的音乐的十种功能）。哈克教授指出：“功能音乐教育的要点，旨在培养学生具备有关音乐的功能的素养。我们还强调，情感意识及感情性质的教育，是发掘审美功能的要点。”“必须帮助年轻人（实际上应该是所有人）理解音乐对人类行为的多种影响，以及音乐在社会中的多种功能，使他们能够使用音乐的高尚的功能，更有效地满足他们日常生活中的需求和挑战，使他们能够避免当今技术文化中音乐的消极社会效应。”[①]对功能音乐教育进行研究的论文主要有李渝梅、李方元《解读“功能音乐教育”——读书札记：关于当前美国音乐教育理念之一》，[②]该文认为功能音乐教育将音乐定位于“学校的基础学科”，超越了音乐审美教育，音乐教育的目标之一是帮助学生选择和策划“他们自己的声音世界”，同时亦尖锐和有节制地批评了音乐审美教育。功能音乐教育有两个重要贡献：一是提醒人们关注两个领域——人内部的情感世界和外部社会的声音世界；二是提醒人们必须进行情感的批判和音乐的批判。

（四）音乐创造为核心的音乐教育哲学观

该哲学观从当代创新性音乐人才培养的角度出发，提出将音乐创造贯穿于音乐教学实践的全过程。代表人物是我国著名学者王耀华教授，他在《音乐创造为核心的音乐教育哲学观》[③]中阐述了这一理念，指出以音乐创造为核心的音乐教育，指的是将“创造”贯穿于音乐教育的音乐创作、音乐表演和音乐鉴赏的全部实践过程，使师生同为音乐的创造者、音乐教育的双主体，在观念、

① （美）保罗·哈克：《走向功能音乐教育》，刘沛译，《人民音乐》2002年第11期。

② 李渝梅、李方元：《解读“功能音乐教育”——读书札记：关于当前美国音乐教育理念之一》，《中国音乐》2005年第4期。

③ 王耀华：《音乐创造为核心的音乐教育哲学观》，《中国音乐教育》2007年第7期。

行为、能力方面得以健全发展。这里的“创造”，既包括音乐美的创造（审美创造、立美创造），又包括音乐文化创造，还包括音乐功能创造。

这一音乐教育哲学观的提出，符合当今基础教育音乐课程改革的指导思想，将培养学生创新精神和提高音乐实践能力作为音乐教学的一个重要目标。同时，该观点包容了审美哲学、实践哲学、文化哲学、功能哲学的观念，体现了多元的兼容性。

四、围绕基础教育音乐课程改革的音乐教育哲学观讨论

随着音乐教育哲学思想讨论的深入，一些学者围绕基础教育音乐课程改革的发展展开了讨论。上文提到的管建华在《“审美为核心的音乐教育”哲学批评与音乐教育的文化哲学建构》中从学理层面提出的审美音乐教育哲学“过时”论和国际音乐教育哲学“转向”的观点引起不同的看法和争鸣。

王安国《提炼“自己时代精神的精华”——对“音乐教育哲学”问题研讨的两点认识》[①]一文针对近年一些文章中提出的审美音乐教育哲学已经“过时”，国际上音乐教育“审美哲学”已向“实践哲学”“文化哲学”“转向”的看法提出质疑，认为由于不同国家、不同民族教育的文化传统与国情存在的巨大差异，音乐教育哲学的“转向”不具有普遍性。对音乐教育哲学问题的研讨，要从中国国情出发，遵循中华民族近代和当代思想文化演进的客观规律。音乐教育哲学问题研讨的基点，应放在对“自己时代”和“自己时代精神”的深刻认识和准确把握上。

与该观点一致看法的论文有廖家骅《审美教育过时了吗——多元音乐教育哲学思潮刍议》，[②]该文认为审美教育哲学、实践教育哲学和文化教育哲学都可以为我们提供有益的启迪和思考，但是由于社会制度、文化传统、乃至民族心理等方面的差异性，照搬照套这些洋哲学显然不符合中国的国情。通过分析“以音乐审美为核心”的历史发展和演变，作者坚定认为：音乐审美教育不仅

---

① 王安国：《提炼“自己时代精神的精华”——对“音乐教育哲学”问题研讨的两点认识》，《人民音乐》2012 年第 2 期。

② 廖家骅：《审美教育过时了吗——多元音乐教育哲学思潮刍议》，《中国音乐教育》2011 年第 6 期。

没有过时，而且应该成为我国音乐教育工作的重要手段。

对于“以音乐审美为核心”理念探讨的论文较多，大多数论文认为“以音乐审美为核心”的音乐教育哲学观符合我国国情，必须坚持。宋秀全《对以“审美为核心”音乐教育哲学理念的思考》①认为国内“以审美为核心”的音乐教育哲学观与西方统一性、封闭性、排他性的审美音乐教育哲学是不同的，它有着一种非常明显的追求多元化、开放化的倾向，它既是对传统历史文化的继承与发扬，又是对外来文化的借鉴与吸收。衡蓉蓉《以审美为核心与多元文化视野——当前我国音乐教育哲学的理论分野浅析》②认为当前我国以审美为核心的音乐教育的提法，实际上是20世纪初蔡元培所主张“美育”认识的深化，蔡元培所主张的美育观是通向伦理道德教育的；当前我国的音乐教育在坚持美育的综合教育实践下，照样可以坚持以审美为核心。邓兰《实践还是审美——“二元对立”批判范式下中国音乐教育的困惑》③认为“审美”与“实践”绝不是相互对立的两者，而无论从中国的音乐教育现实出发，还是就音乐教育的内在品质而言，中国音乐教育必须要坚持审美的本质属性。

有学者在肯定“以音乐审美为核心”的音乐教育哲学观的同时，也指出其局限性。齐易《以音乐审美为核心”教育理念的阶段性进步意义及其局限性》④认为这一理念的提出，对于强调音乐教育的重要地位和作用，及力争将“美育”正式写进国家教育方针的表述中来说，有其历史阶段性的进步意义。但也存在局限性，把审美提高到音乐教育“核心”的地步，这种提法的前提是认为所有的音乐都是为“审美”而存在、必然通过“审美”去感受的，这是一个不符合实际的伪前提。

---

① 宋秀全：《对以“审美为核心”音乐教育哲学理念的思考》，《2009中国广州·音乐教育哲学学术研讨会论文集》，广州大学音乐舞蹈学院主办，2009年11月，第140—145页。

② 衡蓉蓉：《以审美为核心与多元文化视野——当前我国音乐教育哲学的理论分野浅析》，《南京艺术学院学报》（音乐与表演版）2006年第4期。

③ 邓兰：《实践还是审美——“二元对立”批判范式下中国音乐教育的困惑》，《2011中国广州·第二届音乐教育哲学学术研讨会暨传统音乐教育高端论坛论文集》，广州大学音乐舞蹈学院主办，2011年11月，第65—68页。

④ 齐易：《以音乐审美为核心的教育理念的阶段性进步意义及其局限性》，《2009中国广州·音乐教育哲学学术研讨会论文集》，广州大学音乐舞蹈学院主办，2009年11月，第74—78页。

有学者认为可以借鉴审美、实践等西方音乐教育哲学思想，正确看待各种音乐教育哲学的价值，这样才能有效发挥音乐教育哲学对于教育实践的指导作用。主要论文有：罗凌《音乐教育哲学论争的后现代思考》,① 王红艳《论音乐教育哲学对我国基础音乐教育的影响》,② 李飞飞、尹爱青《音乐教育哲学：转向与反思》③ 等。

姬晨《从课程标准修订探索我国基础音乐教育的哲学观》④通过分析和对比 2001 年和 2011 年两版《全日制义务教育音乐课程标准》，认为 2011 年版“音乐课程标准”在总结课改实践经验的基础上，坚持“以音乐审美为核心”的基本理念，借鉴吸收了近年来国内外音乐教育理论研究的最新成果，既强化音乐课程改革中的有益探索，也务实地进行了一定的修正。首先，2011 年版课标开拓性地界定了音乐课程的三个性质：人文性、审美性和实践性，全面涵盖了当前音乐教育哲学的重要学说。其次，2011 年版的五条“课程基本理念”是音乐教育哲学思想高度凝结的产物。廖家骅《深化教改的重要文献——〈音乐课程标准（2011 年版）〉学习札记》⑤认为修订稿能够在众说纷纭的音乐教育哲学思潮中，坚守国民音乐教育阵地，坚持“以音乐审美为核心”的基本理念，显然是把握了基础音乐教育的正确导向，为今后音乐教改的深入发展提供了必要的保证。

五、有关如何建立中国特色音乐教育哲学体系的讨论

在讨论中，如何建立具有中国特色的音乐教育哲学体系成为学者们关注的一个重要问题。绝大多数学者认为，中国音乐教育哲学的建立必须根据我国国情，立足于我国优秀的文化传统，同时借鉴西方音乐教育哲学中适合于为我所

---

① 罗凌：《音乐教育哲学论争的后现代思考》，《艺术评论》2012 年第 8 期。

② 王红艳：《论音乐教育哲学对我国基础音乐教育的影响》，《中国音乐》2010 年第 4 期。

③ 李飞飞、尹爱青：《音乐教育哲学：转向与反思》，《人民音乐》2011 年第 6 期。

④ 姬晨：《从课程标准修订探索我国基础音乐教育的哲学观》，《音乐研究》2012 年第 4 期。

⑤ 廖家骅：《深化教改的重要文献——〈音乐课程标准（2011 年版）〉学习札记》，《中国音乐教育》2012 年第 3 期。

用的成果。

郭玮《审美哲学还是实践哲学？——Bennett Reimer与David J. Elliott音乐教育哲学思想的比较》[①]通过雷默与埃里奥特音乐教育哲学思想的分析、比较，认为要建构中国音乐教育哲学，就必须把音乐教育置于本国音乐文化历史及教育结构的大背景上。我们了解西方哲学，应该看到它们代表不同的国情、不同的声音、不同的文化。同样，中国音乐教育哲学也应该是代表中国文化特质的一种观点。刘倩男《“审美”与“实践”音乐教育哲学思想对我国音乐教育的现实指向》[②]认为西方对待音乐教育的哲学态度不能成为我国音乐教育改革的唯一标准。我们应选择其合理成分渗透到我国的音乐教育实践活动中，而不是“拿来主义”似的生搬硬套。较多学者赞成这个观点，如：王红艳《论音乐教育哲学对我国基础音乐教育的影响》、[③]柳良《对美国当代音乐教育哲学观念的若干思考》、[④]吴跃华《两岸猿声啼不住，轻舟已过万重山——〈当代音乐教育哲学研究〉读后》[⑤]等。

管建华《音乐文化哲学与音乐教育哲学思想》[⑥]提出中国音乐教育哲学思想的建立应以中国文化哲学为基础，即包含天道的生态音乐教育哲学实践，人道的人文哲学实践以及和谐发展的和而不同的多元文化音乐教育哲学实践。杨

① 郭玮：《审美哲学还是实践哲学？——Bennett Reimer与David J. Elliott音乐教育哲学思想的比较》，《星海音乐学院学报》2007年第3期。

② 刘倩男：《“审美”与“实践”音乐教育哲学思想对我国音乐教育的现实指向》，《2011中国广州·第二届音乐教育哲学学术研讨会暨传统音乐教育高端论坛论文集》，广州大学音乐舞蹈学院主办，2011年11月，第69—74页。

③ 王红艳：《论音乐教育哲学对我国基础音乐教育的影响》，《2011中国广州·第二届音乐教育哲学学术研讨会暨传统音乐教育高端论坛论文集》，广州大学音乐舞蹈学院主办，2011年11月，第85—90页。

④ 柳良：《对美国当代音乐教育哲学观念的若干思考》，《2011中国广州·第二届音乐教育哲学学术研讨会暨传统音乐教育高端论坛论文集》，广州大学音乐舞蹈学院主办，2011年11月，第91—94页。

⑤ 吴跃华：《两岸猿声啼不住，轻舟已过万重山——〈当代音乐教育哲学研究〉读后》，《人民音乐》2014年第7期。

⑥ 管建华：《音乐文化哲学与音乐教育哲学思想》，《2011中国广州·第二届音乐教育哲学学术研讨会暨传统音乐教育高端论坛论文集》，广州大学音乐舞蹈学院主办，2011年11月，第13—21页。

静、管建华《但昭义钢琴教育的音乐教育学研究》[①]以个案研究为例，深入阐述了中国音乐教育中的实践问题，认为但昭义的教育思想、文化精神继承了中国传统文化的优秀品格，并通过他的教育实践建构了他的教育思想与精神。

代百生《音乐美育：中国音乐教育思想的发展主线》[②]通过梳理我国学校音乐教育发展历程，认为"音乐美育"一直是中国音乐教育思想发展的主线，这种音乐美育思想不同于西方"音乐审美教育哲学"之重点关注音乐的内在价值的音乐学科本位价值观，除了纯粹的审美教育以外，更看重音乐的非本体价值，强调其辅助德育的工具价值和社会功能，充满了实用主义的功利性色彩。其所以能够长期占据"正统"地位，是文化历史的惯性以及现代中国社会发展与国家教育方针的要求。正确认识音乐美育的内涵，将有助于建立中国特色的音乐教育哲学理论。

对于中国传统音乐文化思想的探讨应是构建中国特色音乐教育哲学理论的一个重要方面。这方面的论文主要有：谢嘉幸、包原铱《中国古代哲学思想对当代音乐教育可能的启示》，[③]该文力图从儒、释、道三个中国古代文化思想中，为当代中国音乐教育寻找可能的哲学支柱。阐述了儒家的人格教育，道家的道法自然、天人合一，佛家的唯识论等哲学思想，同时回顾近代以蔡元培"美育代宗教"为代表的思潮对古代思想的继承、结合与运用。在反思古代哲学时，指出今天音乐教育的两个重大缺失，即：高文化形态的缺失，以及更为严重的，音乐作为人的整体生存状态的缺失。

周凯模《中国本土"乐教"哲学与民间"乐教"传承——兼议古代"多元

① 杨静、管建华：《但昭义钢琴教育的音乐教育学研究》，《中国音乐》2012 年第 3 期。

② 代百生：《音乐美育：中国音乐教育思想的发展主线》，《2011 中国广州·第二届音乐教育哲学学术研讨会暨传统音乐教育高端论坛论文集》，广州大学音乐舞蹈学院主办，2011 年 11 月，第 22—29 页。

③ 谢嘉幸、包原铱：《中国古代哲学思想对当代音乐教育可能的启示》，《2009 中国广州·音乐教育哲学学术研讨会论文集》，广州大学音乐舞蹈学院主办，2009 年 11 月，第 20—24 页。

化”教育思想的当代续接》[①]认为中国古代“乐教”哲学观念一直在民间“乐教”活动中承传；当今“后现代”强调的“多元化”或“跨学科”等教育理念，历来是中国古代“乐教”哲学和当下民间“乐教”事实一以贯之“多元一体”的本土文化特点。文中进一步指出，中国“乐教”哲学与民间“乐教”传承“多元培育”方略与事实，是“中国音乐母语主体建设”的重要历史学脉。如何在更加广泛的多元民间“乐教”事实中追寻到中国“乐教”哲学精髓的思想血脉？这都是当代学者真正需要脚踏实地去深入调查研究的事。

崔学荣《中国传统音乐文化的思维方式探析》[②]认为中国传统音乐文化在中国哲学“天人合一”“中和”等思想影响下形成了中国人独特的思维方式。中国传统音乐文化的审美思维方式表现为“纵向”“横向”“全观”“内化”四个方面。

邓晴南《试论中国传统音乐教育的哲学基础》[③]指出研究中国传统音乐教育的哲学问题必须从中国传统文化着手，在此认识基础上提出传统音乐教育是以“体用如一”的思维定式为其哲学基础，“文以载道”为其音乐教育目的，兼以“礼乐并重”的音乐教育价值取向，“知行相即”的教育过程，“口传心授”的教育形式，同时强调音乐的“和谐”“意象”之审美，共同构成了中国传统音乐教育的哲学范畴。

褚灏《中国古代乐教思想与当代音乐教育哲学构建》[④]认为在古人看来，“和”与“乐”是音乐教育最根本的性质，而“致和”是音乐教育最重要的功能和目的，这应该成为构建当代音乐教育哲学的立足点。张业茂《音乐教育价

① 周凯模：《中国本土“乐教”哲学与民间“乐教”传承——兼议古代“多元化”教育思想的当代续接》，《中国音乐学》2012年第3期。该文在《2011中国广州·第二届音乐教育哲学学术研讨会暨传统音乐教育高端论坛论》上宣读，广州大学音乐舞蹈学院主办，2011年11月。

② 崔学荣：《中国传统音乐文化的思维方式探析》，《2011中国广州·第二届音乐教育哲学学术研讨会暨传统音乐教育高端论坛论文集》，广州大学音乐舞蹈学院主办，2011年11月，第121—130页。

③ 邓晴南：《试论中国传统音乐教育的哲学基础》，《东北师大学报》（哲学社会科学版）2013年第1期。

④ 褚灏：《中国古代乐教思想与当代音乐教育哲学构建》，《南京艺术学院学报》（音乐与表演版）2013年第3期。

值论》[1]以中国传统文化中的“和谐”为基点，提出了“以乐教和”的音乐教育哲学观。

研究以孔子为代表的儒家音乐审美教育思想，对于今天我们讨论如何建构中国音乐教育哲学思想有一定的启发作用，这一方面的论文有：马东风《孔子的音乐实践及其审美教育思想》[2]、毕红艳《深窥“六艺”，浅探孔子音乐教育哲学》、[3]黄志江《〈乐记〉的音乐教育理论与儒家哲学思想》[4]等。

总结以上观点，姬晨《从课程标准修订探索我国基础音乐教育的哲学观》[5]认为我国学校音乐教育实施的哲学观应该是兼收古今中外音乐教育哲学思想于一体，吸收我国传统音乐教育哲学思想，借鉴国外音乐教育哲学成果，并结合我国教育实际的开放性学说。

结　语

纵观我国近10年来的音乐教育哲学的研究，主要有以下几个特点：

（1）2009年至2011年以音乐教育哲学为主题的三次国际性研讨会的召开，标志着音乐教育哲学已成为中国音乐教育学学术研究的一个重要领域。国际著名音乐教育哲学家戴维·埃里奥特、玛丽·麦卡锡参加会议，以及韦恩·鲍曼的来访，与中国学者进行面对面的交流，这进一步增进了中国音乐教育界对国际前沿学术动态的了解，同时与他们建立了长期友好的联系。

（2）音乐教育哲学研究的论著较10年前有了较大幅度的增加，出现了一批较为优秀的成果。据“中国知网”查询，1993年至2003年，公开发表的有

---

① 张业茂：《音乐教育价值论》，华中师范大学出版社2012年版，第198页。

② 马东风：《孔子的音乐实践及其审美教育思想》，《2011中国广州·第二届音乐教育哲学学术研讨会暨传统音乐教育高端论坛论文集》，广州大学音乐舞蹈学院主办，2011年11月，第103—106页。

③ 毕红艳：《深深窥“六艺”，浅探孔子音乐教育哲学》，《2011中国广州·第二届音乐教育哲学学术研讨会暨传统音乐教育高端论坛论文集》，广州大学音乐舞蹈学院主办，2011年11月，第107—110页。

④ 黄志江：《〈乐记〉的音乐教育理论与儒家哲学思想》，《文化学刊》2010年第4期。

⑤ 姬晨：《从课程标准修订探索我国基础音乐教育的哲学观》，《音乐研究》2012年第4期。

关音乐教育哲学的论文有28篇，2004年至2014年（统计至7月为止）有538篇，近10年发表的音乐教育哲学论文是2003年之前10年发表的论文的19.21倍，这一数字表明，有更多的学者意识到该课题研究的重要性，这近10年间发表的音乐教育哲学论文不但在数量上增多，同时在论文的质量上也有了较大提高。更为可喜的是出现了一批以音乐教育哲学为选题的博士、硕士学位论文，目前已公开出版的博士论文有：覃江梅《当代音乐教育哲学研究——审美与实践之维》、张业茂《音乐教育价值论》、韩忠岭《音乐教育哲学导论》。随着我国博士、硕士研究生教育的发展，一批中青年学者正在成长，这些人已成为音乐教育哲学研究队伍的骨干力量。由此，已形成一支老、中、青相结合的音乐教育哲学研究队伍。

（3）开启了良好的学术争鸣氛围。在音乐教育界，从来没有像这近10年这样，能够向代表官方音乐教育哲学思想的"审美为核心的音乐教育"哲学观展开针锋相对的尖锐批评和争鸣。这得益于改革开放之后学界形成的学术自由的好风气。音乐批评是推动音乐理论研究深化的"催化剂"，它已成为当今学术研究的一个基本理念，通过音乐批评和学术争鸣来推动音乐教育哲学学术研究的深入发展。

（4）对于如何建立中国特色的音乐教育哲学体系，尽管有许多学者已经开始关注这个问题，也发表了一批有关论著，但真正能在学理层面上经得起实践检验的，具有科学性、逻辑性、体系性的理论成果还未出现。虽然我国音乐教育哲学研究还处在起步阶段，但从目前的研究现况来看，已具有了良好的开端，我们期待着在不远的将来能够创立具有中国特色的、符合中国国情的音乐教育哲学体系，以此来指导中国音乐教育的实践。

（原载《星海音乐学院学报》2015年第1期）

古琴语境与中国乐理话语体系认同

◎陈雅先*

摘　要： 本研究观察当下琴人习琴中运用减字谱、简谱、五线谱或综合参照谱所形成的琴风，对比琴曲结构、节奏、板眼、韵味等的差异，揭示基于古琴语境中的琴曲乐理属性，从古琴音乐文化所呈现的中国传统乐理叙事方式中，认识中国乐理话语体系。琴乐之“活”法是以文人琴为精神内核，以减字谱为载体的艺术思想、音乐行为、情感体验、打谱意义阐释。以汉字为基础的减字谱与以音的高低长短为基础元素的五线谱属不同类型的谱式，有不同的功用侧重点，其中蕴含的不同乐理属性对古琴传承样态具有异质文化意义。减字谱“活”的乐理属性具有琴乐的“活”法价值意义。认同中国文人音乐语言表达的本源性，将克服建立在西方乐器语境中的片面乐理认知。

关键词： 古琴语境；中国乐理；话语体系

古琴音乐蕴藏着中华民族的文化基因、价值观念、心理结构、气质情感等核心因素，“减字谱”是由中国汉字演化形成的“文字谱”，谱字文本对琴乐取音的徽位、音高、弦序、指法、琴调、琴意进行全方位的描述。减字谱由无标识节拍节奏的谱字构成，给予了琴人打谱过程中独具个性的自我表达空间，是承载古琴音乐文化精髓的重要载体。古琴音乐涵盖了包括琴调系统在内的中国传统音乐基础理论。挖掘古琴文化内在音乐特征，考察古琴减字谱乐理属性，构建琴学文化语境中的古琴乐理内容框架，是基于古琴语境的中国乐理话语体

---

* 陈雅先，女，福建师范大学协和学院教授，广州大学音乐舞蹈学院教授。

系认识诉求。古琴语境中的中国乐理话语体系研究，将蕴含于古琴减字谱中的中华传统文化基因根植于中国传统乐理学科系统，意在坚守古琴传承中的中华传统音乐文化话语权。古琴作为中国传统乐理的基础语境，以减字谱为载体的乐理话语习得，既包含中外乐理内容共性，又富有琴学文化为背景的中国乐理特点。以古琴语境中的中国乐理话语对琴曲、琴人、琴事中的音乐现象进行深描，将呈现中国文人音乐的独特话语特征与价值。

音乐文化因谱式载体的不同功用呈现出独有的文化属性。因此谱式的使用与琴乐的“活”法密切相关，是琴乐“活”态的核心。当下，琴乐传习中存在简谱、五线谱、减字谱共用的参照谱式，琴乐的“活法”呈现新的样态，发生了质的变化。分析减字谱、五线谱、简谱“定”与“活”等的谱式功用差异，对古琴文化价值认同具有重要意义。谱式的使用需要考察其音乐制作功用。本研究以中国乐律学、语言学、音韵学的理论视角，通过查阅目前出版的古琴教材以及研究论著中所使用的谱式，观察当下学校、琴社、琴馆、雅集活动中，琴人习琴运用减字谱、简谱、五线谱或综合参照谱所形成的琴风，通过记录对比不同版本的琴曲音响，分析琴曲结构、节奏、板眼、韵味等的差异，揭示不同谱式在琴曲演奏中的乐理属性，从古琴语境呈现的中国传统乐理叙事方式中，认同中国乐理话语体系，进而认识古琴文化价值。

目前刊印的琴曲文本，主要使用减字谱、简谱、五线谱三种谱式，其中以减字谱与简谱两种参照谱式文本居多，[①]传习者在使用中，也有三种基本方式：

1. 放弃减字谱，只使用简谱或五线谱；

2. 采用减字谱与简谱并用或减字谱与五线谱并用；

3. 仍然只使用减字谱。

当下古琴习琴者大多采用减字谱与简谱或减字谱与五线谱并用的文本，广州市七木琴社的传习方式中，古琴的减字谱是学琴的指法辅助工具，琴家对音符时值进行断句并参照简谱或五线谱时值记谱法，按照已经打好谱的固定谱本教学。[②]在广州大学艺术实践古琴剧目课程中印发使用的乐谱，均为减字谱与

① 参见李祥霆等主编：《古琴考级曲集》，人民音乐出版社 2010 年版。

② 参见马达等主编：《地域文化与岭南传统音乐传承研究》，中国社会科学出版社 2016 年 3 月版，第 33—34 页。

简谱的参照谱，[①]而在使用过程中用减字谱标注的指法徽位作为演奏法参照，只看简谱的习琴者居多。简谱，是用数字表示音高音级的一种简化的音乐记谱法，与五线谱的记谱意义相通，对于大多数没有经过专门的音乐训练的习琴者是替代五线谱读谱的较为简单易学的谱式。简谱与五线谱同属为呈现固定音高、节奏等音乐要素的一类谱式，可视为“定谱”或“死谱”。减字谱可视为古琴专用的“活谱”，该谱式细致地标明了古琴上的百余种左右手演奏技法，但没有可供视唱音高的唱名，不弹古琴的人无法通过阅读减字谱认识琴曲音乐的音高、节奏等基本音乐要素。“定谱”与“活谱”两类谱式记谱法“所指”侧重点不同，自然也呈现出不同的音乐“能指”功用。[②]

一、三种谱式的功用差异涉及琴乐“活”法的异质意义

中西乐器具有各自独特的音乐语言体系和情感表达语境，乐理则基于器乐原理而归理。古琴有别于钢琴，中西两种不同乐器语境充分体现在文化意境与音乐律制两个基本面：其一，古琴减字谱的“活”与钢琴五线谱的“定”；其二，古琴的五度相生律、纯律共存与钢琴的十二平均律。由古琴实况而归理构成的古琴乐理话语体系，描绘着琴乐琴曲的独特“活”法。

（一）按谱寻声——减字谱的演奏“能指”

减字谱是细致记录演奏方法和过程的简化文字谱，五线谱或简谱忠实地记录音乐的音高、节奏等音乐要素，减字谱突出了记录音乐旋律产生即取音的方法和过程的功能，而五线谱或简谱使拍有定值、音有定高。减字谱将古琴音乐的演绎过程描述的十分透彻，构成减字谱结构的原理是将描述左右手演奏技法要求的文句记录缩减、提炼、重组成为新的方块字，用以引导操缦过程琴“韵”的生成，对于研究古琴文化有极高的价值和意义，是古琴或中国传统音

① 时间：2017年3月2日，地点：广州大学音乐舞蹈学院410教室，调研人：广州大学音乐舞蹈学院2016级研究生张楚雪。

② “能指”和“所指”都是语言学术语。“能指”指语言的声音形象，“所指”指语言所反映的事物概念。本文认为，不同谱式中的音乐符号均由“能指”和“所指”构成，“能指”指谱式符号的音高形象，“所指”指音的文化概念。

乐所独有的。与近代乐器记谱中的五线谱或简谱不同，产生于唐朝的“减字谱”不仅反映出古琴音乐的音高、音律，还对乐音产生的过程详细标注，将一段描述左右手弹奏方法、弦序、徽分、音乐处理的文字语句缩减成一个新的字符，而这种缩减浓缩了一段文句的信息比五线谱或简谱对音乐的记载信息更加丰富。由此按谱循声，实现了中华汉文化传统与古琴这一特定的“器”和“乐”的文化记忆记谱文本的最高的契合度，是中国传统文人追求操缦琴意的必然结果。抚琴者可以不懂音律、“不知音阶为何物”“无须认识音名，更无须辨认正声和变音”，只需按减字谱记录的弹奏方式去按谱循声，便能“自然取得各音的音准深入到变音”。[①]减字谱具有“无音高旋律的直觉”却有着使习琴者即便不懂音律也能在古琴上按谱循声，产生音体系的直觉，是其谱式功能的“能指”意义。五线谱或简谱的记谱法具有“旋律音高直觉”的普适性，适用于音乐作品的音高、音长、音强等要素的记谱，但却不具有如减字谱般全面细致记录琴乐产生过程等的文化意义。

谱例 1:《愔愔室琴谱——蔡德允手抄本》[②]

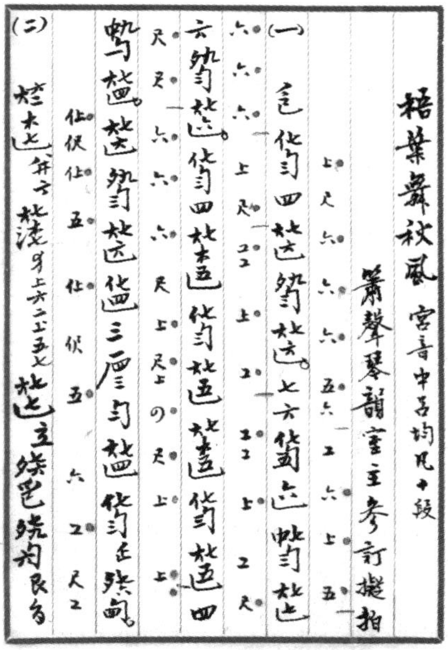

谱例 1 的减字谱右侧，标注的是中国民族器乐工尺谱。工尺谱大约产生于唐末，盛行于明清。[③]工尺谱记写了音的高低，呈现音乐旋律的骨干音框架，对于富有民间音乐特色的旋律即兴、加花和润饰变化省略不记，其目的是给予艺人演奏民间乐曲时情感和技艺释放发挥的空间。琴人用工尺谱于古琴的附加注释，可以使读谱者用唱名唱出古琴音乐。杨时百在《琴学丛书》中说明了工尺谱有别于减字谱：“工尺谐声虽较唱弦数、指法字精确，惟专念工尺者，遗忘时满弦皆工

① 黄旭东等：《查阜西琴学文萃》，杭州：中国美术学院出版社 1995 年版，第 657 页。

② 蔡德允：《愔愔室琴谱——蔡德允手抄本》，重庆：重庆出版社 2016 年 6 月版，第 145 页。

③ 参见林晨：《“唱弦”考释》，《人民音乐》2018 年第 3 期，第 35—39 页。

尺，无处捉摸。”[①]工尺谱用于减字谱的附加标注功用在于标示音高，即便使用工尺谱唱名唱出旋律音高，不看减字谱也不懂古琴的取音过程和方法而“满弦皆工尺”。因此，减字谱的演奏“能指”是其他谱式不可取代的。

（二）抒发胸臆——减字谱“活”的“所指”

历代琴谱中对琴学之律、调、曲、论等有着系统而精深的研究记录。例如，《神奇秘谱》的《招隐》，基本上是用三分损益律，但该谱也用了宫弦泛音十一徽（角音）一次，可以认为是采用“三分损益律为主的复合律”；《事林广记》的古谱《开指黄莺吟》可以用三分损益律，但用“纯律二”也可以。[②]减字谱谱字细致、精确无误地呈现出包括纯律、五度相生律等琴乐音律，形成旋律乐句“活”的表达“所指”，体现出琴乐“活”法的一个方面。乐句，是人类特殊的语音思想表达方式的基本语言单位，语言因地域方言差异而因人而异、因地而异。古琴减字谱具有不记出“明确的节奏节拍”却有着使古代文人、琴人因地域方言差异而赋予因人而异的自我节律表述，“音有细眇处，乃在节奏间。”[③]说的是音乐的细腻微妙之处，在于节奏之间。香江容氏家传琴学已繁衍传承六代，国学大师饶宗颐曾拜容氏家族第三代传承人容心言为师学习古琴，容氏第五代琴人容克智先生藏谱、饶公打谱并手书的减字谱《鹿鸣操》，可以见到多处容氏家族在接下来的两代琴人操缦修改的印记（见谱例2）。中国传统文人抚琴，为了抒发胸臆而娓娓道来，不重复别人的旋律、技法而加以符合自己文化见地的修改是司空见惯的。中国古琴千余年来之所以在存见的两百多部琴谱、六百多首琴曲中竟有三千多种传谱之多，这种现象在古琴音乐中大量存在，而在西方音乐中并不多见，这正是中国文人音乐建立于汉字减字谱记谱法为文化背景的古琴语境，也正是琴乐的原本“活”法。

谱例2：《鹿鸣操》，饶宗颐打谱、抄谱，容氏修订[④]

五线谱中音乐的节拍节奏标记，在中国传统戏曲音乐工尺谱中为“板”或

---

① 转引自林晨：《“唱弦”考释》，《人民音乐》2018年第3期，第35—39页。

② 参见陈长林：《陈长林琴学文集》，北京：文化艺术出版社2017年版，第204页。

③ 徐上瀛：《溪山琴况》（明），徐樑编著，北京：中华书局2013年版，第150页。

④ 笔者于2018年12月11日上午拜访容氏第五代琴人容克智先生，在其香港家中获得该谱。

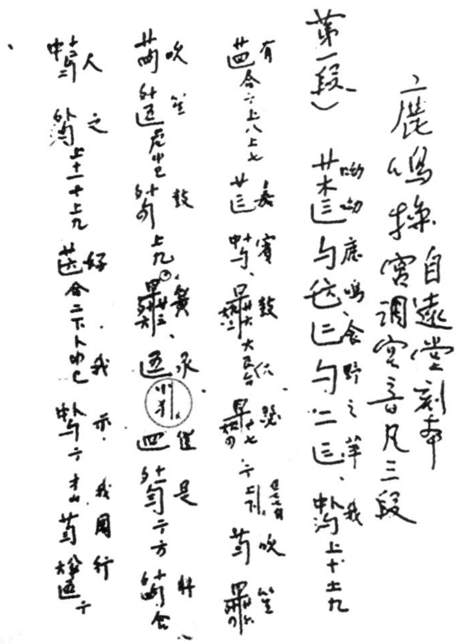

"板眼"标记。就乐谱功能而言，注"板"的曲谱，与有明确节奏、音高标识的简谱、五线谱一样，给习琴者一个作品一种版本演奏传谱较为精准的参照。以下由香港琴家谢俊仁先生创作的琴曲《商意》，在作品发布的同时也附加了由谢俊仁先生本人演奏的对照谱：①

谱例 3：减字谱与简谱并用

商 意

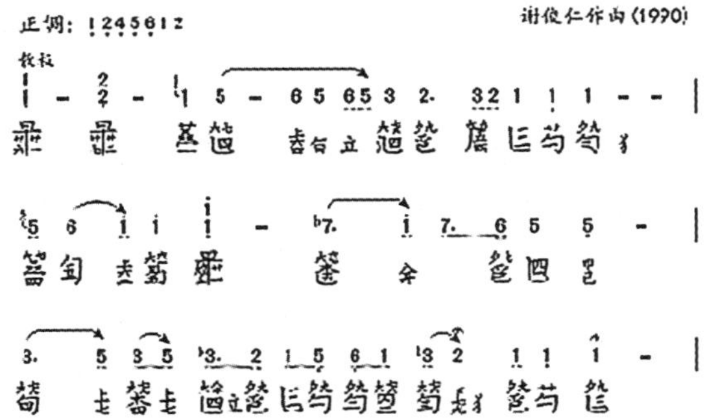

① 2018 年 12 月 10 日，谢俊仁先生提供该谱给笔者，该谱例显示作品第一乐段。

以上是谢俊仁先生提供的参照演奏谱，去掉简谱的参照后，依照减字谱按谱寻声，其中有很大的音乐想象和表述空间，因而产生更多的演奏样式，这也正是古琴谓之以“文人琴”的意义。

“琴”，作为中国古人修身养性之器，正是古琴减字谱的记谱法承载的音乐文化价值观影响了琴乐的“活”法，从而使“琴”具有不可替代的非物质文化遗产文化意义。减字谱对于琴乐“时值”不予标注、重在其用，应和了琴人自我表达诉求的“所指”需要。

（三）减字谱与简谱或五线谱并用——“定”的音乐再现功用

以下是1981年姚丙炎先生演奏的《乌夜啼》，右侧标题说明了是根据《神奇密谱》（1425年）传本打谱，姚公白先生根据姚炳炎先生打谱音响用简谱记录，说明了简谱记录音响的意义在于使姚炳炎先生的独有的演奏音响有本可依的使用功能。而姚丙炎先生根据《神奇密谱》减字谱传本打谱演奏的《乌夜啼》，具有文人琴家的个人风格，其贡献在于呈现了对《乌夜啼》传本的独特演绎。减字谱与简谱或五线谱并用的“定”忠实记录著名琴家演奏的琴曲版本，给后学通过这样的“文本”样式，更接近名家的“本文”，为研究学习名家琴学思想提供了便利。

谱例4：减字谱与简谱并用

这样的并用，对于习琴者学习某一作品特定版本精确再现，具有可行有效的实用意义，对于经典琴家操缦的学习，是古琴传承所必须的。但要做到十分细致全面地忠实记录名家名曲，却也不是简谱或五线谱的谱式功能所完全具备的，此外记谱者的听音写谱能力及文化价值取向也是因人而异的，也可能同一版本的演奏录音，不同人的记谱会产生不同的五线谱或简谱记谱版本，因为琴乐的“活”是定谱所“不能”的。抛弃减字谱只使用五线谱或简谱，将引导古琴演奏的技法化、器乐化、表演化；减字谱与简谱或五线谱并用，将追求操琴的标准化；减字谱的使用，无疑将引导琴曲表达的个性化。对古琴音乐的音准、节奏等音乐基础内容的理解，对于中国乐律学体系的认识，建立古琴乐理概念的系统性，对于民族乐理的理解尤为重要。古人操琴“各出于天性，不同

乌夜啼

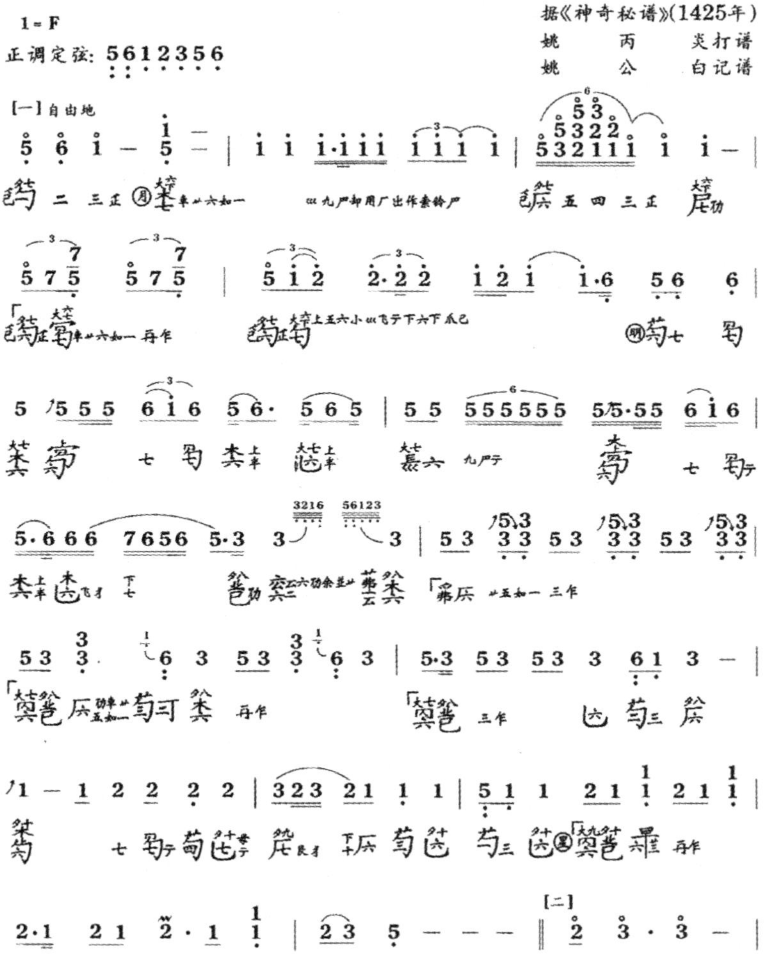

于彼类”,[①] 出于文人天性的操缦即时性应是琴乐的原本“活”法，如以精确再现琴派曲操为目标，将会“同于彼类”而失去文人琴不可复制的妙义。这样的古琴就不再是旧式文人所认同的古琴文化语境了。琴乐本无“拍”,“拍”乃生于心，故板有“心板”之说，而谱也有“心谱”之谓。如同古典诗词吟诵吟唱一般，词牌的句式组合、篇幅大小千差万别，这对操缦的要求是音音相扣、

① 朱权：《神奇秘谱》(明)，中央音乐学院民族音乐研究所据明刊本影印，北京：北京出版社 1956 年版，第 5 页。

句句相连，对旋律句法或压缩归并或扩展发挥，衔接自然运转自如完全是“发于心”“应于手”而“形于声”也。乐句的旋律不单与人的气息相应，也与琴器的灵性相合。所以，操缦的“音音相连、句而不散”彰显了“散而非散、形散神不散”的中国文人风骨个性的价值观。与中国文人血脉相通、又具有因人而异的中国文化自由人文气息，与中国上千年传承的是与中国人身心律动相应的节律拍韵的文化传统一脉相承。如果只使用五线谱或简谱来传习琴乐，那么琴乐“活”的语境不再，当下国人不再能领悟和追寻华夏几千年的文化、体验士大夫精神、领悟文人心律，而维系古琴文化特质。

不失本位、不降品质、见正而行高的操缦方式，恰恰是中华文化的精髓，并可使之谓为非物质文化遗产的古琴。谱式文本的使用，体现了传习者不同的古琴文化价值取向，不同的价值取向来源于对古琴的不同理解。荷兰汉学家高罗佩（R. H. Gulik）的《琴道》一书，是近现代西方人认识和研究中国古琴的重要著作。《琴道》一书对古琴的“调意”“指法手势图”与“减字谱”进行了解读。有学者认为，该著作“不采用西方的乐谱做参照，而由此以开拓西方人对中国古琴的认知视域，这个贡献并不亚于全书对于‘琴道’的论述”。[①]减字谱、五线谱、简谱均有着各自谱式的独特功能，在古琴传承中有着不同功用。就古琴音乐来说，减字谱乐理是古琴音乐的独有话语体系，如果将五线谱或简谱的功用等同于减字谱，或将其视为当下古琴文化的发展方向，那就本末倒置了。减字谱、五线谱、简谱并用目的是固化琴乐节奏时值，目标是再现一个作品一种版本的实际演奏音响。对于琴文化来说，固化琴乐并不是文人对古琴文化价值认同的初衷，正如《神奇秘谱》中所言：“使其同则鄙也。”[②]

二、古琴语境中的中国乐理话语

以琴学文化语境为载体的中国传统乐理，包括建立在古琴乐器形制上的减字谱记谱法、谱式结构、调性关系，以及古琴音乐的韵味、韵拍特性原理。作

① 李美燕：《高罗佩对古琴谱中的“调意”“指法手势图”与“减字谱”的研究——以〈琴道〉的论述为主》，《中国音乐学》2013 年第 4 期，第 52—58 页。

② 朱权：《神奇秘谱》（明），中央音乐学院民族音乐研究所据明刊本影印，北京：北京出版社 1956 年版，第 6 页。

为中华母语音感载体的减字谱承载了中国乐理话语体系。民间琴人之所以坚持使用减字谱，他们认为“按音乐拍操缦就不是弹古琴了”①。除了音乐的“拍”体系以外，存在着中国文人抒发胸臆的独有语言韵拍，其价值观已超越音乐功能而建立在中国文化的哲学观念之上。古琴语境中的传统琴曲音乐基础理论分析，是将减字谱为载体的古琴乐理描述运用于琴曲分析，以中国传统音乐话语叙述文人琴的音乐原理。

（一）源于诗词歌赋的古琴节律

“夫以六诗协六律，此鼓弦以合歌也。古之所传十操、九引之类，皆出于感愤之志，行之于言，言之不足，故永歌之，永歌之不足，于是援琴而鼓，此作歌以配弦也。”“孔子之删《诗》也，皆弦歌之。”②可见，文人墨客之琴棋书画之首的古琴音乐源于诗词歌赋。汉语中，同一句子的不同节律阐释有可能形成不同的语义。例如，“这个苹果不大好吃”，可能有以下的语义：

1. 这个苹果，不大，好吃。说明苹果大小，再做出“好吃”的评价。

2. 这个苹果不大，好，吃！说明苹果不大，再做出“吃”的决定。

3. 这个苹果不大好吃。并未说明苹果大小，只评价这个苹果“不大好吃”。

以上三句字符相同，语义不同。要用正确的节奏予以表述，需要充分理解语义，并按照准确表述语义的需要组合字词写出节律，否则将拆解语义，成为意思相反的语义。以上三句按照逗号分组，按照固定节拍节奏的强弱重音，相应形成不同的节奏短句。文人在吟诵诗词时，对于诗词的意境、诗意的理解而形成拍韵。使减字谱中的乐理灵动多变，使源于诗词歌赋的琴曲旋律丰富多彩、千姿百态，并将拍韵的风格建立于诗词歌赋的汉语文化之中，成为古琴的中国音乐语言节律。

（二）源于“乡谈折字”的韵腔

“乡谈折字”是古琴名家查阜西先生总结的琴歌吟唱理论，指用纯粹的方

---

① 根据笔者于 2018 年 12 月 11 日上午拜访容氏第五代琴人容克智先生口述。

② （宋）朱长文：《琴史》，方木鱼编著，南京：江苏凤凰文艺出版社 2017 年版，第 245 页。

言吟唱琴歌，方法是将古琴的“谱字”与方言中的“字音”有机结合起来，通过不同类型的韵腔让方言中的“字”得以与琴歌“音”的准确忠实表达，方言中的“声”体现了琴歌“韵”的地域文化风格。此外，对于方言吟唱的古诗词中“古声”的平上去入的认识，是认识古琴音乐中古诗词的内涵和文化的重要途径。以吴语文化圈与粤语文化圈为例，从地域语言与琴歌腔韵的关系观察，两地的琴歌字音、字调类型差异，产生了吴语腔韵和粤语腔韵特色，并由方言与琴歌的地域文化关系形成了地域琴派风格，古琴及琴歌的基本旋律结构形态正是建立在音韵学原理基础上的。以琴歌《秋风词》为例：

谱例5：琴歌《秋风词》第一句（徐晓英吴语演唱）

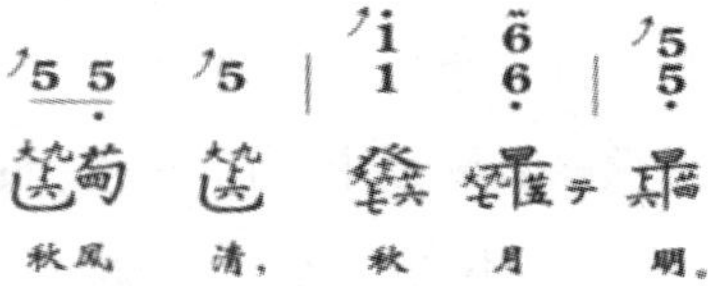

谱例6：琴歌《秋风词》第一句（龚琳娜普通话演唱）

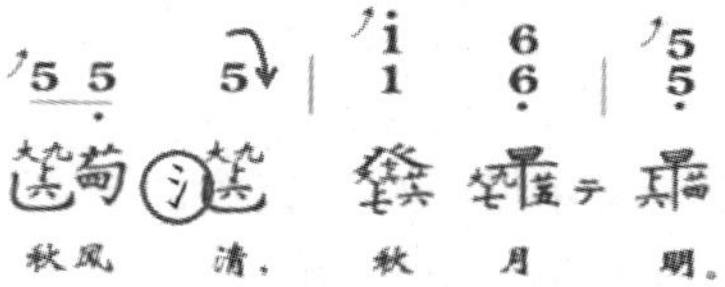

从以上呈现的琴歌《秋风词》第一句，减字谱是完全一样的，琴歌的整体结构是一致的，但用吴语与用普通话演唱，实际润腔因地域语言音韵形成旋律的差异，不同地域的字音、调值关系呈现于字音与琴曲的韵腔关系，琴歌、琴曲的旋律走向与诗词字调走向密切相关，由此形成了诸如江浙地区或岭南地区等不同琴派依字行腔的琴曲风格。琴曲旋律的“虚”音与“实”音同样构成旋律，而“虚”音可谓之琴曲灵魂，“虚”“实”之间在于快慢缓急的“和”之道。尽管可见的明显差异用简谱或五线谱可以记录，如上滑音与下滑音，但在古琴演奏技法中上绰与下注中的细微之处是“定谱”无法呈现的。减字谱生动地将润腔指向运用“绰”“注”“吟”“猱”的古琴技法记谱，使演唱演奏者一目了然。基于地域语言韵腔特色的琴曲旋律线，正是词曲格律韵腔予以琴派旋律风格的音乐话语。

（三）源于诗词结构的乐句呈现方式

乐句作为音乐语法及表达方式中自成体系的音乐语言表达单位，由乐汇、乐节等基本元素构成，同词、句等句法要素相互关联以表达疑惑、愿望、感叹等思想情感主张。于古琴艺术而言，琴曲中高远的意象刻画与深刻的精神内涵皆由古朴的音调、乐句为基本单位进行传达表现。香港香江容氏古琴家族至今已传承六代近两百年，是家传琴学代表，其家传琴曲、琴风特征具有理论研究价值。香江容氏古琴家族第五代传人容克智先生，12 岁起跟随父亲容思泽先生习琴，至今已 45 年，习得容氏家传琴曲《搔首问天》《塞上鸿》《梧叶舞秋风》《普庵咒》《春晓吟》《鹿鸣操》等共计二十余首。其乐句呈现方式保留了旧式文人基于诗词歌赋的文言表达，琴境具有古拙画面感。笔者随民间琴人容先生一年余习得《春晓吟》的乐句呈现方式。以容氏传曲《春晓吟》第一段为例，如图所示，减字谱右侧带有三角形记号标记出了乐句的句读。容氏传授的是音音相扣、句句相连的句法，长短不一，却蕴含古诗词句法节律框架，有别于现代西方乐理中的乐句概念，而用五线谱记谱法无法正确记录这样的句法。以唐代李白《秋风词》的句式与《春晓吟》的音乐句法做比较：

例 1.《秋风辞》（唐・李白）

秋风清，
秋月明，
落叶聚还散，
寒鸦栖复惊。
相思相见知何日？
此时此夜难为情！

香江容氏传曲《春晓吟》实际演奏句法中骨干音形成的乐句结构，[①]有类似诗词歌赋的句法特征。

① 该乐句片段的音高采用数字简谱标示调式基础骨干音，不显示高、低八度音程，不以简谱小节划分的记谱形式呈现乐句结构。

例 2. 简谱《春晓吟》(其一，第一句)[①]

5,
6-
33-6
33-，21，61，6
6-
33-6
33-，0212，121，6
6-

例 3. 减字谱《春晓吟》(其一，第一句)[②]

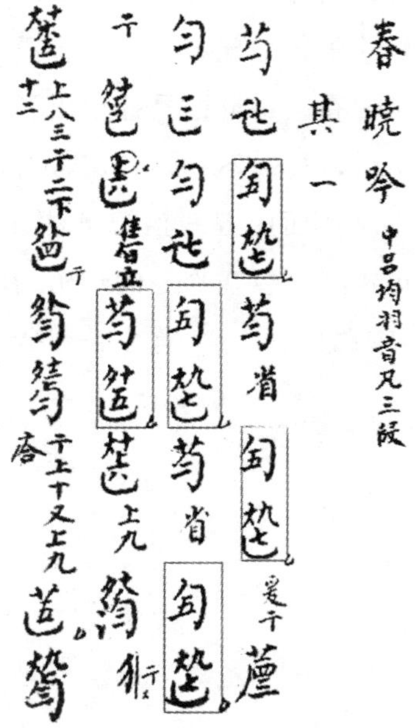

通过访谈录音记谱比对容氏家传琴曲特征，感受到容氏传曲指法特点、“吟”“猱”手法处理、乐句节奏迟速、琴曲尾音韵律等的乐句呈现方式中诗词

① 陈雅先根据容克智演奏音响记谱。录音时间：2018 年 12 月 11 日，地点：香港柴湾冠荣中心容克智工作室。

② 例 3. 减字谱《春晓吟》与例 2. 简谱《春晓吟》对照说明：减字谱右侧“△”记号是需要延长时值的谱字，为琴人标注，构成了分句的句读。笔者加上方框的谱字部分标示出重复的音型和节奏乐汇。

声韵格律特点，音韵中呈现出旧式文人的思想、行为、态度、情感等方面的遗存特征。古琴技法细腻，音乐中丰富多彩同音重复、高低音重复、同音不同音色、同音不同弦序或徽位弹奏等在古琴旋律中屡见不鲜，正是因减字谱记录标示了如此丰富的技法，使以上看起来简单的乐句富有灵动多变的韵腔。琴人在减字谱中标示乐句起始，会以各种显现的记号，如，使用“▲”或“▁”表示延长，或谱字中读作“少息”的“省”等表示停顿，起到了划分基本乐句段落的作用。然而，基于诗词歌赋的琴曲乐句结构，如果以五线谱固定节拍的小节线划分乐句，则将改变琴曲的句法语义而难以操缦。《声律启蒙》是一本掌握声韵格律的启蒙读物，由康熙进士车万育撰写，按韵分编。文学艺术的“对仗”形式丰富，是中国语言特有的类比之美和对比之美，以此为据形成了长短不一的古琴散板乐句，是有别于五线谱节拍节奏重音按拍子固定循环的对称，其具有“对仗”格律的“文人琴”音乐语言节律特征。减字谱不标示固定节拍节奏，必然使习琴者通过努力提升诗词歌赋等文化修养，来获得对琴曲乐句节律节奏的正确把握。《愔愔室琴谱——蔡德允手抄本》琴曲《梧叶舞秋风》中有作者注明的“箫声琴韵室主参订拟拍”的标示（见谱例 1），说明古琴语境中的音乐叙事节律是旧式文人的必备修养。音乐文化叙事方式的习得使琴人成为“达者”，并成就“自悟自得”的“文人琴”传统。“文人琴”在音乐语言表达上的古诗词特征，需要进一步考察其潜在非音乐性与音乐内涵关联性，对“文人琴”在古琴传播发展中的重要性做出审慎的判断。

三、基于减字谱的古琴乐理与中国传统音乐话语体系建构

“建立中国音乐理论话语体系，首先要研究中国传统音乐，深入研究中国传统音乐研究，从中总结出中国音乐的概念、基本乐理体系和‘以字行腔’‘以腔填词’两种作曲方法。”[①]建立在古琴语境中的中国乐理话语体系中的音准、节奏等概念的建构需要具有针对性、系统性。“以声歌永，则节奏曲折之

① 杜亚雄：《“中国音乐理论话语体系”的概念、构成及建设》，《人民音乐》2018 年第 4 期，第 63—65 页。

不失也；以律和声，则清浊高下之必正也，惟达乐者为能弦歌耳。”[①] 这里的“惟达乐者”，指的是“通晓乐理之人”。对中国乐理全面理解和认知是中国文化主体的传统审美取向。

（一）建立中国文人琴传统的古琴乐理文化叙事方式

减字谱的谱字文本承载着深层文化意义，是传统国学、琴学文化需要坚守的。减字谱中的中国传统乐理内容灵动多变，使琴曲的文化丰富多彩、千姿百态，与稳定节拍节奏、固定音高形成对比。如，琴曲中出现重音有规律的重复时减字谱有“入拍”文字，即使是一个“吟”的技法，也有“定吟”“缓吟”“急吟”等十余种的谱字标示。古琴减字谱描绘出韵拍、韵腔的灵动，是琴学文化的精髓。

乐理文化指的是音乐现象中与文化相关的音乐基础理论，古琴的传承需要获得符合中国传统乐理的文化理论支撑。基于减字谱的古琴乐理，包括建立在古琴乐器形制上的减字谱记谱法、谱式结构、调性关系，以及古琴音乐的韵味、韵拍特性。扎实的古琴乐理基础知识，是掌握琴曲的指法、节奏、音乐内涵、文化意义最重要的能力素养。琴者在琴曲传承的同时能对琴曲进行乐理文化意义解读，需要具有较高的音乐文化修养。

（二）在古琴语境中习得中国传统乐理文化

中国传统乐理文化的传承应有与之相匹配的乐器语境。古琴语境中的乐理教学则以中国传统音乐文化为理论支撑。考察古琴减字谱中的乐理属性，挖掘琴曲的内在音乐特征，通过教学设计使之成为基本乐科学科体系，以丰富的乐理叙述形式，展示古琴语境中的中国传统乐理内容。以琴曲的乐理文化共性为出发点的教学设计，将基本乐理教学传统的“听唱读写弹”作为主要途径，以古琴为主要教具，建立减字谱记谱法、谱式结构、调性关系概念，通过“听唱读写弹”认识古琴音乐的“韵味”“韵拍”特性，全方位立体地建立中国传统琴曲的听辨感知力、操缦表现力、欣赏审美力。

---

① （宋）朱长文：《琴史》，方木鱼编著，南京：江苏凤凰文艺出版社 2017 年版，第 245 页。

（三）基于古琴乐理的中国文人琴话语

基于古琴乐理的中国文人琴话语的基本语汇，以琴学为载体，以古琴为教具，使中国传统乐理内容既有当代学校音乐课程的乐理体系共性，又彰显琴学文化为载体的乐理文化架构，需要在基本乐科课程功能、理念、内涵、目标、内容，直至古琴乐理教学的实施、评价、管理等诸方面的整体立意与创新。

1. 学科目标与情感目标

加深学生对于中国传统乐理文化的整体认知，体验古琴乐理文化的国学内涵，对古琴及相关传统乐理文化形成感性认识，具有运用中国乐理辨识、欣赏、演绎、传承传统文化的音乐表现力和鉴赏力。

2. 基于古琴乐理的琴曲传习

针对琴曲基于诗词歌赋的旋律“腔音化”、节律“韵拍化”为核心的乐理属性，吸纳以“听、唱、读、写、弹”的学校传统基本乐科课程形式，选取与古琴相关的乐理要素，将具有古琴乐理内容典型意义的琴曲片段，进行文化意义解读与技艺化传习的结合，其分解——综合——再分解——再综合，循环往复并逐步加深音乐内涵、扩大文化外延，达到对琴曲旋律“腔音化”、节律“韵拍化”为核心的乐理属性释义的全面认识和运用。

古琴语境有以下几个基本内容：

（1）谱字。认识基于减字谱文本的古琴文化，掌握减字谱的谱式构造、识读与记写。对走手音“绰”“注”等演奏技法构唱、模唱，并能具有听觉分析能力。

（2）乐律。从古琴的乐器形制认识五度相生律、纯律、十二平均律的基本原理。

（3）音色。可分为弹法不同的三大类：泛音、散音、按音。从音色的产生中认识音程中的各类关系。

（4）音名与唱名。从弦序、徽位的音高关系中识读音名及不同类型的唱名。

（5）韵拍。认识建立在散拍自由节律基础上的长短时值、强弱、句读、乐段。

（6）琴调系统。“古琴曲所用的调有三十五种，现在琴曲中最常用的只有以下七调：正调、慢角调、蕤宾调、慢宫调、清商调、慢商调、黄钟调。”[①]琴曲定弦法是对琴调的研究学习，琴调系统乐理涵盖古琴的各种定弦音阶以及与之相关联的一系列文史和乐律层面。如：琴调命名系统的由来，古琴定弦定调音阶之音乐实质等。

（四）“唱弦”——以内化基于琴曲的古琴乐理

“唱弦”又名“读谱法”，即以弦序或指法为词吟唱古琴曲曲调，该法是琴乐传习过程中用以备忘、记指、掌握琴曲旋律、韵味的方法。[②]传统基本乐科教学中以视唱为基本途径体验、内化、表达乐理内容。同样，古琴乐理的习得均可以“唱弦”的方式，但其内容将扩大到与中国传统乐理相关的、建立在琴调系统的音高、音名、调意等基础知识。诸如琴曲中各类“绰”“注”“吟”“猱”音高、音强、音长、音韵等的跟唱、模唱、构唱，使习琴者在重复模仿古琴的音色、音韵、韵拍过程中，形成内心音乐听觉。而不同流派各领风骚、谱本各异的琴曲，是“唱弦”围绕题解中心思想、认识地域风格音乐形象的重要内容。唱弦时，特别是对琴乐中灵动的“虚”的部分应给予更多重视，反映在音准节奏细节上模仿、模唱、脱谱“唱弦”基础上的辨音弹琴。唱弦（视唱）形成的内心音感，为操缦时的气息、左右手处理的和轻、重、缓、急、虚、实的对比独特经验提供根据，在古琴乐理感知经验中内化对传统音乐文化的习得诉求。

（五）古琴语境中的中国传统乐理构建机理

操缦中的风格养成以琴人个性养成为标志，是文人琴性格的充分表达和心理感受的自然流露。中国传统乐理的习得过程与结果、内隐变化与外显变化之间存在依存关系。习得乐理中，识记、想象、思考等心理过程，是习得过程的内隐变化；当新的认知结构、情感结构、动作技能形成时，是习得结果的外显变化。过程的外显表现，体现于行为（如弹、唱、听、读、写）而获得评估。正确认识古琴乐理习得结果与过程、内隐变化与外显表现之间的关系，是古琴

① 蔡德允：《愔愔室琴谱——蔡德允手抄本》，重庆：重庆出版社 2016 年 6 月版，第 93 页。

② 参见林晨：《“唱弦”考释》，《人民音乐》2018 年第 3 期，第 35—39 页。

乐理内容设计及习得取得实效的重要突破口。古琴语境中的乐理“唱弦”内容建立在中国传统乐理学科范畴，其抉择将在很大程度上辐射中国乐理话语体系的有效性。

结　语

自古以来，中国文人对操缦中与中国乐律学体系相关的音准、节奏等基础音乐理论的认识理解，产生于中国汉语文化的审美价值观，对琴学文化进行丰富的音乐叙述依托于古琴语境谱字系统的中国乐理描述，是有别于西方乐理的独特中国乐理话语体系。古琴语境是中国语言诗词歌赋吟诵的音乐化形式表现，习琴者的听觉养成与谱式文本、琴曲流变、琴曲传播关系密切，是以诗词歌赋为文化背景的文人琴系统。因此，以汉语言文化为背景的中国乐理话语，是传习古琴的切入点、阐释古琴的着眼点，其意义在于将古琴音乐文化叙述形式赋予丰富的中国文化内涵。古琴语境中的中国乐理话语体系，是描述古琴音乐情境所必需的也是合适的。

减字谱的谱字文本，载体因其丰富的深层文化意义而构成古琴音乐的重要文化语境。减字谱的“活”关乎琴乐的“活法”，是传统国学、琴学文化传承的内核。简谱用数字标示基本音高是简化了的五线谱，说明了其与五线谱均为具有相同文化属性的谱式；减字谱以减去笔画重组汉字的原理构成谱字，其谱字具有汉语言文化属性，具有中国传统文化的独有意义。以减字谱乐理属性为导向的中国传统琴乐文化理解，是认同琴曲音乐的内在文化特征，自觉维护古琴语境中的乐理文化内容和形式的基本条件。减字谱的“活”，给予操缦的弹性节律空间及“韵”声创造可能，使不同琴人、不同琴派对于同一作品有了各自的理解、演绎和打谱创作，衍生了文人追求风格、讲求韵味的文人琴“活”法。

以汉字为基础的减字谱与以音的高低长短为基础元素的五线谱属不同类型的谱式，有不同的功用侧重点，其中蕴含的不同乐理属性对古琴传承样态具有异质文化意义。

琴乐是“活”的，谱式理应是“活”的。减字谱赋予了操缦者创作者身份，使古琴音乐充满了灵动的变化和无限生机。操缦者以自身的文化涵养演绎琴曲，而不仅仅演奏别人创作的音乐，减字谱的谱字词汇在操缦的灵动变化中“活”了，开启了操缦者音乐语言表达的灵性和天性，使习琴者在初见古琴时即投入到自己的音乐表达中，而不形成音乐思维的固定态势，从而获得自身独有的文化审美。当通古博今的思考和表达成为琴人独有的精神价值和生活方式，将创造出社会文化的珍贵财富。而正是“琴”的这种不可再现的当下性妙义，使古琴获得了世界文化身份。

（该文原载于《武汉音乐学院学报》2019 年第 3 期）

论舞蹈教育对于大学生素质教育的作用

◎刘晓琛

摘　要： 大学生正处在人生重要的受教育阶段，在这个阶段中，大学生的人生价值观逐渐成熟，正面临着人生中重要的转折时期。素质教育是大学教育的关键性目标，艺术教育是增强学生综合素质的重要环节，有利于学生的健康成长，在素质教育中发挥着重要的教育指导功能，本文就舞蹈教育策略展开分析，旨在优化素质教育方案，实现学生综合素质的有效性提升。

关键词： 素质教育；舞蹈教育；大学生；美感；综合影响；综合素质

一、大学生素质教育与舞蹈教育

（一）素质教育的目的

素质教育的根本目标在于提升学生的综合应用能力，其尊重学生的主观能动精神，遵循以学生为主体的教学原则，其以健全学生的性格为重要的发展目标，在此基础上实现学生个人潜能的激发，从而增强学生的综合思维能力、综合知识应用能力。通过对素质教育的开展，有利于大学生社会化的发展，使其顺利融入社会环境，从而发挥自身所长，实现自我价值。通过对素质教育的开展，有利于优化学生的个人性格，使其树立正确的世界观、人生观、价值观，端正自身的发展态度，不断实现自我的改造，促进学生智商、情商的综合性发展。

（二）舞蹈教育的任务

随着我国素质教育环境的不断变化，舞蹈教育的概念不断得到延伸，舞蹈教育不仅要培养专业性舞蹈人才，也需要提升人才的综合素质，实现学生创造力、想象力、审美能力的提高。在素质教育模块中，舞蹈教育发挥着关键性的作用，有助于学生综合素质的提升。

舞蹈教育是学生情感教育的重要手段，在这个过程中，通过对肢体动作的表达，有利于抒发学生的生命性情感，从而超脱学生的精神境界，不断陶冶自身的艺术情操，实现自身世界观、人生观、价值观的培养，其不仅有利于强壮受教育者的个人体魄，而且有利于陶冶受教育者的艺术情操。舞蹈教育是大学生健康成长的重要手段。

二、舞蹈教育与大学生素质教育的提高

受到传统应试环境的影响，我国大学生群体普遍缺乏创新性精神，为了与国际教育形势的接轨，必须实现素质教育方案的优化，从而使学生正确的认识世界、感知世界，提升学生社会实践的积极性，促进学生情感、智力、心理等的全面性发展，从而增强大学生的综合素质。

（一）塑造形体

舞蹈形体动作是舞蹈教育体系的重要表现形式，学生通过对舞蹈动作艺术的表达，进行自身生命情感的抒发，得到身体与心理上的愉悦性。综合来看，舞蹈训练体系是一个循序渐进的过程，在这个过程中，学生需要由浅入深地学习舞蹈肢体动作，实现身体各个部位的灵活性、协调性，从而提升自身的艺术表达能力。学生经过专业性的舞蹈训练，人生态度更加积极，能够有效应对人生中的复杂性问题，不仅陶冶了自身的情操，而且带给别人艺术美的享受，实现其综合素质的稳定性提升。

（二）陶冶艺术情操

舞蹈的精髓在于通过肢体动作的表达，抒发自身对于生命的情感，舞蹈艺术实现了对各类社会生活场景的反映，其由动作模块、节奏模块、情感模块构

成。在这个过程中，情感是学生舞蹈艺术表达的要素，情感是舞蹈艺术的灵魂，在这个过程中，学生通过对艺术情感的表达，实现自身艺术情操的陶冶。

舞蹈艺术具备良好的育人功能，其通过自身舞蹈动作的表达，抒发对这个世界的思想及看法，通过对各式舞蹈动作的结合，抒发自身的内在情感，从而引发群众的精神共鸣，舞蹈是学生思想情感的产物，在这个过程中，舞蹈艺术的美感及价值通过学生的肢体动作、艺术情感等进行表达。舞蹈情感是学生观察这个世界的窗户，也是对学生心理状况的客观反映。

（三）内在外在的统一

舞蹈艺术是一种无声的动作语言，在其艺术表演过程中，学生的情感、思想等通过肢体动作的组合进行表达，其讴歌了人世间的真情，宣扬了人世间的美好情感。在这个过程中，艺术情感的表达发自内心，通过身体动作的协调及组合展示给观众，其实现了舞蹈动作美感与个人情感价值的统一。

三、舞蹈教育对大学生素质教育的影响

（一）审美能力的提升

舞蹈动作具备丰富的艺术美感，在这个过程中，学生通过对身体动作的表达不断塑造自身的艺术形象。观众通过对表演者舞蹈动作的观赏，感受舞蹈动作的内在灵魂。在这个过程中，学生表演者的艺术情感得到升华，容易引发与现场观众的情感共鸣。学生通过对舞蹈动作技巧及理论的学习，有利于提升学生的舞蹈艺术修养水平及欣赏水平，有助于学生整体审美能力的提高。通过对整体舞蹈艺术语言的了解，有助于学生艺术理解及审美能力的增强。

在舞蹈教育过程中，为了让学生充分体验到舞蹈艺术的情感，教师必须引导学生掌握舞蹈动作的艺术要领、音乐节奏等，让学生充分感受到舞蹈的艺术之美、意境之美。艺术意境是一种精神境界，在这个过程中，学生将生活情感与舞蹈动作相结合，实现舞蹈艺术形象的准确性表达，为观众构造一个美轮美奂的艺术世界，不断增强学生的审美感受，从而提升学生的精神境界。

（二）净化心灵

艺术的真正感染力在于赋予学生一种独特的生命创造力，提升自身对生活

乃至生命的精神感悟，舞蹈艺术展现了学生的艺术智慧及素质，学生要具备良好的艺术素质及思想素质，才能真正驾驭舞蹈动作的各个要领及艺术表现技巧，这需要学生具备良好的艺术情感。

舞蹈创作是一种更高的艺术境界，学生只有具备良好的生命情感及艺术表达技巧，才能进行舞蹈动作的创新，这也需要学生具备良好的创造想象力，从而进行自身情感的表达。这对大学生的学习态度提出了更高的要求，学生必须具备良好的艺术情感理解能力，舞蹈动作的表达是对这个世界情感的理解及延伸，学生需要再现生活情境中的各类情感，这种情感是舞蹈艺术动作表达的灵魂。通过对舞蹈教育活动的开展，有利于学生精神情感的由外而内的塑造，从而净化学生的心灵，提升学生的艺术涵养，不断增强学生的综合艺术素质。

（三）培养学生的道德素质

道德素质是学生综合素质的重要构成要素，也是社会主义精神文明社会的指导理念。通过对学生道德素质的培养，有利于深化学生对于社会各类情景的思想意识，从而正确反映社会生活的真善美。通过对学生良好道德观的培养，有助于学生个性的综合性发展，养成学生正确的世界观、人生观、价值观。道德观教育体系主要包括道德品质教育模块、政治教育模块、思想教育模块等，通过对舞蹈教育活动的开展，有利于潜移默化地增强学生的道德素质，将抽象的德育教育内容转变为具体、形象的直观化内容。在提升学生审美情感的同时，不断增强学生的道德素质。

整体来看，舞蹈教育是大学生思想道德品质教育的重要手段，其以树立大学生高尚的个人形象为目标，完善学生的精神情感世界结构，培养学生良好的生活情操。通过对舞蹈训练活动的开展，有利于培养学生吃苦耐劳、坚忍不拔的精神品质，有助于提升学生的团体协作能力、集体荣誉感、责任感等。

（四）树立积极的生活态度

舞蹈艺术实现了对人身体动作姿态的表达，其具备良好的艺术感染力，其对形体美感的要求比较高，正是由于舞蹈艺术的情感感染性，才能带给人美的享受。整体来看，这种艺术美感需要通过肢体动作进行表达，这需要赋予肢体动作良好的艺术情感特质，而这种艺术情感特质来源于生活，学生只有对舞蹈动作内涵的深入了解、领会、琢磨，才能将自身情感带入到舞蹈动作中。在舞蹈教育过程中，学生的思想情感、行为态度等潜移默化地发生着改变，逐渐养成积极的生活态度，这有助于学生正确地看待问题、理解问题、分析问题，有助于其自身综合素质的提升，有利于培养大学生良好的生活态度，提高其艺术鉴赏的能力。

（五）实现大学生素质教育创新

大学时期是学生世界观、人生观、价值观培养的重要阶段，只有创新素质教育模式，才能实现大学生的健康可持续发展，在这个过程中，舞蹈教育是素质教育体系创新的重要表现形式，大学生正处在人生发展中的转折阶段，为了满足高素质人才的培养要求，必须要强化舞蹈教育体系，培养出健康、积极、阳光、正直的现代大学生，这是大学教育体系的关键性目标。通过对舞蹈教育活动的开展，有助于为学生的健康成长及发展创造良好的社会环境，从而启发、教育大学生正确地理解生活中的情感，使学生逐渐学会理解美、发现美，在这个过程中，不断提升自身的艺术修养，有助于大学生保持积极向上的人生态度，实现学生综合素质修养的提升。

结　语

综合来看，舞蹈教育是大学生素质教育体系的重要组成环节，通过对舞蹈教育活动的强化，有利于学生形成积极向上的人生态度，提升其艺术素养及道德素养，满足社会对高素质创新性人才的应用需求。

参考文献

[1]杨丽萍.军旅舞蹈艺术教育的审美理念和教学重点[J]. 艺术教育. 2015(11) .

[2]高立雄.如何实现高校校园舞蹈艺术教育——评《舞蹈：作为艺术教育(套装上下册)》[J].新闻与写作. 2016(09) .

[3]孟丹娜.深析社会文化变迁与中国民族舞蹈艺术教育创新[J]. 中国培训. 2015(14).

钢琴表演中音乐美学素养的重要作用

◎刘晓琛

摘　要： 钢琴在众多乐器当中，素有“乐器之王”之称，一直深受人们喜欢。演奏者在进行钢琴表演时，需要通过肢体动作和乐谱所传达出的情感来诠释作品，使作品更具有观赏价值。然而，目前仍有部分表演者在进行钢琴表演时，只是机械地进行演奏，使得作品演奏效果平平，缺乏美感。本文从音乐美学素养与钢琴表演的内在关系入手，分析挖掘音乐美学素养在钢琴表演中的重要性，以此提出表演者音乐美学素养培养路径。

关键词： 钢琴表演；音乐美学素养；作用；路径

音乐是一门融合技巧与表演的艺术，而钢琴表演作为人们喜闻乐见的一种音乐表现形式，深受大众的青睐。在进行钢琴表演时，不仅需要表演者具有高超的演奏技巧，还需要融入个人的情感和对乐谱内容的理解，才能更加完整地表达出音乐所要传递的内涵。因此，表演者需要在演奏中提高自己的音乐美学素养，以便更好地认知和诠释作品。

一、音乐美学素养与钢琴表演的关系

音乐简单来说就是一种声音，在创作音乐的过程中，创作者通过一个个有序的音符组成一首乐谱，融入思想和情感，从而使音乐具有表演和欣赏的价值。钢琴作为一种乐器，只是展现音乐作品的一个工具。但在钢琴演奏时，表演者通过在演奏技巧和对作品的深层次理解，可使得作品更具有欣赏的价值，更富有美感。而这种美感是劳动人民情感表达的一种迫切需求，它融合着劳动人民的喜、怒、哀、乐。在音乐表演中需要将这些情感一一表达出来，以满足人们的情感需求。因此，钢琴表演者需要具备一定的美学知识和素养，通过深刻体会钢琴作品所要表达的美学内涵，才能更好地诠释出钢琴作品所要表达的情感。此外，表演者应具备较高的音乐素养，这是进行钢琴表演的重要基础。

二、音乐美学素养在钢琴表演中的重要作用

（一）有助于钢琴表演者挖掘作品的深层内涵

在钢琴表演中融入音乐美学素养，有助于表演者挖掘作品的深层内涵，提升作品的欣赏价值。表演者在进行钢琴演奏时，不能只通过采用多种的演奏技巧去理解和诠释作品，还要从美学的角度去挖掘作品所要表达的深层内涵。如了解创作者生平所处的时代背景以及在创作时所经历的事件对其产生的影响，这些都能让表演者更好地理解创作者在作品中所要传递给大众的情感——是欢喜还是忧愁，是愤世嫉俗还是怀才不遇，是仇恨还是憎恶？然后再通过自身所具备的美学基础，带着对作品的深层认知，去升华创作者的思想感情，将情感与技巧相互融合，给听者以视觉的冲击和感官的共鸣。一首优秀的钢琴作品，从来不缺模仿者，缺的是能够通过手指与心灵相互映衬的表演者。每一首钢琴作品都是一个故事，它不同于文学作品需要通过文字述说这个故事的来龙去脉和情节，而是通过一个个富有情感的音符组成一幅跌宕起伏的画面，通过演奏者自身的美学积累和对作品的深刻理解，在肢体、动作、表情等方面加以展示，以此诉说着创作者和表演者的心声。这就是音乐美学素养在钢琴表演中的重要性之一，也是表演者理解作品的基础。

（二）有助于钢琴表演者提升表演技艺

在钢琴表演中，提高表演者的音乐审美素养，是提升其表演技艺的一个重要手段。表演者只有具备较高的审美素养，才能从细小处去感知和诠释作品，以区别其他只具有演奏技巧的表演者。只通过技巧去弹奏的钢琴作品，往往缺

少灵魂，因为钢琴表演的最终所要达到的境界就是“润物细无声”。只有技巧没有灵魂的表演者，和钢琴本身一样，只是展示音乐的一种工具。高超的表演技巧与丰富的艺术表现形式结合在一起，才能达到“声情并茂”，使钢琴表演具有灵性和美感。将表演技巧与艺术表现融合在一起，才能称之为艺术。因此，钢琴表演者要加强对音乐审美素养的培养和提高，才能真正达到“技”与“艺”的统一，提升表演的内涵。

（三）有助于钢琴表演者更好地诠释作品

表演者具有浓厚的美学素养，可以将表现作品的技艺转化为情感，通过两者的相互融合，做到情技结合。表演者演奏时，遇到技巧与情感相互冲突时，表演者应该分清演奏的主次，本着情感为主，技巧为辅的原则，将作品所传达的情感逐一推向高潮。因此，表演者要具有很好的美学素养，能够以“情”为主，做到以“情”动人，引起听者的共鸣。此外，表演者还可以通过真实性与创造性地有机结合来诠释作品，这就需要表演者不断累积美学素养，才能将作品的灵魂和魅力展示出来。在演奏前，表演者需要了解创作者的真实创作意图，在充分掌握其意图和风格后，再对其进行创造加工。在创作加工过程中，需要加入自己的情感和美学素养，通过表演者区别虚实，掌控自己的情感，才能更加贴切地诠释作品。

三、在钢琴表演中提高音乐美学素养的途径

音乐美学素养作为钢琴表演者必须具备的基本素养之一，在钢琴表演中发挥着重要的作用。音乐美学素养是指钢琴表演者的思想、人生阅历以及多样化的艺术修养。而钢琴作品所传达出来的历史感、时代感、艺术感也同样要求表演者应该具备与之相适应的音乐美学素养和敏锐的观察力和洞察力。

（一）音乐理论知识的融会贯通

钢琴表演者想要提高自己的美学素养，就需要学习和掌握好钢琴音乐理论知识，完善钢琴音乐理论知识体系。钢琴演奏的流派众多，每一位钢琴艺术家都有其独特的演奏技巧和艺术表现形式。因此，钢琴表演者要打好音乐基础，

首先要掌握好音乐理论知识，通过系统学习，表演者才能在理论上充实自己的头脑，并将其所学的知识应用到实际的演奏当中。这种转化，是一位优秀演奏者所应具备的必不可少的能力。如俄罗斯钢琴家布伦德尔，他以丰富的知识、精湛的技艺和想象力而闻名于世。其早期主要是以演奏李斯特的作品为主，后期对舒伯特的作品也有涉猎，曾被公认为舒伯特作品演奏专家。此外，他所演奏的贝多芬的作品也广受好评。可见，不同的音乐流派以及不同的演奏形式都有其相通之处。因此，钢琴表演者应该系统地学习音乐演奏的理论知识，将不同的知识内容进行融会贯通，取众家之长补己之短，这样才能将音乐理论知识更好地融入作品中，从而提高自身的演奏技能，更好地把控作品的每一个细节。

（二）积累钢琴表演的审美经验

表演者在钢琴表演过程，要通过不断地对作品进行深度剖析和打磨，以及通过自身人生阅历的累积，才能丰富自己的审美体验。人们大多通过情感表达来积累审美知识，这就要求表演者要有自己的风格和特性，在演绎上要追求样式的结合与转变，不要闭门造车，将自己的演奏局限在狭小的空间内。而应从音乐美学角度出发，了解钢琴作品的时代背景，把握住作品的艺术内涵，从而在演奏中开创自己的风格。上文中提到的布伦德尔，就具备此项素养，因此成为德奥钢琴学派承上启下的代表人物。他以高超的音乐美学素养赋予作品更多的内涵，使作品在视觉和听觉上都充满美感。钢琴表演审美经验的积累，还可以通过表演者在学习生活中，多听多看多想，从经典表演中学习更多的表演技艺，以提高表演者的鉴赏能力。此外，还可以对不同版本的曲目进行比较，总结出适合自己演奏的技巧，来完成对作品的诠释。

（三）全面提升自身文化艺术修养

钢琴表演者可以通过学习其他学科的知识，来丰富自己的文化知识，提升自身文化艺术修养。钢琴表演是由西方国家引入过来的，融入我国五千年的历史文明之中，也需要汲取我国的文化精髓，才能实现钢琴表演本土化。而我国优秀的传统文化，涵盖的科目众多，包括历史、哲学、文学等，这些都会使表演者受到潜移默化的影响。表演者进行多学科、多角度的学习，是提升自身的文化艺术修养的一个必经之路。

结 语

钢琴表演是一种融合技艺与情感的艺术表演形式，它注重内在情感与外在表现形式的完美统一。因此，钢琴表演者应该明晰音乐美学素养在钢琴表演中的重要作用，通过学习音乐理论知识，积累审美经验，全面提升自身的文化艺术修养，以此来诠释出更加优秀的钢琴作品。

参考文献

[1]周全.试析音乐美学素养在钢琴表演中的作用[J].北方音乐,2016,36(13):58.

[2]李琴.音乐美学素养在钢琴表演中的重要作用[J].音乐时空,2011(07):57—58.

[3]李肖.音乐美学知识应用于钢琴表演的实践与思考[J].黄河之声,2010(01):51—53.

不同体裁歌曲的钢琴即兴伴奏训练研究

◎戴晓立

摘　要： 不同体裁的歌曲在旋律、速度、曲式以及织体上都存在很大的区别，歌曲风格和表现形式也各种各样，在使用钢琴伴奏的时候需要根据歌曲的音乐特征和艺术特点进行灵活的演绎，以此才能将歌曲的意蕴和情感良好地表达出来。为此，本文通过对不同体裁歌曲的音乐特征和艺术特点进行分析，研究了钢琴即兴伴奏的训练方式，希望为有关的钢琴教师提供一些实用建议，促进钢琴即兴伴奏训练效果的提升。

关键词： 不同体裁歌曲；钢琴演奏；即兴伴奏；训练方法

钢琴即兴伴奏训练实质上是一种实践性教育，需要钢琴演奏者熟练掌握不同体裁歌曲的和声理论以及钢琴弹奏的技术，同时要全面了解钢琴伴奏的织体结构，了解钢琴键盘伴奏的层次关系，在钢琴即兴伴奏训练的过程中，钢琴演奏者要对不同体裁歌曲的风格以及音乐语言进行深入探究，全面分析其节拍、轻重音等，根据歌曲的特点去进行即兴伴奏训练，进而提高钢琴即兴伴奏的实践能力。

一、进行曲的钢琴即兴伴奏训练

进行曲最早出现在古希腊悲剧中，是舞曲中的一种，主要用在群众出场和退场的仪式中，直到17世纪才逐渐被纳入音乐艺术的范畴，成了现代进行曲的一员[1]。现代进行曲从应用场合的差别角度来看，可以分为典礼进行曲、音乐进行曲、颂歌进行曲、音乐会进行曲以及葬礼进行曲等。进行曲以偶数拍作为周期性反复，常用2/4或者4/4的拍子，其节奏感强烈，强弱拍子交替出现十分有规律，并且注重节拍重音以及演奏结构的整体对称。

（一）音乐会进行曲

音乐会进行曲的演绎和伴奏主要是通过音乐音响去唤起人们的音乐美感，满足人们音乐审美的实际需求。音乐会进行曲以人们的生活实际为出发点，反映了人们的生活本质，在认识社会生活、调剂情感以及满足音乐审美需求方面起到重要作用[2]。在音乐会进行曲中训练钢琴即兴伴奏的时候，钢琴演奏者需要在教师的指导下去了解并遵守音乐会进行曲的和声伴奏规则，要由简入繁，首先需要对调性中的正三和弦进行连接训练，将伴奏手感相对接近的调式分为一组，熟练掌握以后再进行下一组的训练，直到掌握全部的调式后进行同名小调、平行小调的训练。其次，在进行钢琴即兴伴奏训练的过程中，还需要加强和声听觉的训练，认识大小调和声功能的一致性，同时要找到主和弦与下属和弦、大小三和弦以及属和弦之间音色上的区别，牢记不同和弦连接而产生的效果[3]。

（二）典礼进行曲

典礼进行曲经常被用在队列行进过程中，歌曲表达的情绪激昂坚定且强弱对比明显，节奏铿锵有力，歌词也朗朗上口。在进行典礼进行曲的钢琴即兴伴奏训练时，要注意典礼进行曲调式音级的构成，在即兴伴奏时经常使用的是和弦式的音型，伴奏的节奏与队列行进的节奏要保持一致，带不带旋律都可以。典礼进行曲的和声调式音级通常由三和弦构成，尤其是原位正三和弦和低音四、五度关系和声为主。当典礼进行曲的旋律为长时值或者休止时，钢琴即兴伴奏训练可以运用附点节奏或者三连音节奏对其进行填充，进一步提高进行曲的恢宏气势，例如给《解放军进行曲》进行即兴伴奏。除此之外，还有一些诸如《中国少年先锋队队歌》《咱当兵的人》等歌曲，虽然没有在曲目名称中明确表明是进行曲，但是其均属于典礼进行曲的范畴[4]。

二、抒情性歌曲的钢琴即兴伴奏训练

抒情性歌曲在旋律、节奏、结构以及节拍等方面都表现得十分自由，歌曲的感情十分细腻、柔和，歌曲旋律的起伏一般比较大，经常使用装饰音对其进行修饰，歌唱性较高。抒情性歌曲的节奏速度多变、自由，通常使用慢板或者中板。在对抒情性歌曲进行钢琴即兴伴奏的时候，为了让歌曲演唱者能够更加自由地发挥，有效地抒发情感，钢琴即兴伴奏者要根据歌曲的意境和调式灵活的调整伴奏方式，伴奏要精致，以此提高抒情性歌曲的演唱效果。

一方面，在抒情性歌曲的钢琴即兴伴奏训练过程中，钢琴演奏者要将有旋律的伴奏和没有旋律的伴奏有效地融合起来，一般不建议使用大段的有旋律伴奏，容易对抒情性歌曲的演唱者造成影响，影响其演唱的自由发挥。在抒情性歌曲的高潮部分，钢琴即兴伴奏者可以采用双音旋律、附加和弦式旋律等去加厚音响，营造出一个更加良好的演唱氛围。另外，在对抒情性歌曲进行伴奏时，也可以利用密集音型或者使伴奏短暂休止，让歌曲演唱者自行去处理歌曲。另一方面，抒情性歌曲的钢琴即兴伴奏训练要使用更加丰富的和声变化，使用简单、干净的正三和弦为基础，也可以适当地使用附属和弦或者离调和弦等，通过不同形式的和弦组合去提高和声色彩化，使得歌曲伴奏更加流畅，旋律更加美妙。

三、儿童歌曲的钢琴即兴伴奏训练

通常情况下，在儿童歌曲的钢琴即兴伴奏训练过程中，钢琴演奏技术在应用时主要是为了拓展钢琴即兴伴奏的音色和节奏的表现空间。儿童歌曲大多具有篇幅小、音域窄、节奏与旋律相统一等特点，在对其进行钢琴即兴伴奏的时候，要充分认识到儿童演唱者的伴奏接受能力，控制好旋律的高度、伴奏音型以及和声配置等。钢琴拥有高音区和低音区两大分区，其中高音区的伴奏适用于活泼、欢快的舒展性形体律动，而低音区的伴奏则适用于缓慢、沉重的收缩性形体律动。儿童歌曲的演绎过程中不会发生十分规则的律动，所以在进行钢琴即兴伴奏训练的时候就需要使用一些无调性的伴奏，有时还会使用到音快的伴奏技法，使得伴奏的节拍、节奏等都处于自由状态[5]。

在儿童歌曲中进行钢琴即兴伴奏训练，虽然带与不带旋律的伴奏都是可以应用的，但是儿童在演唱歌曲的时候，带旋律的伴奏会让儿童更加容易唱准曲调。在歌曲和声特别清晰的情况下，钢琴即兴伴奏可以不带任何旋律，或者当儿童歌曲演唱者比较熟悉旋律的时候，也可以使用不带旋律的伴奏。同时，当儿童演唱歌曲的时候，需要按照实际的音高提高八度记谱，所以在进行钢琴即兴演奏训练的时候也应该提高八度伴奏，有时甚至需要提高两个八度，使儿童演唱者能够听得更加清晰。如果歌曲的音域不低的话，用同度的伴奏也可以，旋律使用单音、双音以及和弦进行衬托。另外，在对儿童歌曲进行钢琴即兴伴奏的时候，还要正确理解歌曲的情绪，如果是抒情的歌曲可以用分解和弦伴奏，如果是欢快的歌曲则使用节奏跳跃的伴奏，左手用跳音、右手用和弦烘托氛围，和声配置需要达到简明、清楚的要求，和声节奏也规范并统一。

四、爵士乐的钢琴即兴伴奏训练

爵士乐主要有两种节奏律动形式，分别为平直节奏律动和摇摆节奏律动，两种节奏律动形式的主要差别在于八分音符的演奏技法上，节奏律动的不同也决定了爵士乐的演绎风格。即兴演奏是爵士乐的主要表现形式，也是爵士乐的特点之一，但是爵士乐的即兴演奏不是毫无章法的，而是需要在一个特定的和声范围内进行自行的发挥，主要特征表现为使用各种七和弦为基础，广泛使用替代和弦，并在七和弦里应用比较多的延伸音，使得爵士乐的和弦以一种独特的方式存在。例如在C7和弦演奏的过程中，可以使用布鲁斯音阶作为和弦的音阶，其也是爵士乐中极具代表意义的一种特色音阶。爵士乐经常被用来为一些流行歌曲进行伴奏，可以使得流行歌曲的动感增强，很受年轻人的喜爱。

结　语

综上所述，不同体裁歌曲的钢琴即兴伴奏训练可以培养学生临场发挥的能力，并且可以在日常的训练过程中掌握不同体裁歌曲的节奏、旋律、音调以及音域等多方面内容，逐渐熟悉各种体裁歌曲的伴奏方式与演绎技法，进而使得钢琴伴奏与歌曲的演绎变得更加吻合，能够更好地突出歌曲的主题与意蕴，烘托和渲染歌曲，使得歌曲能够更加完整、美妙地呈现出来。

参考文献

[1] 侯蕾.浅谈不同体裁歌曲的钢琴即兴伴奏训练[J].戏剧之家,2020(10):161—201.

[2] 牟乔.歌曲创作不同体裁的钢琴即兴伴奏[J].戏剧之家，2019(20):49.

[3] 张凤仪.论如何提高钢琴即兴伴奏的能力[J].戏剧之家，2016,226(10):231.

[4] 贾怡宁.论钢琴即兴伴奏的训练及教学研究[J]. 通俗歌曲,2015(07X):122—123.

[5] 刘春江.钢琴即兴伴奏能力的培养方法探讨[J].教育教学论坛,2018(015):229—230.

第六辑　学前教育

关于高校学前教育专业特色舞蹈课程的必要性及对策探析

◎刘晓琛

摘　要： 随着社会的发展和时代的进步，人们的教育观念也不断发生着变化，学前教育是一门针对学龄前幼儿进行知识、心理、生活技能和根据幼儿学前兴趣进行艺术性辅导与培养知识学习的专业学科。其在教学上较为宽泛，并且在教育教学内容上也具有较高的全面性与综合性。特色舞蹈课程是学前教育专业中基于幼儿身体和艺术兴趣培养为前提的课程内容设置，有利于对幼儿的身体成长发育和艺术情感的培养，具有极大的教育意义。本文主要针对高校学前教学专业特色舞蹈课程的必要性以及对策进行简要的探讨。

关键词： 高校学前教育专业；特色舞蹈课程；必要性以及对策

教育形态的不断发展和变化背景下，人们开始越来越注重对孩子的学前教育，常为孩子报名各种课外兴趣学习班，同时也开始重视对孩子的艺术兴趣培养。在学前教育中，目前也大量地开设了艺术教学课程。这也就要求学前教育的教师必须要具备一定的艺术特长，例如美术、舞蹈、乐器等，以满足日益增长的学前教育艺术兴趣培养需求。同时随着幼儿教育事业的不断发展，特色舞蹈教学也逐渐成为学前教育当中重要的组成部分，其不但能够促进幼儿的身体协调性、身体骨骼发育，也能够在很大程度上提高幼儿的学习兴趣和舞蹈艺术素养，因此，高校学前教育专业中，开设特色舞蹈课程有着较大的必要性。

一、学前教育中特色舞蹈课程的重要作用

（一）学前教育中特色舞蹈课程对幼儿身体发育的促进作用

学前教育时期的幼儿是处在身体成长的发育初期，其骨骼与身体肌肉、脉络都没有完成发育，从身体的协调性和柔韧性方面提升速度极快，而且幼儿对于新的事物学习很快，尤其是强调舞蹈动作的特色舞蹈课程能够激起学习的兴趣，而且适当的特色舞蹈课程内容设计能够在最大程度上提高幼儿身体发育的伸展度，提高幼儿身体发育水平的同时也帮助幼儿完成一些技能的学习。

（二）学前教育中特色舞蹈课程对幼儿艺术素养的培养作用

幼儿的天性是活泼、好动，对任何事物都具有极强的好奇心和很强的模仿能力，而且在心理上也具备极好的接受能力。学前教学中特色舞蹈课程教学目的在于锻炼幼儿的身体，同时培养学生的艺术素养，为幼儿未来的个性与兴趣、喜好打下基础。因此，在学前教育中对幼儿进行特色舞蹈课程教学能够最大限度地提高幼儿对舞蹈艺术的了解和基础建立[1]。此外，幼儿对于舞蹈动作也能够实现更好的把握，从幼儿时期就能够体会舞蹈艺术的魅力和艺术气息，为将来幼儿的健康成长与综合素质奠定基础。

二、高校学前教育专业开设特色舞蹈课程的必要性

（一）依据学龄前儿童的个性要求

学龄前的幼儿天性是活泼、爱游戏、爱玩耍，喜欢一切动脑和动手的活动项目。其身体的发育也处于初级阶段，在这一阶段对幼儿进行舞蹈基础训练能够促进幼儿身体骨骼的发育，进而实现幼儿身体健康水平的提升。而且学龄前幼儿的学习和认知也主要是通过视觉和触摸进行学习，所以从思想上和思维上都具有较强的直观性特点[2]。舞蹈学习能够让幼儿通过观察与实际的动作模仿来掌握舞蹈的基本动作和动作记忆，这对于学龄前幼儿来讲，与其天性和幼儿共同的特点相符合，是较为适合学龄前幼儿学习的课程之一。

（二）应学龄前的美育功能的要求

从当前的教育体制和教育理念以及教育要求角度来讲，讲求对学生学科核心素养的培养，也就是能够让学生掌握知识的同时具备实际操作的技巧和实际运用的能力培养。对于幼儿的学龄前教育来说，美育是较为符合幼儿个性特点的素质教育方向，而舞蹈教育是美育当中较为重要的组成部分，其能够培养幼儿的思想情感表达以及积极的精神[3]。此外，特色舞蹈教学也能够提高幼儿的审美能力和美感的判断力。让幼儿的动作与日常行为举止更为优雅。同时特色舞蹈教育的过程中，优美的音乐旋律和教师的舞蹈动作能够让幼儿掌握整体节奏的学习和思想意识、身体形态上的提升，对幼儿的美育水平有着极大的基础建立作用。

（三）学前教育教师的综合素质以及发展考虑

从教育层面来说，学前教育的教师必须要具备较高的教学素养、艺术素养、责任意识等教师所应该具备的素质。而舞蹈教学是学前教育乃至整个教育阶段过程中都必不可少的组成部分。现代社会对复合型人才的需求日渐提升，教育也越来越注重学生的综合素质以及专业知识核心素养的培养。通过舞蹈教学能够让学生的艺术水平以及艺术美感得到引导和提升。高校学前教育专业的学生能够通过对特色舞蹈的学习掌握舞蹈教学的要点和加深对舞蹈艺术的理解，同时在进行学前教育特色舞蹈教学时也需要学前教师进行贴合幼儿实际的舞蹈编创，这也就要求高校学前教育专业的学生也要具备一定的舞蹈编创能力，也由此锻炼了学生的想象力与创造力，让学生能够拥有更加广阔的发展空间和就业途径[4]。

三、高校学前教育专业特色舞蹈课程教学对策分析

（一）结合实际的教学需求进行教学形式的调整

幼儿教育越来越多样，市场上也涌现了很多种学前教育形式，例如国家双语学前教育、艺术学前教育、启蒙学前教育等，很多学前教育机构都具备较为突出的特色。而这些学前教育机构对于教师的需求也在不断地扩大，因此，高

校学前教育专业的特色舞蹈教学课程必须要做到教学需求的实际掌握和教学形式的不断调整。只有以不断提升学前教育专业学生的技能水平和艺术水平才能够使其步入工作岗位后能够跟上教育事业的发展和时代的潮流[5]。因此在进行教学形式调整和改革时必须要结合实际的目标和发展现状进行教学内容和教学形式的确定。将幼儿教育事业进行深入的研究，特别是特色舞蹈教学要突出特色这一关键词，要深度发掘出色的民间舞蹈、中国古典舞蹈以及西方较为具有代表性的特色舞蹈等舞蹈项目的内容和技能，确保能够实现与传统教学模式的相互融合与科学搭配，提高高校学前教育专业学生的舞蹈水平。

（二）加强对专业必修课的重点关注

高校学前教育专业的特色舞蹈课程设置已经逐渐成为其重要的基础课程组成部分。目前对于学前教育专业的特色舞蹈课程内容的设置主要是包括民间舞蹈和部分民族舞蹈以及古典舞等，也会进行芭蕾舞内容的教学。其教学目的在于培养学生掌握和领悟舞蹈的方法和学习技巧，同时也必须要结合学生的实际身体素质水平和舞蹈方面是否具备一定的学习优势等因素考虑，很多学生在舞蹈学习方面具有极高的天赋，在身体柔韧性、协调性、伸展性、骨骼、动作具有极高的美感，动作也能够做到准确到位。但有些学生在舞蹈学习上显现出较大的不足，例如四肢关节僵硬，身体节奏把握和柔韧性等都不具备要求，所以针对不同学生的舞蹈素质和身体实际基础要选择不同风格的舞蹈进行教学，在必修课上要做好相关教学内容的准备，并不断地发掘民间的舞蹈文化和西方舞蹈文化的特点与文化优势，通过特色舞蹈课程教学让学生能够全面掌握舞蹈的文化艺术知识与艺术美感，帮助学生建立较好的舞蹈素养[6]。

（二）不断创新和改善教学模式与教学方法

舞蹈教学的教学模式与教学方法具有较高的基础性要求以及多样性要求。舞蹈艺术是具有极高的身体素质和身体技巧要求的艺术形式，同时也要具备极高的音乐节奏识别能力。目前高校的学前教育专业中特色舞蹈教学的模式与教学方法较为传统，所学习的舞蹈形式和联系的舞蹈曲目变化不大，难以引起学生的学习与联系兴趣[7]。因此，高校必须要不断进行教学模式和教学方法上的创新。以新的音乐曲目和新的舞蹈种类去激发学生的学习情绪与学习热情，例如通过舞蹈创作来激发学生的创造力和学习积极性，或是通过组合式的教育方法，利用情境和模仿教学方法让学生能够掌握舞蹈教学内容的中心点，并主动进行教学内容的学习。

结　语

高校学前教育专业特色舞蹈课程教学的开设具有较高的重要作用和促进意义，学前幼儿具有较为明显的天性和个性特征，同时学前教育也是培养学生身体协调性、平衡感、身体柔韧性、节奏感的最佳时期。因此，在学前教育中合理融入舞蹈教学是提高学生身体发育以及培养艺术素养的良好途径。由此也可以看出，高校学前教育专业特色舞蹈课程教学具有极强的必要性，所以，教师必须要让学生理解学习学前教育专业特色舞蹈课程的重要作用，通过对课程教学方式与教学方法的不断完善，实现学生课程学习的进一步提升。

参考文献

[1]徐颖怡，江梦莹.浅谈西藏学前教育专业舞蹈教学[J].艺术评鉴，2018(08)：133—135.

[2]杜琳琳.高校学前教育专业舞蹈教学中的问题与改进对策研究[J].课程教育研究，2017(43)：190.

[3]王欣.建构高校学前教育专业特色舞蹈课程的必要性与措施[J].科技资讯，2017，15(27)：157＋159.

[4]熊洁.高校学前教育专业特色舞蹈课程的必要性与措施研究[J].艺术评鉴，2017(03)：108—110.

[5]刘薇珊.高校学前教育专业舞蹈课程改革探析[J].漯河职业技术学院学报，2016，15(05)：94—96.

[6]武小云.论学前教育专业舞蹈课程的重要性[J].当代音乐，2016(02)：71—73.

[7]肖溪格.高校学前教育专业舞蹈课程教学改革的刍议[J].艺术科技，2015，28(02)：252.

基于翻转课堂在高校学前教育专业舞蹈教学中的运用分析

◎刘晓琛

摘　要：翻转课堂在高校舞蹈教学中的体现是将学生以教师的教学内容为中心进行训练小组的划分和整合，进而在小组学习的进程中使学生能够掌握良好的舞蹈学习技能和形式，给予学生更具针对性的学习形式和方法，引导学生整合自身的学习技能，促进学生学习能力的有效提升，也能够提升教师教学内容和教学活动的开展顺利性。

关键词：翻转课堂；学前教育；舞蹈；教学作用

在高校舞蹈教学中使用翻转课堂能够有效整合学生的学习进程，针对学习需求和学习目的不同的学生采取不同的教学手段，能够保证学生在学习中的主体地位不受影响，保护了学生的个性化发展，给予学生更为完善和充实的学习环境。翻转课堂在高校舞蹈教学中的使用能够提升学生对于舞蹈动作和技能的学习，展现学生在舞蹈表演中的能动性和积极性，确立更加稳定坚实的教学机制，高校舞蹈教学奠定更为良好的基础。

一、翻转课堂运用到高校舞蹈教学的必要性

（一）翻转课堂有利于提高学生的舞蹈成绩

在高校舞蹈教学中使用翻转课堂能够有效整合学生的学习进程，针对学习需求和学习目的不同的学生采取不同的教学手段，能够保证学生在学习中的主

体地位不受影响，保护了学生的个性化发展，给予学生更为完善和充实的学习环境。教师在使用这种教学形式的过程中应当不断完善自身的教学形式，转变传统舞蹈教学中一味进行模仿教学的局限性，增强课程的生动性，给予学生全新的学习感受。通过翻转课堂的教育教学，学生的学习能力和学习方式能够得到加强与提升，帮助学生获得良好的舞蹈学习成绩，增强学生的学习充实感和愉悦感[1]。

（二）翻转课堂有利于提高学生对专业技能的理解和掌握

在学生学习和发展的过程中，兴趣是奠定学生逐渐成长和完善的重要基础，因此，教师在开展教学内容的过程中应当明确学生当下的学习需求，建立完善系统的教学机制，提升课堂教学的流畅性和顺利性，进而能够奠定学生良好的学习基础。当下国家和教育部门对于学生的身体素质要求正在不断提高，其中体育课堂教学也应当有效提升学生的身体素质，以进行体育课堂教学知识教学为主。应当针对学生的身体素质和当下的体育课堂教学需求进行合理的体育课堂教学设计，引导学生积极参加体育课堂教学活动，主动进行体育课堂教学学习。

（三）翻转课堂有利于培养学生体育学习能力

能够有效促进学生身体素质的提升。针对不同的群体在体育课堂教学中具有不同形式的教学手段，能够因材施教，面对不同的学生情况时能够适当修正课堂教学形式和内容，在课堂教学场地选择、课堂教学内容设定、课堂教学器材使用的过程中学生的身体素质得到了充分的提升，并且能够给予学生参加教学活动的积极性。学生在进行舞蹈训练的过程中能够不断认识到舞蹈这项体育运动的魅力，锻炼自身的基础上能够展现对于形象美、身体美的全新认识[2]。

增强体育课堂教学的趣味性。通过课堂教学，学生的学习积极性能够得到充分的提升，并且在教学活动中学生的参与热情也会逐渐增强。体育课堂教学中，一改往日传统教学中的僵化、死板，学生能够将全部的注意力集中在教师的教学内容中，达到精神上的愉悦感和满足感。在课堂教学活动中学生乐于表现自己的心情能够得到最大化的满足，提升学生在学习过程中的自信心和满足感[2]。

（四）翻转课堂有利于增强学生的群体凝聚力

培养学生的规则意识。所有的运动项目都具有自身的规则和制度，在进行的过程中所有参与人员都应严格遵守，保证课堂教学的公平公正。在体育课堂教学的进行过程中也是如此，学生在课堂教学中能够认识到规则的重要性和必要性，养成良好的社会意识。在互相学习、互相帮助的过程中能够加强学生自身的思想道德建设，满足学生的成长需求和发展需求。并且在课堂教学中学生在课堂学习中的紧张气氛能够得到较好的调整，学生自身的心理健康和意志品质也会得到充分的提升。由于舞蹈在训练和比赛中的形式都是集体形式，进而能够增强学生的团队精神、集体精神[3]。

二、翻转课堂运用到高校舞蹈教学的有效策略

（一）转变教与学的方式，达到教学相长

高校舞蹈学生在训练的过程中，一定会面临高强度训练内容。长时间应对应试教育忽视体育课堂教学活动，会影响学生身体机能。高强度训练内容会造成学生心理方面的抵触情绪、身体方面的疲劳等。面对学生出现的状况，教师应当加以安抚，稳定学生的心理变化。同时针对情感变化不同的学生采取不同的解决方式。性格较为顽强的学生，教师应当树立榜样，发挥带动作用，鼓励同学们向他学习。

例如：在讲解舞蹈的动作相关知识的过程中，应该结合学生的身体素质和各方面运动技能，按照学生的学习兴趣和爱好，正确地开展各方面指导工作，使得每位学生都可以按照教学内容，更好地掌握加速跑的知识，提升学习效果。与此同时，应确保相关教学的连贯性，在分层次教学的过程中，按照每个层次的内容，正确进行指导，在不同层次的学生中，分层次地切换相关教学方式和内容，按照当前的教学特点和需求，正确进行管控。在实际教学的过程中，应制定完善的工作方案，结合基础层次、提升层次和发展层次的教育内容，正确地开展各方面指导工作，使得每个层次的学生都可以按照体育教学内容正确地指导，以此提升整体教学工作质量[4]。

（二）提升学生对主题的认识和理解，促进学生将理论应用于实践

舞蹈作为一种体育项目具有自身的独特性与优势，能够将音乐、舞蹈、体育等不同的艺术形式结合在一起，这种能够锻炼到运动员身心健康、肢体协调、音乐韵律、节奏把控等多样化能力的体育项目。

舞蹈富于表现力，最适合于天性爱美、感情丰富、表现欲强的现代女性。舞蹈在音乐的衬托与伴奏下，使身体各部位充分活动，可以使人身材苗条、曲线分明、动作轻快，也能给人以美感；同时，它还可以愉悦心情、调剂情感、解除疲劳、恢复体力、平衡心理状态。在学习舞蹈的过程中能够对学生的力量能力进行良好的锻炼，并且舞蹈自身属于一种有氧运动，能够在学习和训练的过程中全方位地提升自身的身体素质，提高心肺功能和肌肉耐力，促进肌体各组织器官的协调运作，有益于肌肉、骨骼、关节的匀称发育，形成正确的体态和健美的形体。并且舞蹈训练能够有效提升学生身体关节的韧性，并且能够提升人们的身体机能，保证身体状况的年轻态[5]。

（三）转变学习“各自为政”现象，提升学习协同性

教师对学生的了解不能仅仅停留在授课阶段，而是应当对于学生的个人心理、生理、性格、生活习惯、学习习惯等进行详细的了解。一旦发现学生在上课的过程中出现反常现象，应当及时询问，并根据学生的具体问题进行帮助和疏导。对于能力水平具有差异的学生，应当进行不同种类的学习内容和学习任务的划分，选择适合学生的运动方向，有阶段性和计划性地结合课堂内容进行德育渗透。在德育教育中选择具有组织领导才能的学生培养组织能力，促使其养成着眼全局的广阔视角；选择心思细腻的学生担任全场调配，培养其协同配合的能力。同时，注重每一个学生自我管理能力的建立和培养，引导学生的全面发展。

舞蹈教师在进行课堂教学评价和期中、期末等阶段性考评中，应当对于学生开展综合性的评价，结合学生的舞蹈基本技能掌握情况，正确地开展教学指导活动，引导学生全面学习舞蹈节奏技巧和动作技巧，并掌握各种理论知识内容，全面增强实践操作教育效果。对于发展层次的学生而言，应该正确地评价课堂表现状况，不仅要了解其基本技能的掌握状况，还需重视运动反应能力的

评估，并合理地分析舞蹈团队合作能力和运动技能，使得每个层次的学生都可以更好发展。在评价环节中应给予学生一定的鼓励和激励，全面提升其参与学习活动的积极性和自信心[6]。

结　语

根据以上的论述内容能够证明，当下的高校舞蹈教学进程中需要不断革新全面深化的教学形式，给予高校舞蹈教学新鲜血液，提升舞蹈教育教学质量和水平。因此，使用翻转课堂进行高校舞蹈教学能够有效地尊重学生的学习主体地位，建立健全学生舞蹈学习的机制，完善学生对于专业知识和技能的掌握方式，帮助学生在不断推进的舞蹈学习中获得自身的成长和提升。

参考文献

[1]张汝琳.论翻转课堂在高校舞蹈教学中的运用[J].北方音乐，2019，39(18)：151，159.

[2]王亚红.翻转课堂在高校舞蹈教学中的应用研究[J].体育时空，2018(21)：56.

[3]郑彬彬.翻转课堂教学模式在高校舞蹈教学中的运用探析[J].北方音乐，2019，39(10)：145—146.

[4]穆世琇.翻转课堂在高校舞蹈教学中的运用[J].戏剧之家，2018(10)：192.

[5]谢迟.基于应用型人才培养视角的高校舞蹈教学中“翻转课堂”的应用[J].北方音乐，2019，39(10)：201，207.

[6]周靖雯.浅议高校体育舞蹈教学中翻转课堂的应用[J].活力，2019(2)：199.

基于幼儿发展复杂性的教师实践性知识优化

◎曹　楠

摘　要： 幼儿发展的复杂性是各组成要素在非线性耦合作用中获取新的信息、生成新的关系、组成新的系统结构、形成新的演化路径的整体呈现。作为一种复杂性活动，幼儿学习具有动态性、独特性、不确定性、自组织性等特点，幼儿教师实践性知识的优化是幼儿发展复杂性的必然诉求。幼儿教师需要通过基于个人生活史的实践性知识建构、问题解决实践中的经验积累与幼儿教师共同体中的有效学习，优化个人实践性知识体系，积极应对与处理幼儿发展复杂性，实现幼儿发展系统中各主体的协同发展。

关键词： 实践性知识；发展复杂性；幼儿；教师

在幼儿发展系统中，教师的实践性知识是在其幼儿园教育实践过程中逐渐体悟的、真正遵循的、实际运用的对教育的认识。它是教师专业性的重要体现，是教师区别于其他专业工作者的重要标志，是教师作为知识分子的重要属性。对幼儿教师实践性知识优化机制与路径的进一步研究，是促进幼儿教师专业发展的必然趋势。本文从幼儿发展复杂性的角度切入，探讨教师实践性知识的优化问题，认为教师实践性知识的优化源于幼儿发展复杂性，是教师积极应对与处理幼儿发展复杂性，促进发展系统中各主体协同发展的重要举措。

一、幼儿发展复杂性的内涵与生成

在系统论中，“复杂”同“简单”相对，表征事物或系统的组织水平的范畴。指事物或系统的多因素性、多层次性，多变性以及相互作用所形成的整体行为和演化。一般认为，非线性，不确定性，不稳定性等是复杂性的根源。幼儿拥有一百种语言，他们可以通过一百种方式，用自己的母语来表达它们对事物的一般态度，即所谓的多种形式和多种观点的方式。他们也许并没有一百种语言可供他们使用，但他们肯定有比用母语说话更多的方式来表达自己。

在人文社会科学领域中，教育研究对象具有特殊的复杂性。幼儿作为教育领域的关键研究对象，随着时间的推移与空间的转变，他们的认知、情感、态度、行为等往往难以用“还原论”“决定论”等线性研究方法加以描述与解析，而必须通过非线性耦合作用的“复杂性科学”才可真正把握。幼儿发展系统是由多种相互作用、相互依赖的若干组成部分结合而成的有机整体，这一系统复杂性包括：首先，幼儿发展系统中存在着非线性、多层次、动态的结构关系，它们相互联系、相互促进；其次，幼儿发展系统中各组成要素之间的非线性耦合作用会“涌现”出各要素在孤立分离状态下无法产生的效果与特性；再次，幼儿发展系统性包括空间上的结构与时间上的演化路径。一方面，在特定的空间中，幼儿、其他主体（教师、家长、其他幼儿、其他市民）与发展环境之间相互作用所形成的相互关系整合成为幼儿的发展系统结构（如图 1）；另一方面，在幼儿发展系统长时间的运动和演化过程中，主体的行为方式与幼儿发展系统的表现形式随着时间维度的变化不断消逝与生成，形成演化轨迹。幼儿发展系统的各组成要素在非线性耦合作用中会不断获取新的信息，生成新的关系，组成新的系统结构，形成新的演化路径，这些要素的整体呈现就是幼儿发展的复杂性。

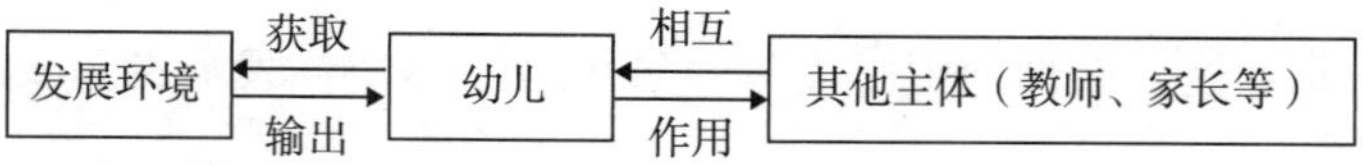

图 1　幼儿发展系统结构

幼儿发展复杂性基于各主体在特定空间与时间的行为，通过主体间的非线性耦合作用，以涌现的方式生成。“教育不是一种可以预料的活动，它不像工程计划那样，人们能够准确地预测其结果。”因此，幼儿发展结果并不是通过幼儿发展系统中各组成要素的线性相加，而是通过各组成要素的非线性耦合作用形成新的关系结构，新的关系结构又产生新的演化路径的复杂性科学。在幼儿发展系统中，各主体在空间与时间的变化中相互作用，形成竞争或协同的动态关系，这种关系引起次系统的重组，涌现出新的关系结构与演化方式，从而生成幼儿发展复杂性。

二、幼儿教师实践性知识的内涵与结构

教师知识包括理论性知识和实践性知识两大类。教师理论性知识是指教师通过职前学习、职后培训和日常积累等方式获得的关于教育教学的语言文字知识。教师实践性知识是教师真正信奉的，并在其教育教学实践中实际使用和（或）表现出来的对教育教学的认识。学者陈向明结合已有研究与自己的理解认为教师实践性知识既来自教师的直接经验与间接经验，也来自对“理论性知识”的思考、拓展与延伸，并将教师实践性知识分为教育信念、教师的自我认识、人际知识、情境性知识、策略性知识批判反思知识六个部分。基于此，我们对幼儿教师实践性知识结构做了进一步分析：（1）教育信念，即幼儿教师基于个人生活史，如学习与成长经历、关键事件、关键人物等，形成的对教育本质的认识。（2）自我认识，即幼儿教师对自我生理、心理状况等的认识，如幼儿教师是否能够根据自身性格特征选择适宜的方式进行专业发展。（3）幼儿知识，即幼儿教师对幼儿的了解与感知，如幼儿教师是否能够根据幼儿个性特点进行活动指导等。（4）教育情境性知识，主要体现在幼儿教师是否能够根据幼儿园实际情境做出快速判断并根据实情做出行为调整。（5）策略性知识，即幼儿教师在幼儿园活动中表现出的对理论性知识的认识与转换。（6）反思知识，主要表现在幼儿教师在日常生活中是否对教育实践进行反思。以上六个部分知识之间相互影响、相互联系，共同构成幼儿教师实践性知识的结构体系。

三、基于幼儿发展复杂性的教师实践性知识优化意识转变

从幼儿发展复杂性的内涵与生成可以看出，幼儿学习活动作为一种复杂系

统活动，具有以下特点：第一，动态性。幼儿学习活动是在与各主体、环境相互作用中动态生成的，决定幼儿学习内容与表现方式的关键因素并不是教师的预设，而是幼儿的兴趣与实际活动情况。第二，独特性。正因为幼儿学习活动是动态生成的，每一个幼儿发展系统的演化路径必然具有独特性。每一位幼儿都是独特的，他们有着不同的生活经验、心理特点、思考方式与表现形式，通过各不相同的演化路径实现自我建构与发展，因而他们的每一个学习活动都是独特的。第三，不确定性。幼儿的学习目标基于每一位幼儿的发展现状，学习内容来自于幼儿周边世界的万事万物，学习方式取决于每一位幼儿的兴趣与经验。这些因素使得幼儿学习活动呈现出复杂、多样、生动的景象，也构成了幼儿学习活动极大的不确定性。第四，自组织性。自组织性是复杂系统中的重要属性。一般而言，发展系统建立后，系统中的各主体会随着空间与时间的运动而有序地相互作用着，外界力量难以进行直接干预与影响。“发展系统在主体之间相互作用的基础上逐渐建立起各种行为规则，形成自身发展逻辑，显示出较强的自组织性。”

幼儿学习活动的这些特点是幼儿发展复杂性的必然结果与重要体现。教师作为幼儿发展的重要他人，在幼儿学习活动中扮演着十分关键的角色。面对幼儿学习活动动态性、独特性、不确定性与自组织性等特点，单一、固定、僵化的知识结构与教育形式显然不能使幼儿教师较好地应对与处理幼儿发展复杂性。因此，教师必须保持知识获取的意识，加强理论与实践的结合，关注教育事件，通过直接经验与间接经验的获取与充实，优化个人实践性知识体系，从而积极应对幼儿发展复杂性，促进幼儿发展。

四、基于幼儿发展复杂性的教师实践性知识优化

（一）幼儿教师实践性知识的特点及优化机制

幼儿教师实践性知识的优化是其积极应对和处理幼儿发展复杂性的必然选择，而幼儿教师实践性知识的优化需要考虑其特点，幼儿教师实践性知识与其他阶段教师实践性知识相同，具有个人性、情境性、默会性与综合性等特点。首先，幼儿教师实践性知识具有个人性，是教师将其在实践过程中获取的经验进行反思与总结后形成的一系列有助于个人实践行为的知识体系。如，成熟幼

儿教师基于长期的一线工作经历，通过教育实践后的反思与梳理形成了一套自己与各类家长合作、沟通与交流的策略体系。其次，幼儿教师实践性知识具有情境性，是来源于幼儿教师实践情境并应用于实践情境的知识。如，幼儿教师在教育实践情境中发现问题，根据个人已有经验或是通过寻求他人帮助产出一系列当下教育实践情境的应对策略，将其运用于实践情境的问题解决中。幼儿教师经过对这一过程的思考与感悟，将由教育实践情境获得的知识进行总结与梳理，并将策略运用于新情境所产生的新效果、新思路、新方法用来更新优化原有的幼儿教师实践性知识。再次，幼儿教师实践性知识具有默会性，与常规理论性知识不同，教师实践性大多难以用语言或文字的形式来表述与传达。如，幼教工作者难以将幼儿教师在幼儿活动区游戏中针对不同情况幼儿的支持与引导策略完整详尽地用语言文字表述。最后，幼儿教师实践性具有综合性，是不局限于某一领域或某一方面的，通过对实践情境整体感知与体验，综合了实践情境中各因素的知识。如，幼儿教师为了激发幼儿对合唱活动的兴趣，一改传统教学的跟唱、重复等训练式方法，遵循以幼儿为本的原则，运用生动有趣的游戏式方法推进幼儿合唱活动的开展。幼儿教师在这一过程中所形成的实践性知识不拘泥于某一方面，是综合了教育实践中对于幼儿、教师自身以及教育过程的各要素，所形成的整体性知识。

幼儿教师实践性知识个人性、情境性、默会性、综合性的特点决定了其获取机制是幼儿教师在个人生活史背景下，联系实际教学情境主动建构知识的过程。具体来说，幼儿教师实践性知识主要不是通过外界知识的单向输入，而是教师通过个人经验与对理论知识的深入思考后转变两种途径获取信息，并基于个人实际情况对信息进行更新优化，从而保证实践性知识能够引领教师解决类似情境出现的问题（如图 2）。

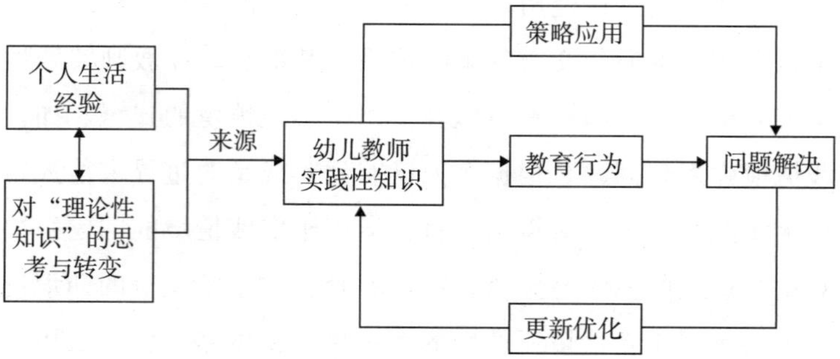

图 2　幼儿教师实践性知识的优化机制

（二）幼儿教师实践性知识的优化路径

从以上论述可知，幼儿教师实践性知识优化路径主要包括以下三个方面内容。

第一，基于个人生活史的实践性知识建构。幼儿教师实践性知识的获得离不开其自身生活经历，尤其是在特定时间，特定任务发生的对幼儿教师产生较大良性刺激的事件，即幼儿教师个人生活史中的“关键时期”“关键事件”与“关键人物”等。这类因素能够在幼儿教师已有的实践性知识基础上，扩充、更新甚至改变其原有经验，进而获得更具实效性的知识，达到优化的效果。如幼儿教师在经历由女儿到母亲的角色转变后，更加明确自我定位，更加关注有关幼儿教育工作，参与专业学习与培训的主动性与积极性也得到进一步增强。幼儿教师通过外在知识摄入与内在自我反省，不断更新优化自身实践性知识结构，从而获得专业化程度的提升。

第二，问题解决实践中的经验积累。经验的积累会使人们对不确定事件的判断能力提高。幼儿园教育实践问题往往具有不确定性与偶然性。从直接经验视角出发，在幼儿园教育实践活动中面对幼儿发展复杂性，幼儿教师凭借个人生活与工作经验解决问题时，常会出现具有幼教专业性与智慧性的观点与行为。这些既是幼儿教师对实际情境与问题的思考，也是他们通过亲身经历解决问题过程获得的有效直接经验。从间接经验视角出发，幼儿教师在面临问题时，可以从专业书籍、专业同行、专业人员等途径掌握相关的解决应对策略建议，使幼儿教师的实践性知识结构发生一定程度上的更新。幼儿教师在问题解决过程中，通过各种方式进行直接经验与间接经验量的积累，为实现实践性知识质的突破奠定了重要的基础。

第三，幼儿教师共同体中的有效学习。幼儿教师共同体实质上是合作交流教师文化的产物，这种人际关系的形成以教育教学实际问题为开端，以围绕问题差异互动为核心，以策略建议应用为落脚点。幼儿教师共同体的有效学习一方面有助于其教育实际情境中的问题解决，另一方面也能激发幼儿教师主动思考、积极调节的反思意识，进而实现幼儿教师实践性知识的优化。如幼儿教师可通过教学研讨对某一教育实践中的典型问题展开交流，每一个体的生活与成长经历不同，所作出的认识也存在差异。在差异互动的过程中，不同理念、不同观点、不同意见、不同经验相互交织，相互融通，形成集聚幼儿教师群体智慧的方法，运用于解决教育教学实践问题后又生成出新的想法与思考，从而再将更新后的策略运用于下一次的类似问题解决之中。这样循环往复的过程将使每一幼儿教师个体的实践性知识结构得以扩充，实践性知识结构优化。

总而言之，不管幼儿教师实践性知识优化路径为何，不管幼儿教师成长阶段为何，不断充实个体的“经验库”，是现实的当局之务。面对幼儿发展复杂性，幼儿教师需要积极运用内外环境条件更新、充实、优化个人实践知识体系，帮助自己在教育实践场域中的问题解决、知识凝练与专业成长。

结　语

综上所述，我们可以发现，首先，幼儿发展系统的各组成要素在非线性耦合作用中会不断获取新的信息，生成新的关系，组成新的系统结构，形成新的演化路径，这些要素的整体呈现就是幼儿发展的复杂性。幼儿发展复杂性基于各主体在特定空间与时间的行为，通过主体间的相互作用，以涌现的方式生成。其次，正是由于幼儿发展复杂性的内涵与生成机制，幼儿学习活动作为一种复杂系统的活动具有动态性、独特性、不确定性与自组织性等特点。这些特点表明幼儿教师若再以过去单一、固定、僵化的知识体系与教育方式已不能满足与适应幼儿发展复杂性。因此，教师实践性知识的优化是幼儿发展复杂性的必然诉求。最后，幼儿教师必须保持知识获取的意识，加强理论与实践的结合，关注教育事件，通过个人生活中的经验积累与公共社会中的资源共享，优化个人实践性知识体系，从而积极应对与处理幼儿发展复杂性，实现幼儿发展系统中各主体的协同发展。

第七辑　文化创意

福建地方本科高校文化产业人才培养研究*

◎黄秀莲**

摘　要：当前，文化产业正如火如荼地贯穿于社会发展的各个领域，成为国家经济增长的新引擎。这预示着未来这一领域急需一大批人才为其后续的发展提供充足的动力支持。地方本科高校作为区域人才培养的主阵地之一，服务地方经济，为区域经济发展培育实用型人才责无旁贷。福建省地方本科高校的文化产业人才培养存在着专业设置特色不突出、人才培养照搬传统模式、精通地方文化的专业教师匮乏等问题，只有积极探索人才培养的新模式，才能打造具有区域鲜明特色的文化产业专业，为区域经济建设和社会发展提供动力源泉。

关键词：地方本科高校；文化产业；人才培养

一、研究背景

文化产业是21世纪的朝阳产业，是以创新能力为核心的新兴产业，具有鲜明的带动经济、低碳环保等特征，已成为当前国家经济增长的一大亮点。我国《十三五规划纲要》提出，“十三五”期间要实现“公共文化服务体系基本

---

* 基金项目：本文为福建省教育科学“十三五”规划重点课题“福建省地方本科高校文化创意产业人才培养模式研究”项目（编号：FJJKCGZ16-213）研究成果。

** 黄秀莲（1979－），女，福建漳州人，副教授，文学硕士，研究方向：文化产业。

建成，文化产业成为国民经济支柱性产业”的目标[1]，表明我国文化产业已经进入快速发展轨道。不少地方文化产业增劲十足，增长速度明显高于同期GDP，表明地方文化产业在拉动地方经济增长中贡献突出，发挥越来越重要的作用。

福建省拥有丰富的自然资源和文化资源，并具有独特的地缘优势，具备发展文化产业的优良基础和条件。充分利用福建文化资源以促进福建经济发展，是提升福建经济竞争力的重要举措。《福建省“十三五”文化改革发展专项规划》提出，经过五年发展，福建省文化产业增加值要占地区生产总值的比重超过5%，成为国民经济支柱产业。[2]文化产业要取得长足的发展，人才资源是重中之重。文化产业是智慧型产业，知识密集、技术密集、人才密集，它离不开文化资源，但归根结底，人才及人才的创新创意能力是影响文化产业发展的核心要素，因此，以创新创意教育为核心的人才培养体系至关重要。据统计，目前福建文化创意类职位从业人数最多的是设计、编辑和策划，三者从业人数达到77.32%，而其他类别从业人数占比不足三成。同时，目前福建文化产业大部分从业人员的从业年限不足5年，从业人员中具有研究生学历的不到5%，而高中及以下的占将近一半。[3]这说明福建省文化产业存在人才结构失衡、高端人才极为匮乏的问题。因此，大力培养高学历、高素质的文化产业创新性人才，为福建省发展文化产业提供强有力的人力资源支撑，是当前推动和服务福建省文化产业发展亟待解决的问题。

二、福建地方本科高校文化产业人才培养现存问题分析

本科高校拥有较完备的教育资源和科研条件，是文化产业高级人才重要的培养基地，为文化产业的后续发展输送源源不断的优秀人才，因此相关专业的建设发展直接影响到文化产业人才培养的质量，进而从总体上影响整体文化产业的发展。而地方本科高校是实现大众化高等教育的主力军，招生以区域为主，培养的主要是能够服务于地方经济和社会发展的高级应用型、职业型人才，是地方经济发展重要的后备力量。[4]2015年，《关于引导部分地方普通本科高校向应用型转变的指导意见》提出要推动转型发展高校把办学思路真正转到服务地方经济社会发展上来，转到产教融合校企合作上来，转到培养应用型

技术技能型人才上来，转到增强学生就业创业能力上来，全面提高学校服务区域经济社会发展和创新驱动发展的能力。[5]福建省现有地方本科高校37所，除福建中医药大学、福建医科大学、福建警察学院、厦门医学院和福州理工学院5所院校外，目前均开设有文化产业相关专业，布点较为广泛，文化产业管理、数字媒体艺术等一些新新专业的开设，为福建省文化产业的发展更增添了后续人才支持。但从整体上看，面对未来较长一段时间内文化产业的繁荣发展态势，福建省文化产业相关人才的短缺并没有得到有效缓解。同时，我们也注意到，当前福建省很多地方本科高校的文化产业人才培养现状受传统培养模式的影响较大，无法满足当前新型文化产业人才的特殊需求，文化产业发展与人才建设培养不平衡，而短期内这一不平衡状态难以得到解决。具体来说，福建省地方本科高校文化产业人才在培养模式上，存在以下问题：

（一）专业设置特色不突出

福建省32所地方本科高校均设置有文化产业相关专业，其中布点在5个以上的专业包括环境设计（19）、广告学（17）、工业设计（16）、视觉传达设计（15）、产品设计（15）、音乐学（13）、动画（13）、美术学（11）、服装与服饰设计（10），文化产业管理（9）、音乐表演（8）、广播电视学（7）、舞蹈学（7）、数字媒体艺术（6）、广播电视编导（6）、新闻学（6）、会展经济与管理（5）。从数据上来看，全省文化产业相关专业的布点较多涉及传统的文化产业行业，少有文化产业中的新兴行业，如数字出版、媒体创意、数码动画设计、影视媒体产业管理、音乐表演产业管理、艺术品投资等，同时，也鲜有如艺术与科技这样的新兴的文化产业融合专业。究其原因，主要是因为高校的专业设置与调整一直以来与当前的人才市场需求存在错位现象，其调整变化速度也远远滞后于市场需求的变化速度。近几年，我国的文化产业正进入黄金发展期，对文化产业人才需求不断上涨，但高校的专业设置需要经过科学的前期论证、申报、审批等一系列流程，这在一定程度上影响了福建省文化产业新兴人才培养的数量和质量。

（二）人才培养照搬传统模式

我国高校传统的教育模式一直饱受诟病的原因就在于其过度重视课堂上理

论知识的传授，而忽视了学生实践技能的培养，导致常常出现学生毕业走上工作岗位后缺乏实际的动手操作能力与创造力，用人单位还要对其进行针对性地重新培养的情况，有些用人单位因此不愿意招聘应届毕业生，这也成为长期存在的供求矛盾之一。虽然高校也在培养技能方面不断努力，如增加专业课程的实践课时比例，设置产业实践课程等，但还是与企业需求的人才标准有一定差距。通过调查福建省地方本科高校文化产业相关专业的人才培养方案，我们发现，大多数专业的人才培养方案仍然遵循传统的模式，即围绕专业知识设置课程，注重专业理论知识的传授，再加上占比例较小的实践课程和一些辅助类的以提高学生综合素质为目标的课程，这样学生毕业后掌握的主要是专业知识，而非文化产业人才所需的专业技能和复合能力。此外，通过调查，我们还发现，大多数文化产业相关专业在课程设置上从专业的角度出发，从核心课程向外拓展，追求专业知识的宽泛性甚至是国际视野，但恰恰缺乏对福建区域文化的关注，学生在学习中对福建省的文化资源、福建省文化产业的相关政策、福建省的文化企业特殊需求等缺乏足够的认知，学生毕业后文化知识有余，产业意识不足，无法在应用所学时与本土文化做到无缝对接。

同时，按照传统模式构建的人才培养方案，还存在只专注于单一学科，院系与专业之间缺少融合，忽略复合性能力培养的问题。文化产业具有跨学科、跨行业的特征，涵盖经济、文化、技术等多层面丰富的内容，具有较强的融合性和交叉性。新时代的文化产业呼唤一专多能的复合型人才，技术能力、管理能力、经营能力、创新能力、创业能力等，都是新时期的文化产业高新人才所必须具备的。以出版专业为例，当前数字出版行业正在进行数字化转型升级，台湾数位出版联盟理事长赖洋助曾表示：新时期的数字出版人才应具备数字应用能力，鉴赏文、图、影、音能力，逻辑组织能力，解决问题能力，自学能力，沟通能力。[6]如果高校还按照传统模式培养学生，将导致学生的知识结构单一，与市场需求相脱节。

（三）精通地方文化的专业教师匮乏

雄厚的师资水平是打造一个成熟专业的必要条件，也是高质量人才培养的保障。当前文化产业精英人才的不足，背后的原因之一是符合新时期文化产业发展需求的师资的严重不足。人才的培养，无疑是需要教师专业能力保持与社会先进水平同步发展的。社会需求在变化，原有的教师也需要通过不断学习来增加自己的知识储备，防止知识老化，教师的专业水平不高、实践能力不强必然会影响人才培养的质量。地方化、区域化是地方本科高校教师专业素质的特征之一。因此，教师在开展教学活动的过程中，在达到一般目标的基础上，还必须兼顾地方性，即加强对地方政治、经济、文化、科技等发展状况的研究。当前，掌握文化产业相关学科的理论知识和实践技能，充分了解地方的文化资源、历史传统、文化政策和企业需求，能够带领学生服务区域文化产业的专业教师非常少。因此，面向地方的不足直接导致各学科在教学活动中，缺少联系，难以将理论与地方文化相融合，学生获得了理论知识却无法在服务当地社会发展的实践中发挥所长，在实践中实际知识应用率不足。

三、基于专业建设视角的福建文化产业人才培养对策分析

高校文化产业人才的培养是一个系统性与长期性的任务和课题，需要多方共同努力，综合部署，多层面寻求有力举措，才能取得较好的成效。针对福建省地方本科高校当前文化产业人才培养存在的问题，本研究提出以下几方面相应对策。

（一）对接地区和产业需求，优化专业设置

2012 年教育部颁布的《普通高等学校本科专业设置管理规定》提出，“高校设置和调整专业，应主动适应国家和区域经济社会发展需要”。[7]“主动适应”正是高校服务社会职能的体现。地方本科高校的文化产业专业设置，一方面要考虑依托学校优势资源，为地方经济文化建设服务，另一方面要考虑未来几年文化产业的发展趋势。福建省拥有丰富的、得天独厚的地域文化资源，海丝文化、妈祖文化、船政文化、朱子文化、客家文化、红色文化等，具有发展文化产业的良好基础。文化产业要大力发展，需要培养一大批熟悉这些地域文化的福建特色文化产业人才，包括技能型人才、管理型人才、经营性人才、复合型人才等。在今后几年，福建省将重点打造新闻出版、广播影视、动漫游戏、创意设计、文化旅游和休闲娱乐等产业集群，可以预见，在未来一段时间内，福建省对这些领域的人才需求将大大增加。人才培养不是朝夕之功，人才

成长不会一蹴而就。因此，福建省地方本科高校的文化产业专业设置要具有前瞻性，应该在充分了解福建省本土文化资源的基础上，聚焦福建省十三五规划的重大发展战略，结合学校定位和资源，在专业设置和培养方向上提前布局，突出特色，敢于创新，重点设置福建省文化产业发展急需的、与未来较长时间内福建省文化产业人才需求结合度高的本科专业，同时加大对传统文化产业专业的改造升级，以适应当前文化产业所需，不仅要培养技能型人才，还要多设置能培养具有创新能力、经营能力、管理能力人才的交叉融合专业，形成新的学科增长点。

（二）完善人才培养模式，强调综合应用能力培养

地方文化产业的发展，需要精通区域文化产业的高质量应用型人才、复合型人才。地方本科高校在文化产业人才的培养上，既要探索文化产业人才培养的共性，又要避免文化产业人才培养的同质化问题，应立足地方文化传统和文化资源，充分运用地域文化的优势，既要摆脱理论与实践相脱节的传统培养模式，又要因地制宜，求新求异，关注并促进地方文化的传承和创新。当前大多数高校院系和专业的设置还是以传统方式为主，院系、学科、专业之间没有打通，院系、学科、专业之间存在明显的界限，这也造成了学生普遍存在所学知识较为单一的现象。因此，在设置人才培养方案的过程中，应当根据高校自身定位及优势专业，在依托原有文化产业相关专业的基础上突破原有的学科、专业设置壁垒，推进文化产业不同行业之间的交叉与融合，在课程设置、评价方式等方面向培养学生综合能力、应用能力方面倾斜。跨学科的交叉、融合不能只是不同专业课程的简单叠加，应该是在人才培养与社会岗位需求相匹配的基础上，整合教学资源，充分考虑理论教学与产业实践的融合、艺术与技术的融合、内容生产与产业经营管理的融合，将创新协同机制引入其中，构建对学生的全方位、立体化培养格局。

（三）推进校企深度合作，实现产教融合

文化产业高级人才的培养不能单纯依靠高校，校企合作是培养应用型人才的有效途径。高校具备产业人才培养的师资和理论学习环境，一线企业具备人才掌握技能的实践环境，双方资源的有效整合能够优势互补，实现双赢。因此，福建地方本科高校在设置文化产业人才的培养模式时，必须积极探索与一线企业对接的渠道，促进企业参与人才培养，创建与文化产业实体合作培养人才的联合模式，才能有效地化解高校文化人才培养与产业人才需求脱节的鸿沟。如福建师范大学协和学院就将文化企业中优秀的实践导师纳入专业建设导师库，建立长期合作机制，实现校企师资共享与交流，促进专业建设和产教融合。在今后的探索中，高校也可以考虑在校内设立以行业精英人士如高级工艺美术师名字命名的工作室，聘请他们定期或不定期短期入驻校园，带领学生参与实际项目创作训练。企业导师所具有的丰富实战经验正是校内教师授课的短板，双方共同教学，有助于学生更好地将所学理论运用于行业实践中，有效熟练地掌握专业技能。

结　语

文化如水，润物无声，文化软实力是促进经济发展的重要因素。当前，文化产业的如火如荼预示着将迎来蓬勃发展的黄金时期，充满机遇的同时也充满挑战。福建地方本科高校作为文化产业人才培养的重要基地，应在文化产业相关政策的引导下，结合自身办学定位与特色，结合地方特色文化资源，多方进行探索，合理进行专业设置，转变传统的人才培养模式，培养能服务地方经济的文化产业创新型人才、复合型人才、精英型人才，与地方企业需求实现无缝对接，为企业培育定制式人才，从而打造具有区域鲜明特色的文化产业专业，为区域经济建设和社会发展提供动力源泉。

参考文献

[1]新华网.十三五规划纲要(全文)[EB/OL].(2016-03-18)[2018-04-04].http://www.sh.xinhuanet.com/2016-03/18/c_135200400_2.htm.

[2]福建省人民政府办公厅关于印发福建省“十三五”文化改革发展专项规划的通知[EB/OL].(2016-06-06)[2018-04-15].http://www.fujian.gov.cn/zc/zxwj/szfbgtwj/201606/t20160606_1183832.htm.

[3]新华网.加快福建文化创意人才开发[EB/OL].(2015-11-02)[2018-04-24].http://www.xinhuanet.com/local/2015-11/02/c_128384725.htm.

[4]庄建东.新建本科院校教师专业发展研究[D].济南:山东师范大学,2009.10—12.

[5]教育部、国家发展改革委、财政部关于引导部分地方普通本科高校向应用型转变的指导意见[EB/OL].(2015-10-23)[2018-05-04].http://www.moe.gov.cn/srcsite/A03/moe_1892/moe_630/201511/t20151113_218942.htm.

[6]孙海悦.数字出版人才培养必须大有作为助力产业转型升级[EB/OL].(2017-07-17)[2018-05-07]. http://media. people. com. cn/n1/2017/0717/c40606-29409722.html.

[7]教育部关于印发《普通高等学校本科专业目录(2012年)》《普通高等学校本科专业设置管理规定》等文件的通知[EB/OL].(2012-09-18)[2018-05-12]. http://old. moe. gov. cn//publicfiles/business/htmlfiles/moe/s3882/201210/xxgk_143152.html

中华优秀传统文化元素与现代文创的融合

◎黄春霞

摘　要：中华优秀传统文化历经五千年，浓郁的历史文化，能够给现代文创注入新的活力，但现代文创在设计上、创新意识上有不足之处，本文提出以取其形、延其意、从而传其神的方式提取文化元素并运用在现代文创设计中，让文创产品的实用性和功能性相互统一，让中华优秀传统文化与现代文创有效地融合。

关键词：中华优秀传统文化元素；现代文创；融合

现代文创产品越来越受大家的喜爱，因为它不仅仅是一个产品，更多的是有中华传统文化赋予其中，随着人们生活水平的提高，对未来美好生活的向往，文创产品走进了更多人的视线中，不仅促进中华优秀传统文化的传承，也为现代文创的发展，提供了肥沃的土壤。

一、现代文创设计上的不足

1. 设计上美中不足

现阶段，国家大力推动文化产业，文创产品发展迅速，涌现出大量的作品，有些作品很美，赋有极强的艺术性，但缺乏实用性；有些作品实用性很强，但在艺术的审美维度上不足，造成有实用功能无艺术美无文化内涵，这就是设计上的不完善，优秀的文创产品应该是实用性与艺术性并存，它既是商品也是艺术品，两者相互关联，缺一不可。

2. 创新意识不强

文创产品设计上缺乏创新，出现新瓶装旧酒的现象。许多设计师为了跟上快节奏的发展步伐，在设计时经常使用他人的设计成果，不考虑原创和创新，当成自己的创意；有些为了文创产品尽快在市场上销售，设计者当下没有设计灵感，只是盲目地根据要求进行设计；更有甚者，在他人的设计作品上进行简单更改，替换原有的颜色或材质，加上新的标签变成所谓的新产品。这些都是缺乏创新意识的表现。如何做到在设计上有实用功能又有艺术美，如何展开创新意识，就需要设计师对中华传统文化进行挖掘和研究。

二、中华优秀传统文化在现代文创设计上的元素研究和提取

1. 中华优秀传统文化元素的研究

在设计制作前，前期的文化熏陶很重要，设计者要了解和学习中华优秀传统文化，阅读《中国古典文学》《中国民俗风情丛书——饮食习俗 》《历代名画记》《中国古代文化常识》《中国历史常识》《国学知识大全》《中国美术史》等相关书籍，听听古典音乐，熏陶人文情怀，对中华优秀传统文化有了新的领悟，有了文化底蕴，在文化元素的研究上更有方向，在设计时也会下笔如有神。

2. 中华优秀传统文化元素的提取

在五千年历史发展的长河中，中华传统优秀文化博大精深，内容丰富，具有民族性和多元性，设计师在理解传统文化的基础上，如何有效地运用这些元素进行现代文创设计，最主要的是要做好取舍。取舍的含义就是不能全部照搬，需要对传统文化进行一定的筛选，要取其形、延其意、传其神，进而设计出有文化内涵、有实用性的文创产品。

三、中华优秀传统文化元素与现代文创的融合

(一)“取其形”上的融合

中华优秀传统文化元素中可以提取汉字、书法的形；也可以提取传统建筑的外形；历代名画中物品的形；博物馆里藏品的外形等相关有传统特色物品的

外形，取其精华，进行文创设计。

1. 汉字的“形”进行造型设计

外形特征能够很好地吸引观者的注意，在设计中运用中华优秀传统文化中的汉字、书法元素进行挖掘，取“字”的造型，进行设计。在中国发展的历史长河中，汉字占据着重要的位置，它是文化的传承历史的承载，汉字文化对现代文创设计有重要意义。例如，2008 年《北京奥运会会徽》的设计，巧妙地运用汉字“京”字的形与运动员奔跑的形象结合，将中华文化汉字、书法的元素融合在一起，寓意巧妙，印象深刻。又如，《中国银行》的标志，将传统文化中的古钱币元素与“中”字结合，不仅有艺术上的美，同时形象生动地表达了中国银行的功能性和行业的特点。书法艺术能够在方寸之间展示出中华优秀传统文化的内涵，亦可根据需要运用甲骨文、楷书、行书、小篆等书法艺术运用在现代文创中。

2. 物体的“形”进行造型设计

利用传统文化中物体的外在形态可以设计出有现代气息的文创作品。例如，故宫博物院出品的《海错图 U 形枕》文创作品是依据清朝康熙年间，画家聂璜绘制的一组图谱——《清宫海错图》进行设计，聂璜在画中绘制了他在中国沿海亲眼所见，亲耳所闻的各种生物，此文创作品采用中华优秀传统文化元素，提取画中物体的形，制作出灰色的四腮鲈鱼、绿色的刺鲇、橙色的红鱼 3 款不同造型的 U 形枕，既有文化的传承、艺术美感又有现代的使用功能。

又如，中国国家博物院出品的文创作品——《四羊方尊纸艺灯》，该作品以春秋战国时期的青铜器—四羊方尊为元素，进行现代化处理，对器皿整体造型进行提炼，造型简洁，但又不失原有的特征，保留鲜明又独特的外形，并对器皿上凹凸感的兽面纹、细雷纹、蕉叶纹、云纹、三角夔纹、卷云纹等多种纹样进行平面化的处理，并印在青灰色特制的纸上，高度还原青铜器原先的色彩，又把握住器皿的外在形态，设计出有浓厚中华传统文化韵味又赋有现代功能性的纸艺灯，该文创产品从线上、线下商店走进大众生活，是文创产品的成功典范。

（二）“延其意”上的理念

中华优秀传统文化中“延其意”的表达方式有很多种，有用谐音的方式表达美好的寓意，有用色彩表达不同寓意、不同的身份、不同的地域文化，研究优秀传统文化进行文创元素提取时，要注意其内在的寓意象征。

1. 外在形态内在寓意表达的设计

中华优秀传统文化中以谐音的方式表达美好的寓意是设计师可提取的元素。“谐音”字面含义是指字词的音，相同或相近。民间常用四种动物寓意福、禄、寿、喜。福字以蝙蝠、佛手为代表，象征福气；禄字以鹿为代表，象征禄；寿字以乌龟、仙鹤、松、柏、石等为代表，象征长寿；喜以喜鹊为代表象征喜事。

例如在中国年画中，常看到鹿的形象出现在画中，这里的鹿就是取“鹿”与“禄”的谐音，寓意吉利福运；近代，据传在福建上杭一带，嫁女儿时一个很重要的陪嫁物品是“筷子”，这里的筷子就是取“快子”的谐音，寓意“早生贵子”。在有些地方举行婚礼的那一天，新郎和新娘分别要在自己家中吃全鸡，这里的“鸡”与“吉”同音，寓意将来会过有头有尾的好日子。

运用中华优秀传统文化以外在的形态内在的谐音，可以很好地进行现代文创设计。如故宫博物院出品的文创作品《事事如意》，该作品依据明朝第八位皇帝明宪宗朱见深创作的《岁朝佳兆图轴》，这幅设色画以画中的柿子作为现代文创，采用成熟柿子的外形，以柿蒂纹为壶盖设计一套茶器，取“柿”与“事”的谐音，象征事事如意的美好愿望。

2. 色彩不同意蕴的表达

在中华传统文化中，民族的多元性，造就不同的色彩元素不同的寓意，在设计的过程中要注意取舍并“延其意”。例如，蒙古族人民喜欢蓝色、绿色、黄色、橙色；避讳黑色、白色；汉族人民喜欢红色、黄色等鲜艳的颜色；朝鲜族人民对粉绿色、粉红色和白色甚是喜爱，藏族人民也喜爱白色，视白色为尊贵的象征，不同的民族对色彩的定义不同，喜好也不一样，在设计的过程中要充分考虑不同的色彩元素对各民族的寓意，要延其意的同时又要设计符合现代审美的文创作品。

以取其形、延其意的方式提取优秀传统文化的精华从而传其神。

传其神的表达方式有很多种，在文创设计造型中，可以使用优秀传统文化中的器皿、丝织物、雕像、铜镜、壁画等物件上绘制的图案纹样的视觉元素转化在现代设计中；可以采用不同的材质，如皮质、铁艺、纸质、陶瓷、布料等设计文创产品；不同的表现手法，如镂空设计、立体造型或平面展示等方式进行功能性的设计，最终目的是给人留下深刻印象的同时又有实用的功能。

结 语

传承、弘扬中华优秀传统文化是社会发展的需要，从传统到现代，从博物馆到公众，从国内到国际，文创产品是一座桥梁。挖掘中华优秀传统文化元素，以取其形、延其意、传其神的方式将历史情感、人文精神、书法艺术、民族习俗、传统图案等形式语言依靠设计者的智慧、技能和天赋，采用现代科技的手法有效地融进现代文创，使现代文创富有时尚，不仅符合当下购买者的喜好和审美，并具有实用性，是社会发展的新风尚。

参考文献

[1] 王卓，程亚鹏.青铜器文化基因在现代文创衍生品设计中的转化[J].设计，2020(033).

[2]郑怡然.两岸故宫博物院文创产品设计中的文化内涵刍议[D].北京交通大学，2018.

[3] 李朋辉，庄一兵.传统元素在产品设计中的运用[J].戏剧之家，2020.

[4]崔冰清.中国传统文化元素在现代文创产品设计中的应用[J].大众文艺，2020(002).

追本溯源古村落　奇思妙想新文创

——以福建名村名镇为例

◎林　芳

摘　要： 在十九大精神号召下，论文《追本溯源古村落　奇思妙想新文创——以福建名村名镇为例》基于海峡两岸历史文化名村名镇创意设计人才培养，以福建名村名镇为背景，结合个人教学研究经验，进行福建本土特色文创设计、开发，振兴乡村等系列思考。乡村振兴离不开人的振兴，作为教育的核心点：人，是一切的重中之重。欲借此文启发学生、教育工作者、创作者等思考。从自我做起，真正为乡村振兴输送活力。

论文主要分为三大模块：一、溯本追源古村落；二、奇思妙想新文创；三、总结。采用理论、经典案例、个人教学相结合进行论述。

关键词： 古村落；名村名镇；教学研究；福建本土特色；文创设计

一、追本溯源古村落

中国，自古就是一个传统的农业大国，也是世界上最早从事农业生产的国家之一。农业在中国文明发展历程中起着非常重要的作用。乡村，是人类由史前狩猎采集文明进入农耕文明后产生的聚落形态，是农耕生产聚居劳作和繁衍生息之所在。

作为一个拥有悠久农耕文明史的国家，中国广袤的土地上遍布着众多形态各异、风情各具、历史悠久的传统村落。改革开放以来，中国城市化进程显著加快，而城乡差距与日俱增。相对落后的农村如何以更好的姿态与城市齐头并进？

（一）古村落简述

中国传统村落，又称古村落，指村落形成较早，保留了较大的历史沿革，即建筑环境、建筑风貌、村落选址未有大的变动，具有独特民俗民风，虽经历久远年代，至今仍为人们服务的村落。传统村落中蕴藏着丰富的历史信息和文化景观，是中国农耕文明留下的最大遗产。在传统村落的精神遗产中，不仅包括各类“非遗”，还包括大量独特的历史记忆、宗族传衍、俚语方言、乡约乡规、生产方式等，它们作为一种独特的精神文化内涵，因村落的存在而存在，并使村落传统厚重鲜活，是村落中各种“非遗”不能脱离的“生命土壤”。

2012 年 9 月，经传统村落保护和发展专家委员会第一次会议决定，将习惯称谓“古村落”改为“传统村落”，以突出其文明价值及传承的意义。传统村落不是“文保单位”，而是生产和生活的基地，是社会构成最基层的单位，是农村社区。传统村落面临的改善与发展，直接关系着村落居民生活质量的提高。

传统村落是在长期的农耕文明传承过程中逐步形成的，凝结着历史的记忆，反映着文明的进步。它们不仅具有历史文化传承等方面的功能，而且对于推进农业现代化进程、推进生态文明建设等具有重要价值。它们还是民族的宝贵遗产，是不可再生的、潜在的旅游资源。传统村落体现着当地的传统文化、建筑艺术和村镇空间格局，反映着村落与周边自然环境的和谐关系。

（二）活化传统古村落，走中国特色社会主义乡村振兴道路

每一座蕴含传统文化的村落，都是活着的文化遗产，体现着人与自然和谐相处的文化精髓和空间记忆。2017 年 10 月 18 日，习近平在党的十九大报告中提出乡村振兴战略。2018 年中央一号文件发布，将以国家力量打破城乡之间的壁垒。实施乡村振兴战略的总要求是“产业兴旺、生态宜居、乡风文明、治理有效、生活富裕”。到 2050 年，乡村全面振兴，农业强、农村美、农民富全面实现。基于乡村的中华传统优秀艺术将得以在更广阔空间获得发展机遇。

关于如何走中国特色社会主义乡村振兴道路，2017 年 12 月 29 日，中央农村工作会议提出了七条“之路”：一是必须重塑城乡关系，走城乡融合发展之路。二是必须巩固和完善农村基本经营制度，走共同富裕之路。三是必须深化农业供给侧结构性改革，走质量兴农之路。四是必须坚持人与自然和谐共生，走农村绿色发展之路。五是必须传承发展提升农耕文明，走乡村文化兴盛之路。六是必须创新乡村治理体系，走乡村善治之路。七是必须打好精准脱贫攻坚战，走中国特色减贫之路。

二、奇思妙想新文创

（一）探福建古村落

福建省地处中国东南部，与台湾省隔海相望，它背负青山、面朝大海、物产丰饶、底蕴深厚。这里无山不青，无水不秀。海上丝绸之路发端于此，传统村落非物质文化遗产丰富多彩、撩人心弦，宗教文化、戏唱南音、提线木偶、线狮游艺等，令人目不暇接，妈祖文化更是世界非物质文化遗产。福建是80％的台湾同胞的祖籍地，是全世界一千多万华人华侨魂牵梦萦，寄寓乡愁的故土家园。

福建自古偏安东南一隅，少受中原战乱纷扰，宋元时期繁荣昌盛的海外贸易形成了闽越文化遗风。中原文化的传入，宗教文化的传播，中外文化的碰撞，在福建山水相隔的特殊地理环境下，形成相互交融又各具地域特色的六大历史传统建筑文化区域：闽南区建筑文化——海洋文化；莆仙区建筑文化——科举文化；闽东区建筑文化——江城文化；闽北区建筑文化——书院文化；闽中区建筑文化——山林文化；客家区建筑文化——移垦文化。

如今，福建省共有 76 处中国历史文化名村名镇，名列全国第二；229 处中国传统村落，并列全国第六。

笔者曾经探访永泰县嵩口古镇①、月洲村②、庄寨③、堡垒等，其密封干砌、自然古朴的鹅卵石墙体、鹤形优雅的线型甬道、高耸的碉式角楼、密布的斗式条窗和竹制枪孔等精美绝伦的装饰和完备的防御系统，无不让人印象深刻。武夷下梅村、陈村、五夫镇④等古村落，其精致美妙的石雕、砖雕、木雕、墙头彩绘等艺术，无不展现着能工巧匠们精湛的技艺与美学。闽派工匠们既注重传统工艺，又极富创新精神，手法细腻、造型雄浑、巧夺天工、一气呵成。笔者还曾探寻港口类型连片聚建、红砖红瓦、喜气洋洋的漳州古民居；海边类型平潭石头厝建筑群；竹田蕉叶、傲然独立的南靖县田螺坑土楼群等。闽南地区牡蛎壳及出砖入石墙体环保另类；闽中地区坚硬细腻的三合土工艺令人称奇；闽北地区的砖雕门楼精雕细琢，技艺非凡；福建古村中的灰塑、彩绘、剪瓷传统工艺五彩纷呈……展翅飞翔的屋脊翘角千姿百态、直冲云霄；形态各异的雨更墙精雕细琢、华美异常……

福建省委、省政府高度重视传统村落的保护与发展，投入大量资金进行抢救性保护，先后出台了《福建省传统村落评审认定办法》《福建省历史文化名镇名村保护发展规划》《保护和整治导则》《古建筑修缮定额》，还出版了《福建省传统民居类型全集》等，为守护古村的青山绿水，传承古村落的文化精

① 嵩口古镇是福州市唯一的中国历史文化名镇。嵩口古镇是南宋爱国词人张元幹的故乡，同时是永泰西南政治、经济、文化中心和重要交通枢纽。嵩口镇区有60多座明清时期古民居保存完好。

② 月洲遗存丰富，风光秀丽。古寨堡宁远庄是皇帝御批建造的“四井拱梁”大寨堡，由文林郎张谦建于雍正年间，历时五年竣工，占地面积5100多平方米，堡内建筑奇特，装饰精致，遗留众多名言佳句。张元幹故居坐北朝南，由张氏二十四世孙张柏住重建于明朝末年（1643），至今有365年的历史，旁边还有“书斋”“圣人厅”“水月亭”“寒光阁”“雪洞”“紫竹假山”等遗址。10公里的桃花溪，风景如画，桃花溪边的摩崖石刻，引人深思，惹人怀想。月洲资源丰富，生机无限。

③ 永泰庄寨始建于唐朝，发展于明清时期。历史上庄寨总量超过2000座，现存庄寨有152座，面积1000平方米以上、年代100年以上98座，被誉为“南方民居防御建筑的奇葩，农耕社会家族聚落生存的记忆，传统乡绅文化弥足珍贵的载体”。庄寨是永泰独有的民间传统建筑。是在特殊的地理环境、特殊的历史背景、特殊的社会形态、特殊的生存空间所产生的独具风格的高山民居。永泰的庄寨既有土石结构巍峨耸立的外墙，又有着各色的雅致小院和精致窗花木雕。它有着居住和防御双重功能，是当时保家御敌必备。

④ 五夫镇自古就有“邹鲁渊源”之称，是理学宗师朱熹的故乡，朱子理学的形成地，朱熹在五夫从师就学长达40余年。

华，创建机制活、产业优、百姓富、生态美的新福建，不断努力。习近平总书记高度重视传统文化的保护、开发、利用，并做出了一系列的批示和讲话，对福建特色文化用“藏在深山人未识，撩开面纱惊八闽”的论断做了精辟评价。

（二）寻文创新元素

古村落的保护与发展离不开鲜活生命力的注入，没有生命力的古村落最终只会慢慢衰败直至消亡。作为一名艺术设计的教育工作者，面对蕴藏着如此丰富历史文化艺术资源的古村落，怎忍其美丽被人忽视、忘却？我们从自身做起，善用身边资源，挖掘福建本土特色符号，打造特色艺术设计作品。教育的本质[①]是培养人的活动，它的职能是根据一定社会的要求，传递社会生产和生活经验，促进人的发展，培养社会所需要的人才。

德国教育学家斯普朗格说过：“教育的最终目的不是传授已有的东西，而是要把人的创造力量诱导出来，将生命感、价值感唤醒。”

新时代的人才培养已由传统单一型人才过渡为综合型人才。现代综合型人才应具有发现问题，进行思考，采取行动，勇于探索、创新、分享的能力。笔者在教学中以“福建本土特色文创设计”为主题展开教学与设计，提倡关注身边、关注生态、关注资源、关注本土、关注传统；提倡探索实验精神，在有限的资源下，最大化创新设计。

案例一：文创《甍》设计——创造埭美古村的新时尚

埭美古村（见图1、图2）位于福建省漳州市九龙江的入海口与支流南溪交界的三角洲，是闽南最大、保存最完整的古代民居建筑群，也是“闽系红砖”建筑的代表之一，被列为第四批省级历史文化名村。这是一个有着560多年历史的神秘古村落，全村四面环水、古榕遍村、古厝成群。虽然沈海高速公路漳州港出口处距此仅有两公里，但这里好似一处被世人遗忘的世外桃源，具有“港环社，社枕港”的独特景观。

① 教育本质指教育的内在要素之间的根本联系和教育作为一种社会活动区别于其他社会活动的根本特征。与“教育现象”相对。

图 1

图 2

走进埭美古村，仿佛依稀能听到历史的低沉回音。踏入古村，红砖瓦、燕儿尾、灰白墙……典型的闽系红砖建筑风格扑面而来。石砌墙体、红瓦屋面，厚重庄丽；木雕、砖雕、泥塑、梁拱雕花，独具匠心。

埭美古村于明景泰年间由开漳圣王陈元光后裔开基，几百年来，村民们严守陈氏先祖禁改建筑格局的遗训。古厝群傍水而建，呈轴对称排列，49 座明清时代的古厝一律向北，20 世纪 60 年代新建的 227 座新厝一律向南，房子格局大小一模一样。初来乍到的人根本分不清哪家哪户，犹如走进迷宫。埭美古村规划之整齐，令人叹为观止，获得了“一张规划管五百年”的美誉。当地政府极为重视古村的保护和修缮，2015 年，陈氏古厝修建起占地面积约 250 平方米的“家风堂”。家风堂以“传家风家训，享家珍家誉”为主旨，传递埭美古村建筑的“和”文化内核。

结束对埭美古村的探寻，笔者指导学生对埭美古村的红砖、古厝、封火墙、飞檐等建筑元素一一进行提取（见图 3），融合当地“和”文化，在尊重传统特色基础上进行现代语境设计转换，主要运用现代设计手法与工艺，设计制作了《甍》（见图 4）生活类首饰系列文创作品。作品以简洁的线条，运用非对称的均衡形式美法则，对闽南古厝建筑外轮廓进行概括、分解、重组，再进行夸张、对比的设计，既保留对传统的尊重，又进行了大胆的尝试。最终，作品《甍》[①] 喜获首届福建省大学生文化创新创意设计大赛金奖（文博生活类）。

图 3

① 作品新闻：进入网站可查看作品《甍》更多设计细节。http：//cuc. fjnu. edu. cn/newscenter/xhyw/20175/69952. html。

图 4

案例二：《喜燕剪艺》CIS 设计——打造漳浦剪纸的品牌符号

剪纸是汉民族最古老的民间艺术之一。2006 年 5 月 20 日，剪纸艺术经国务院批准被列入第一批国家非物质文化遗产名录。2010 年，漳浦剪纸作为“中国剪纸”的子项，被列为世界级非物质文化遗产。

漳浦——福建南部的千年文明古县，犹如历久弥香的千年老酒，那酒坛上的标记就是“漳浦剪纸”。漳浦剪纸丈量着先祖们创造文明的脚印，留下中原文化与海洋文化、吴越文化、楚粤文化交融的印迹，保留下这方水土民俗生活的记忆。漳浦剪纸艺术源远流长，唐宋以来非常活跃，据《漳浦县志》记载：“元夕自初十放灯至十六夜，乃已神祠家庙，或用鳌山运傀儡，张灯烛，剪采为花，备极工巧。”这说明，唐宋时期，剪纸已经应用在“鳌山”，也就是灯尪制作上。这个传统一直延续至今。漳浦城乡各地仍保留着元宵佳节闹花灯、穿灯脚、跑撵艺等民俗活动，活动中使用的那些色彩斑斓的花灯、灯尪、撵轿上，处处可见剪纸的痕迹。

本着对传统文化探索的热情与坚持，笔者指导学生对“漳浦剪纸”进行一次次调研，逐渐明确其品牌设计定位不应仅停留在传统剪纸工艺本身，而应将“漳浦剪纸”打造成一个具有福建本土特色的文化品牌，走出去。《喜燕剪艺》CIS 设计经过一次次调研、设计、改进、整理，最终完稿，打样参展[①]（见图 5）。

① 作品新闻：进入网站可查看作品《喜燕剪艺》。http：//cuc. fjnu. edu. cn/news-center/xhyw/201926/92134. html。

图 5

《喜燕剪艺》CIS 设计的 LOGO 综合了“燕子”“剪刀”“中国结”等元素，经过多次修改、简化，最终诞生。燕子象征春天、希望、生机；燕子北来南归，暗指闽南“漳浦”；“燕尾”造型又有“剪刀”之意，与“剪纸”不谋而合。中国结造型被简化为“线”进行再设计，为整体设计增加中国元素。品牌吉祥物造型则亲切可爱又吉祥，其应用设计既具传统、本土地方特色，又具吉祥之意，市场开发、衍生价值巨大。《喜燕剪艺》品牌标记可应用在漳浦县传统布艺、纸艺、器皿等衍生文创产品上，创生地方经济产业链，振兴乡村古镇。

参考文献

[1]崔春华.民间艺术考察与设计[M].北京:清华大学出版社,2014 年.

[2]严三九,王虎.文化产业创意与策划[M].上海:复旦大学出版社,2018 年.

[3]过伟敏.建筑艺术遗产保护与利用[M].江西:江西美术出版社,2006 年.

[4]张凌浩.产品的语意[M].北京:中国建筑工业出版社,2015 年.

[5]曼齐尼(Manzini,E.).环境可持续设计[M].刘新,杨洪君,覃京燕译.北京:国防工业出版社,2010 年.

[6]国务院办公厅.国务院办公厅关于转发文化部等部门中国传统工艺振兴计划的通知[R].2017 年.

[7]国务院.国务院关于推进文化创意和设计服务与相关产业融合发展的若干意见[R].2014 年.

城乡公共服务与文化产业的双向融合分析

◎沈惠娜

摘　要：公共文化服务和文化产业发展皆是实现文化强国的重要途径，虽然公共文化服务以官方为主导，文化产业发展以市场为主导，但二者在内涵和特点上有所关联。按目前发展态势，公共文化服务和文化产业正面临共同的一些瓶颈，如存在认识误区、缺乏人才、地区发展不平衡等，二者如何互动共赢谋求发展是本文探讨的一个问题。

关键词：城乡公共文化服务；文化产业；协同发展

一、公共文化服务与文化产业的概念与特点

（一）公共文化服务

“公共文化服务体系从本质上而言是一种社会文化保障，与民生建设息息相关，是对新时代文化自信的一种彰显。”[1]它是以政府为主导的对涉及广大民众精神文化生活方面的服务。近年来，在党中央、国务院的高度重视下，我国颁布了诸多有关公共文化服务的文件，如《关于加快构建现代公共文化服务体系的意见》和《国家基本公共文化服务指导标准》等，对现代公共文化服务体系的建构作了全面部署，提出要繁荣文艺创作、加强基础设施、创新管理运行机制、实施文化惠民工程、吸收社会力量参与、推进文化科技融合、加强文化

遗产保护等。从相关定义和部署范围可以看出，公共文化服务具有如下显著特点。

1. 公益性

公共文化服务的服务主体是政府，它的公共性决定了其提供的文化服务不同于市场文化服务，它必须从民众的公共利益出发，追求社会效益的最大化，因此，公共文化服务带有很强的公益性，虽也有一定的市场竞争，但它不以营利为主要目标。

2. 导向性

公共文化服务的目的在于提升人民在精神文明领域的生活质量，既保障其文化权益又满足其不断增长的文化需求，因此，公共文化服务的内容选择和项目设计要有一定的超前意识，能起到导向作用。

3. 包容性

公共文化服务涉及社会成员的生活、娱乐、教育等，服务内容的广泛决定了其必须带有包容性，不因身份、年龄、种族等区别对待，从而打破身份差距、年龄界限和地域差别，让公共文化服务成为现代社会公民能享受到的一种基本权利。

（二）文化产业

文化产业是一个十分复杂的概念，学界对“什么是文化产业”各有看法。世界各国对此也各有认定。有的国家把与文化有关联的产业都视为文化产业，如日本；有的国家则把和文化内容开发、制作、生产、消费等有关的服务业称为文化产业，如韩国；也有的国家则不提文化产业，而是称为文化娱乐业和信息服务业，如美国等。

国家统计局在其发布的《文化及相关产业分类》中指出，文化及相关产业是指为社会公众提供文化产品和文化相关产品的生产活动的集合，目前已涵括涵盖演出业、影视业、音像业、文化娱乐业、文化旅游业、网络文化业、艺术品业、艺术培训业等行业门类[2]。文化产业作为一项新兴产业，是社会主义现代生产力不断提高、市场经济制度不断完善的产物，它具有如下特点。

1. 服务性

文化产业的产品可以在保障创意的基础上，通过相关营销和服务提升商品价值，其生产制作的所有环节都带有比较强的消费者服务意识，强调以人为本，从服务对象角度思考创意、营销与衍生品开发。

2. 知识性

文化产业的核心内涵是信息、文化资源、创意等无形的符号要素，它最大的魅力在于提供独特的有文化价值的商品，其产品和服务都带有一定的知识气息与文化品位。

3. 风险性

文化产业中的产品消费是满足消费者精神层面上的消费，其产品生命周期短，可重复利用的价值较低，再加上文化消费具有主观易变、竞争激烈等特点，这使得文化产业的投资与回报风险比较高。

二、城乡公共文化服务建设与文化产业发展存在的共同问题

近年来，我国的文化产业产值始终保持上升，并且增长速度不断加快，文化产业营业收入增长。公共文化服务建设也是近些年党和政府十分重视的领域，在系列文件和通知的引导下，当前的城乡公共文化服务也取得了一定的成绩，但由于经验不足等原因，公共文化服务还有待进一步完善。二者都存在如下问题。

（一）认识上存在误区

在文化产业方面，人们往往只看到文化产业带动当地经济效益，而忽视了与文化产业发展相关的配套服务，在认识上偏向唯项目的内容创意论，对后期的服务体系不够重视。

在公共文化服务方面，经济发展问题一直都是我国关注的焦点，相比之下，文化建设的关注度比较低。这种状况在这些年虽得到改善，但是仍有部分政府部门对提供公共文化服务的认识，停留在早期的“送文化下乡”模式，授人以鱼而没有授人以渔。在城乡公共文化服务建设上，政府包揽包干，轻视社会力量的参与，不利于建立起良性的城乡公共文化与其他行业及社会的互动机制。

（二）缺乏优秀人才

在文化产业方面，文化产业的发展速度很快，不管是产业链上游的创意开发，还是产业链中游的营销宣传，抑或产业链下游的衍生服务，都需要大量的人才予以支持，而我国目前开设这方面课程的学校不多，即便有也仍处于新兴的探索阶段，缺乏实践经验。

在公共文化服务方面，我国城乡公共文化服务的从业人员虽每年都有所增长，但是仍难满足公共文化服务日益增长的需求，尤其是农村公共文化服务人才，绝大多数是农村本地人，文化程度不高，无法很好地从事文化服务，再加上相关的人才培养机制尚不成熟，使得公共文化服务方面的管理人才、创新型人才匮乏。

（三）地区差距大

在文化产业方面，我国文化产业的发展呈现出明显的地区不均衡趋势，东南沿海一带、北上广一带的文化产业收入占据了全国文化产业 GDP 增长的半壁江山，而西部地区仍处于文化产业的贫瘠状态。

在公共文化服务方面，改革开放使得我国的城市和农村都有所发展，但是不同地域之间的差距也在不断地扩大，这不仅体现在经济收入上，还体现在精神文化上。城市日益丰富多样的文化生活和农村逐渐单一贫乏的文化现状成了一个鲜明的对比，城乡矛盾愈发突出。

三、促进城乡公共文化服务与文化产业协同发展

推进公共文化服务与文化产业融合发展，既能够人才共享，带动文化产业的整体繁荣，又能更好地统筹和开发公共文化资源、维持城乡发展平衡。

（一）借助文化产业，完善城乡公共文化服务建设

1. 创新文化产业发展机制，搭建城乡文化交流渠道

城乡经济发展水平愈是悬殊，愈要创新文化产业发展机制，带动城乡居民的参与热情，借助文化的力量促进城乡协调发展。一方面，政府要出台政策鼓

励并引导文化产业向城乡合作方向倾斜；另一方面，文化产业机构要立足于城乡差距基础上，构思文化产业创意，寻求项目合作点凝聚在地文化力量，推动人文建设。

以台湾省池上乡为例，池上是台湾重要的米乡，成片的土地都是稻田。居民世代以耕作谋生。近十几年来，农业日益机械化，所需劳动力减少，很多年轻人离乡谋生，池上产生了和诸多乡村一样的日渐颓败面貌。当地政府为此出台了诸多利好政策，如提供经费支持等，用以发动社会、企业等各方力量积极为“乡村振兴和社区营造”出谋划策，吸引了很多艺术家以池上为灵感源泉，在此创作了大量的著名的艺术作品，催生了池上秋收稻穗艺术节。如今的池上不仅因大米闻名，更因艺术吸引了大量年轻人返乡驻足，成为热门旅游点。

池上案例的成功是创新文化产业发展机制，搭建城乡文化交流渠道的结果，它的经验具有普适性。首先是以政府力量推动文化产业走进乡村；其次是借助艺术家之手，立足于乡村现状大胆创新，如国际著名编舞家林怀民创立的舞团云门舞集，以池上稻田为背景，以农民劳作场景为内容，编排了享誉海内外的舞蹈《稻禾》，让深耕的土地与音乐艺术结合，把乡村送上了世界的舞台；最后是注重以文化艺术为交流契机，带动城乡居民在生活观、价值观上的分享共建，如池上的每位驻村、访问艺术家都会在当地办展览、讲座，针对乡民开艺术课堂等，既让乡民们体验艺术乐趣又可收集乡民们提供的有趣素材，在交流分享中共同成长。

由此可见，通过创新机制把文化产业和城乡文化服务结合起来，对促进城乡平衡发展大有益处。

2. 丰富文化产业内容，锤炼城乡公共文化服务能力

文化产业作为一种实体经济，其发展一般会受到市场竞争、政府引导等因素影响，它在既具有市场属性的同时也具有公共产品属性。

它的发展既需要自身重视市场走向，又需要政府能做好与文化创意有关的服务保障，如建设公共文化设施、提升民众文化素养、简化文化活动申报手续等。以城乡文旅融合为例，城市和乡村的文化旅游是当下的一个市场热点，抓住市场需求一方面既需要在文化项目上下功夫，不断提炼和塑造有城乡元素的精品文化内容；另一方面又需要政府为城乡的经济合作、文化合作等做好保障，既要能有所引导，又要能有所服务。

通过一次又一次的合作共建，文化产业可以丰富自身的发展内容，政府也可以提高公共文化服务的水准，进而为提升效能积累越来越多的经验。

（二）用公共文化服务建设助推文化产业发展

1. 完善公共文化服务细节，提升文化产业体验感

文化产业的发展与其产品体验、服务体验息息相关，完善的公共服务配套能大大提高人们对此的满意度和舒适度。基层社区服务方面应该充分利用社区的服务环境，建设文娱活动室、文化交流室，将社区打造成多元文化活动的集结地，提升居民的文化意识，体验意识；网络服务方面应该结合新媒体时代的社会发展特点，注重细节，根据各类公共文化服务的具体情况建立专门的互联网操作平台，如网站或 APP 等。通过网络平台把文化企业、演出机构和群众联结起来，提供一个及时的、公开的信息交流空间。文化企业可以在平台上发布最新文化动态，如有哪些展览、演出等；演出机构则可以把与演出相关的台前幕后等不为人知的一些创作细节刊登平台，加强人们对演出的认可与理解；而群众则可在平台中自助下单，选择自己感兴趣的文化产品进行消费。只要细节做到位，“订单式”的文化服务必能大大提升人们的文化体验感。

2. 创新公共文化服务内容，对接文化产业项目

公共文化服务与文化产业在某种程度上共生共容，公共文化服务可以通过创新内容，促进文化产业发展。具体做法有：以政府为主导，设定文化帮扶对象，为其量身定制文化项目；以服务为主导，用服务唤醒市场需求，根据需求寻找文化产业合作项目。

以陕西省渭南市秦腔团为例，渭南市秦腔团是一个专业剧团，但其生存却甚是艰难，剧团接不到演出订单，演员无所事事，剧团干部一盘散沙、剧团成员不断上访。针对此状况，渭南市委、市政府创新服务内容，策划“一元剧场”，取得了很好的市场反响。[3]

从此案例中我们可以学习其具体的步骤做法。一方面是立足于市场做调研，发现并了解发展弱项，从而制定相应的文化服务方案。例如渭南市委、市政府调研发现秦腔团的发展困境源于知名度不够、用户吸引力不佳，便策划了低价促销策略，先用一元票价引起关注，进而借助人气做宣传，让更多观众对剧团有所了解，让演员重新回到大家的视野。另一方面是铺设文化服务平台，

为文化产业的发展提供支持。例如渭南市委、市政府以服务方角色对接剧团和企业，一方面帮助剧团获得企业的赞助，另一方面让企业以冠名形式在剧团演出中得以宣传。剧团在和企业、民众的互动中获得了恢复传统剧目、创作新剧目的灵感和素材，进而打造出更多优秀的、受市场青睐的演出作品，铸造了品牌，提升了剧团的产业化能力。

由此可见，政府立足于市场做好公共文化服务内容的创新，能为文化产业项目注入新的活力。

结　语

文化产业偏向营利，公共文化服务偏向公益，二者看似相悖，实则在内涵上都是聚焦文化发展和精神建设，各自的特点亦有相似处，因此，目前的文化产业和公共文化建设可以寻求合作点，互相促进、互相补充，共同面对存在的问题，从创新机制、丰富内容、完善细节、对接项目等方面共同努力，为我国人民营造一个更为繁盛的文化氛围环境。

参考文献

[1]祖晨阳.公共文化服务体系的提升之道[J].人民论坛，2018(9)：138—139.

[2]刘泓，袁勇麟.文化创意产业十五讲[M].成都：四川大学出版社，2012：8—9.

[3]刘辉.公共文化服务的文化产业效应——以渭南市“一元剧场”为个案[J].理论探索，2012(1)：103—106.

城市文化创意与文化产业发展研究

◎王　琳

摘　要： 随着城市化进程的不断快速进行，城市应当进一步制定明确的文创产业发展目标，注重在挖掘城市文化创意的基础上提高城市文化产业的整体质量。由于文化创意未能作为城市文化产业的核心竞争力，因此影响城市文化产业发展质量，没能体现城市文化产业的整体竞争力。

关键词： 城市；文化产业；文化创意；竞争力

城市文化创意产业的发展应当基于地方得天独厚的优势资源，着力促进地方文化产业向着创新性、独特性方向发展。由于地方文化创意项目没能充分挖掘地方文化资源，影响了产业发展的有效性，不利地域文化产业的整体提升。

一、文化创意与文化产业通融发展瓶颈

（一）资源整合度较低

城市的独特文化内涵与城市文化产业关联性较低，不少城市注重发展动漫、时尚等主题文化产业，没能基于城市文化特色进行城市文化产业资源的深度挖掘。城市文化产业不能精心培育文土优化传统文化资源，不能在区域文化资源整合的基础上提高文化产业发展的创新性与独特性。首先，一些城市文化产业没能从区域内积淀的已有文化资源入手，不注重挖掘和保护文化创意的源

泉，一些文化企业更注重寻找域外文化资源。其次，一些历史文化名城、地域传统文化、地域非物质文化遗产资源在开发的过程中还受到版权、法规、所有权等方面的制约，很多有地域文化特色的资源没能焕发出商机。第三，一些地域历史文化资源、旅游资源、城市人文景观没能与大众生活进行深度融合，尚未能形成地域文化资源的广泛影响力，地域文化创意空间仍有挖掘的巨大潜力，还需要在提高受众广泛性的基础上，实现特色化资源开发。

（二）产业特色不突出

城市文创创意应当基于地方特色的历史文化资源，强调在获得比较优势的基础上促进地方文化产业的发展。虽然地域文化产业已经开始注重打造有地方特色的文化产业项目，但是存在着创意低与产业重复率高的问题。不少地域只注重借助地域文化进行类型化的笔、杯、盘等产业化生产，没能在集中区位优势的基础上开发独特性的文化产业项目。还有的地方存在同类性产品的盲目攀比方面，往往把文化产业的创新放在求大、求小或者求数量方面，没能真正地实现文化内涵的有效展示。第三，由于区位优势的整合不足，企业间未能走出联合发展的道路，因此影响地域文化创意的有效性，不利于促进产业水平的升级。不少地区还缺乏龙头型文化企业，缺少有影响的文化展示与传播平台，造成文化创意产品的宣传度低，没能提高文创产业的社会影响力。

二、城市文化创意与文创产业整合原则

（一）战略整合原则

城市文化创意理念与文化产业发展应当统一为城市服务，强调构建完善的城市文化产业战略体系，进一步挖掘城市文化的引导与实践价值。首先，以产业整合为突破口，建立新型的文化创意景观载体和活动项目，基于丰富的文创创意产品提高宣传力度，更好地吸引游戏参与文创体验与实践活动。其次，在产业整合的背景下实现文化创意与文化产业资源的整合，注重推动精品创意文化的发展，加强文化创意的综合策划，不断推出精致的文创产品，满足地方文化产业的高速发展需要。第三，围绕推出新的经济增长点促进文化创意实践活

动的转型发展，提高文化创意部门的市场意识，在市场化的原则下促进文创产品发展。在政府引导文化产品发展的过程中还要加大机构引导和政策扶持，注重形成一个利益均衡关系，更好地促进企业、政府部门参与其中。第四，还要树立强有力的品牌意识，在品牌指引下促进文化创意与体现企业的深度联盟，找到文创产业与旅游合理有效的突破口。

（二）政策供给原则

城市文化创意与城市文化产业的衔接，应当基于文化产业更好地表现出城市的文化风貌、精神理念、时代特色，还要加大政府对文化创意实践活动企业的支持。首先，成立文化产业协调小组，协调相关部门提出一系列的扶持鼓励政策，为各种主动参与文创项目的工作人员给予适当的奖励。第二，还要成立观赏性的体验区，在进一步选择区域文创发展主线的基础上，能够更好地把各种文创项目与资源进行融合，打造完善的文化创意产业路径，形成科学完善的设施体系，拓展配套要素功能，提高地方文化创意资源的聚焦性、带动性，着力进行文创灵动的塑造。第三，还要打造优化的地方文化馆，全面展示地方文化特色，在挖掘历史长、规模大、发展快的文创产业发展体系的基础上诠释城市文化魅力。例如，打造有地方特色的民众博物馆，有冰雪等独特资源的地域还可以打造冰雪文化博物馆，展示冰雪文化的载体和特点，对地方文化进行深刻透彻的文化，建设一个全新的中心意识沉浸分载体。

（三）服务支持原则

城市文化创意与文化产业的协调发展，还要建立一系列的辅助性的管理体系，运用各种政府公共资源打造文创供给体系，满足全社会的文创需要。首先，应当打造非物质文化遗产保护机制，有效保护稀缺性的城市文化创意资源，更好地挖掘整理可用于城市文化创意的独特性资源。其次，建立文化创意培育的咨询中心，建立一系列主题文化的活动展示中心，文创创意的俱乐部等，建立一批重要的文化创意的合作机构，加大科研人员、教育教学人员、文化创意理论研究人员的培训工作。第三，提高区域性文化创意品牌的社会知名度，提高文化创意项目的社会价值，展示文化创意的重要意义，在促进相关创作的基础上提高文创活动的科学性与有效性。第四，建立数字化的文化创意扶持平台，依靠文化产业营销渠道打开文创活动的社会影响和传播渠道，实现文创产业与知识的紧密结合，更好地提高文化创意活动的有效性。

三、基于文化创意的文化产业发展策略

（一）加大文创活动扶持力度

城市文化产业发展应当走可持续发展的道路，在区域文化资源整合的基础上为文化产业发展提供推动力量，着力营造一个有利于文创创意融入地方文化产业的新格局。首先，应当围绕文化创意建立规模化产业园区，打造创意文化产业带，加强文创的科学规划，提高文创资源的利用率，形成特色品牌文化项目，政府应当加大文化调控工作的力度，着力集中区域优势力量，实现集约化文创发展。其次，提高文创项目的政策供给水平，有效落实国家文创政策，加强文化产业的规划工作，深入贯彻文化产业发展精神，进一步基于特色城市文化挖掘文创活动的产业增长点。第三，还要加强知识产权保护，加大文化创意的保护力度，营造良好的文化创意发展的公平性环境，提高文化创意的市场竞争力，构建良好的文化创意经济平台，有效地减少文创交易的成本，实现文化创意的产业转化，提高文化创意融入文化产业的价值。

（二）加强文创活动资金扶持

促进文化创意活动的发展，还要拓展文创产业的融资渠道，形成多元化的投融资体系，在政府主导的基础上利用企业形式更好地促进文化创意的产业化，在加大资金支持力度的基础上推动各类文化产业部门的快速发展。首先，拓展融资渠道，加强资金注入，引导民间资本为文化创意活动提供资金支持，形成文化创意的产业链条，提高文化创意的信贷投入水平，鼓励企业运用资本方式为文创项目进行资金扶持。在有效吸收社会闲散资金的基础上，通过股权多元化的方式鼓励新兴文创项目进行产业化运营。其次，应当重点加大知识密集型和经营性文化企业的扶持力度，提高文创项目的自主经营有效性，注重引导社会机构的文创项目的市场化，最终通过企业运作的方式更好地实现文创产品价值。第三，建立科学的项目论证评估机制，加强城市文化产业的布局，建

立自负盈亏的管理机制，以及金融投资的风险评估机制，再合理预测文创项目的项目，进一步降低文创项目融资的风险因素。

（三）加快专业人才引进工作

引进文化创意人才对于促进文化产业发展有重要意义，当下应当加大文化创意人才的引进力度，打造密集型的文创产业，落实抓好文创人才队伍建设的质量。首先，联合地方高校、人才招聘机构为区域文创活动延揽人才，注重建立灵活性的人才交流机制，基于文化事业与文化产业的需要实现实践艺术文创人才的有效流通，允许个人以灵活的形式参与文创项目的研究实践工作当中。在建立适宜分配制度的基础上调动专业技术人员参与文创活动的积极性。其次，加大国外文创人才的引进力度，注重吸引全球高端文创人才进行文创产业项目，进一步实现文创人才的聚焦效应。第三，还要打造全球人才的交流与融通机制，基于文化创意组织全球性的论坛等活动，搭配优质的文创人才的互动平台，完善文化经纪人制度，打造高质量的文创人才评估体系，从而更好地起到文创人才的汇聚作用，实现文创人才的综合全面汇聚。

（四）培养群众广泛文化需求

地方文化创意活动助力文创产业的发展，还要立足于城市居民的消费需要，着力挖掘文创市场的潜在能力，在扩大市民对文创产品需要的基础上促进文创活动的快速发展。首先，要加大文化教育的投入力度，积极优化文创产品的结构，围绕着市民组织开展一系列的实践性文化参与活动，打造立足于地方传统文化特色的文化品牌，吸引广泛市场进行文化消费，强势发展和繁荣文化产品市场。其次，要实现文创产品市场的均衡发展，注重满足人民群众的基本文化权益，在制度上更好地保障农民文化权益，在城乡一体化的大背景下更好地满足广泛的市民文化需要。第三，要进一步开发文化消费市场，有效划分文化消费市场的层次，实现文创项目的差异性供给，基于丰富的文化创意活动满足不同层次群众的需要，从而更好地传递展示出文创产品的实际应用价值。

结论：进一步展示文化创意的价值，通过文化创意活动促进文化产业的发展，应当加强政策性的供给，建立良好的文化创意的示范产业园区，充分地运用好国家的扶持政策，在提高政策监督的基础上形成良好的文创发展体系。在重视知识产权的基础上能运用法律的方式保证公平的市场环境，从而为文化创意活动有效融入文创产业提供必要的保障条件。

参考文献

[1]曹徽，巩艳芬，魏希柱.中国创意城市创意能力评价研究[J].沈阳大学学报(自然科学版).2012(2):73—78.

[2] 龚雪.构建适合中国国情的城市创意指数[J].开放导报.2012(12):91—94.

[3]朱自强，张树武.文化创意产业概念及形态辨析[J].东北师大学报(哲学社会科学版),2012(1):117—121.

[4]林中燕，郑大川，等.闽台文化创意产业联动机制研究[J].东南学术，2014(6):257—263.

第八辑　思政教育

影响独立学院毕业生就业水平提升的SWOT分析*

◎阮晓娟**

摘　要： 近年来，就业问题已成为全球共同关心的世界性问题。我国的就业压力与日俱增，解决就业问题是我党和政府一项重要任务。本文以福建师范大学协和学院（XH学院）的具体实际出发，充分利用SWOT分析法来确定并分析影响毕业生就业水平的两个重要因素：一、内部因素（即“SW”，竞争优势和劣势）；二、外部因素（即“OT”，外部环境带来的机会和威胁），并提出有效提高毕业生就业水平的方法和对策，促进独立学院就业工作的顺利开展，最终达到社会主义和谐社会的有效构建。

关键词： 独立学院；毕业生就业；SWOT分析法

一、影响独立学院毕业生就业水平的内部能力因素分析

（一）有利于独立学院的毕业生就业水平提升的竞争优势（Strengths）

1. 专业设置优势

独立学院因其灵活的办学机制能以市场需求为原则，以就业为导向，及时

* 本文系福建师范大学协和学院院级教工项目：“提升独立学院就业水平的SWTO分析——以福建师范大学协和学院为例”，项目编号：JG20150204 。

** 阮晓娟（1983—），女，汉族，研究生，助理研究员，福建师范大学协和学院，研究方向：大学生就业指导、职业生涯规划，创新创业等。

把握市场动态，更好地立足地方，及时把握市场对应用型人才的需求特点优化专业设置，从而有效提高独立学院毕业生的就业率。

2. 人才培养定位优势

衡量高校人才培养质量的关键指标主要有毕业生的就业结果、就业层次和就业质量。而独立学院在办学之初，已基本将办学层次定位为“教学型本科”。如：XH 学院结合自身优势，将建设服务目标定位为“以福建为主体的海峡西岸经济区”，以培养加快海峡西岸经济发展且拥有夯实的专业基础知识和时代创新精神的应用型人才为己任。

3. “母体”高校品牌优势

独立学院凭借“母体”高校自身所具备的各种资源优势联合资金雄厚的社会团体合作办学，优势互补，实现了教育事业的“双赢”。特别是重点名牌院校“光环”下的独立学院，其毕业生在竞争中“光环效应”凸显，就业优势更为突出。如：华中科技大学武汉分校在“百强独立学院”的排行榜中拔得头筹；XH 学院位居第 59 位，被誉为“中国区域高水平独立学院”。

4. 学生自身所拥有及具备的优势

独立学院的学生思维活跃，富有激情和创造力，精力旺盛，好奇心重，个性鲜明，有较强的自我意识，普遍性格开朗，积极乐观，与人相处融洽。且大部分学生家庭情况相对宽裕，有部分来自经商家庭和高干家庭，有较广泛的人脉资源，更有利于自身的就业或创业。

（二）影响独立学院毕业生就业水平提升的竞争劣势（Weaknesses）

1. 师资队伍相对薄弱

师资队伍主要由两部分组成：一是专职专任教师，多由应届或有一定教学经验的年轻教师来担任及部分“母体”高校的教师担任，二是由“母体”高校在职或离退休教师，其他高等院校的现任教师兼任部分教学课程。专职教师队伍整体年轻化，虽充满激情和干劲，但教学经验不足、科研能力相对较弱；而兼任教师，容易忽视与“母体”高校学生间的个体化差异，不能做到因材施教。出现了两头大、中间小的情况，即很少引入资历较深的中年教师，无法形成合理的老、中、青学科梯队。

2. 就业指导工作尚缺乏有效性和针对性

就业指导机构人员配比过低，生师比过高，专业指导人员较缺乏，且就业指导课大部分是由辅导员和行政人员兼课，很难针对性引导学生转变就业观念。在“职涯”设计、求职技巧、就业问题询问及解答等方面的指导力度不足，对国家的促就业的政策信息宣传不到位。

3. 独立学院的学生自身存在的不足

独立学院的学生往往存在实际动手能力或专业技能偏弱的现象。问卷调查显示，“您认为影响独立学院毕业生顺利就业最关键的因素”，有84.5%的学生表示希望学校能加强个人能力的培养，注重实习基地的建设，让学生全身心投入到丰富多彩的实践活动中，更好地提高学生的动手能力。

二、影响独立学院毕业生就业水平的外部环境因素

（一）有利于独立学院毕业生就业水平提升的利好机会（Opportunities）

1. 政府出台系列促就业政策及举措

2011年，国务院正式下达了《关于进一步做好普通高等学校毕业生就业工作的通知》（国发〔2011〕16号），对高校毕业生进行了指导，即鼓励毕业生面向城乡基层就业、支持企业吸纳毕业生人才、鼓励毕业生自主创业、开展就业见习和技能培训、加强就业指导、就业服务和就业援助的相关政策。

2. 广阔的就业空间

大学生在求职地选择时都偏向于沿海开放城市和一些经济发展较快的地区，而西部地区和农村基层或生产一线却少有人问津，特别是一些艰苦行业企业、艰苦事业单位、农村基层等还存在相当广阔的就业空间。

中小型企业、私营企业雨后春笋般地崛起，为无数的高校毕业生提供了广阔的就业渠道。

3. 社会人脉资源广泛

独立学院学生大部分家庭条件较好，人脉资源和社会资源较广泛，使其子女在就业过程中受到了极大的益处，减轻就业压力，进而提高独立学院毕业生的就业水平。

（二）影响独立学院毕业生就业水平提升的威胁因素（Threats）

1. 就业群体庞大，人力资源市场供求失衡

由于高校招生人数逐年增加，且高等院校在学科设置及人才培养模式的差

异较小，造成所谓的“热门”专业出现人力资源过剩的局面，尤其是独立学院在进行学科设置时，没有对市场动态进行全局和科学的把握，盲目地照抄“母体”院校的学科设置，这也是造成独立学院就业难的原因之一。

毕业生的就业地选择，使经济较发达地区出现人力资源市场供大于求的就业现状，这也是造成独立学院学生就业难的另一重要原因。

2. 人力资源市场不规范，歧视现象仍然存在

独立院校多处于创办初期，办学经验、影响力、制度上不完善，对学生行为规范约束方面有很大欠缺，导致了社会对独立学院的偏见。由于人才需求方对独立学院及毕业生综合能力等方面没有很好的认知，以至于在激烈的就业竞争中，直接影响了他们选用独立学院毕业生的比例，使他们在就业的过程中遭受了不少的歧视。

基于独立学院毕业生就业现状的综合分析，在薄弱环节方面不断加强，才能更好地提高毕业生的就业率，缓解大学生的就业难题。

习近平语言艺术对高校辅导员话语体系建构的启示*

◎陈 莹

摘 要：话语体系是思想政治教育的重要载体。习近平的语言艺术具有独特的魅力、高屋建瓴，为思想政治教育者在思想政治教育中话语体系的建构提供了极佳的例证和启示。本文对当前高校辅导员话语体系的现状、特点以及存在的问题进行梳理和研究，全面客观地分析辅导员话语体系优劣势，并借鉴习近平语言艺术，为辅导员话语体系的建构提供启示。完善辅导员话语体系，需要提高辅导员话语的渗透力、感染力、亲和力和说服力。

关键词：习近平语言艺术；话语体系；启示

习近平总书记在哲学社会科学工作座谈会上强调："要注意加强话语体系建设"。[1] "'语言是思想的外衣'，高校的思想政治教育实践在形式上，是以'说理'为主要方式的教育活动，是以'话语'为主要载体的言语交往活动。话语是思想政治教育得以实施的中介，是思想政治教育活动得以完成的必要手段，也是提高思想政治教育效果的重要因素。高校辅导员作为高校思想政治理论教师的重要组成部分，承担着立德树人的职责。"[2]其话语体系的建构影响育人成效。习近平的语言艺术具有其优势和特点，在思想政治教育话语体系的构建中以此为启示，为高校辅导员话语体系建构提供例证。

* 社科项目：福建省教育厅2019年度中青年教师教育科研项目"习近平语言艺术对高校辅导员话语体系建构的启示"。

一、习近平语言艺术的独特魅力

习近平的语言具有其独特的魅力，立场鲜明、表达生动、信手拈来，使人如沐春风，他通过引经据典、引用俗文俚语、巧用妙喻、善讲故事的方式，将深奥的道理讲得生动、易懂，“习式语言”是伟大创造，彰显中国智慧和时代性，也充盈朴实气息，具有独特的魅力。

(一) 引经据典，言谆中塑造语言之魂

习近平的语言善于引经据典，说有“根”的话，用中华优秀传统文化的元素来提纲挈领、纵横捭阖。其语言具有中国特色：民族化、时代化、大众化，引经据典是习近平语言中国化的突出表现形式，蕴含着大智慧，能够受到国人的青睐，产生共鸣。人民日报出版社出版的《习近平用典》一书整理习近平用典情况，从诸子百家到唐诗宋词，从孔夫子到毛泽东，涵盖敬民篇、为政篇、立德篇、修身篇等，共罗列 297 条用典的具体例子。2020 年 9 月 18 日，习近平总书记在湖南大学岳麓书院考察时见到师生们引用“惟楚有材，于斯为盛”表达人才济济；在“不忘初心、牢记使命”主题教育的目标要求中引用：“一语不能践，万卷徒空虚。”做到知行合一；教育引导广大党员了解民情、掌握实情，引用“不知有汉，无论魏晋”要求与时俱进不要当口号喊，不做桃花源中人。习近平总书记总能信手拈来，旁征博引，善于用典，推陈出新，讲有中国灵魂的话语，不断激活优秀传统文化，在谆谆言语中塑造语言的灵魂。

(二) 俗文俚语，质朴中凸显语言之实

习近平最鲜明的一个语言特色就是用一些质朴简单的大白话、大实话，用耳熟能详的歇后语、谚语、网络语言等。实实在在、接地气、讲情理。比如在纪念中国人民志愿军抗美援朝出国作战 70 周年大会上说“现在中国人民已经组织起来了，是惹不得的。如果惹翻了，是不好办的”，用口头语，很平实的话语，就把坚定立场和态度表达得淋漓尽致。他在回信勉励福建寿宁县下党乡乡亲们时说“车岭车上天，九岭爬九年”，以此来说明 20 世纪 80 年代末下党乡的交通不便利情况；他在北京大学师生座谈会上对青年人提出“要扣好人生

的第一粒扣子”“行百里者半九十”，要求青年要毫不懈怠地努力奋斗，在《坚持和完善中国特色社会主义制度、推进国家治理体系和治理能力现代化》中反复讲到：鞋子合不合脚，只有穿的人才知道，用此通俗易懂的大白话形象地表示中国制度的优越性只有自己体会才有发言权，比如博鳌亚洲论坛习近平总书记主旨发言开头就引用海南经典民歌中的“久久不见久久见，久久见过还想见”，对与会嘉宾表示欢迎。“打铁还需自身硬”等，用俗文俚语，语言接地气，亲和力十足，拉近人与人之间的距离，在平凡的语言中凸显语言之实。

（三）巧用妙喻，常言中彰显语言之美

习近平善于打比方、妙用比喻来阐述深刻的道理，让道理更加形象，也更入脑入心。在深圳特区成立40周年庆祝活动的讲话上指出：激励干部群众要勇担新时代的“拓荒牛”，深圳是改革开放后党和人民一手缔造的崭新城市，是中国特色社会主义在一张白纸上的崭新演绎。关于理想信念的核心问题上，他指出要拧紧“总开关”，用“像石榴籽那样紧紧紧抱在一起”来比喻民族团结，在坚决查处不正之风和腐败问题上，他将其比作“打‘老虎’、拍‘苍蝇’”，在改进工作作风，密切联系群众工作中，他认为要打破“围城”“玻璃门”和“无形墙”，还包括“弱鸟先飞”“水滴石穿”“接地气”与“充充电”、赶考、发扬“钉钉子精神”等，这些生动的比喻，让深奥的道理更加浅显易懂，更加形象生动，也更加吸引人，看似平常的语言，却彰显习近平语言的魅力，在平常言语中彰显语言之美。

（四）善讲故事，古今中汲取语言之真

讲故事是习近平语言艺术中一大鲜明特色。无论是专题会议发言还是调研时的讲话，不论是出国访问时演讲还是发表的文章，习近平都善于用讲故事的方式来传达深意。故事通俗易懂且生动具体，有感染力，也彰显中国文化、中国智慧和中国力量。2020年8月，习近平总书记对制止餐饮浪费行为作出重要指示时，就讲述了“粒粒皆辛苦”农人辛苦劳作的故事。习近平总书记看望参加政协会议的经济界委员时，就讲了一个“金扁担”的故事，实现农业现代化；讲述陈望道翻译《共产党宣言》，真理的味道、信仰的味道是甜的故事，“谷文昌的‘潜绩’”“‘地府’来了”“造好‘两座山’”“半条被子”、英雄出少年、精忠报国、滴水穿石、“搭便车”等故事，朴实且有温度，凝练而有深度。习近平总书记在美国友好团体欢迎午宴上讲述福州鼓岭往事，拉近中美两国人民之间的距离，厚植中美互利合作的坚实基础，讲故事的方式能汲取古今语言之美，赢得受众，赢得话语权。

二、当前高校辅导员话语体系的现状

当前高校辅导员队伍不断壮大，辅导员专业背景多元化，工作中不仅需要开展思想政治教育工作，也要承担不少日常事务性工作，任务繁琐且繁重。作为青年大学生思想引领一线工作者，其话语体系直接影响大学生的成长成才，尽管当前各高校逐步重视辅导员队伍建设，提升辅导员专业化水平，但离实现立德树人根本任务仍有不少差距。

（一）当前高校辅导员话语体系的组成及特点

话语是链接人与人之间重要的桥梁和纽带，是沟通的重要媒介。高校辅导员在开展工作中，把握话语的主动权是必要的，亦要了解话语体系构成，完善话语体系。当前高校辅导员话语体系包括：政治话语，即思想引领，传达党的相关政策、方针、政策等理论知识；学术话语，即辅导员科研工作中所使用的语言；文件话语，即各类文件等话语；网络话语，即在网文、微博、微信、QQ 等平台发布的语言；日常工作话语，即日常教育管理方面的话语；生活话语，如谈心谈话等。

新时代高校辅导员的话语的特点是随着时代的变迁而变化的，当前话语较为突出的特点有：具有动态性、多样化、即时性和虚实结合等，正是如此，为新时期辅导员话语体系的重塑提供了机遇，也带来了挑战。

（二）当前高校辅导员话语体系存在的问题

1. 高校辅导员话语体系内容存在阳春白雪

当前高校辅导员的话语体系多为传统的思想政治教育的话语体系，多固化为政治话语、文件话语、权力话语，语言体系多为宣传口吻，语言不够通俗易懂，又或者曲调高深，脱离学生生活实际而导致功能受限，话语表达因代际差异而导致效果不佳。特别是政治话语和文件话语，学生多数不感兴趣，会出现辅导员苦口婆心、喋喋不休地讲，而学生并没有入脑入心，由此存在曲高和寡的现象。因此，要善于转化语言，运用大白话、接地气的话语方式增强话语的亲和力。

2. 高校辅导员话语表达方式存在低声自语

高校辅导员话语方式存在辅导员的思想引领和日常工作中，自言自语且低声自语，学生并没有真正的接收辅导员所传达的话语信息，当前大多数辅导员虽然占领思想政治教育主阵地，把握话语主动权，但仅是单向传播，并没有双向的互动，学生未参与其中，并且语言较为生硬呆板，甚至部分出现居高临下的说教口吻，更是不符合当前学生的喜好，因此出现学生互动性不强的境况。再者，随着融媒体时代的到来，学生的阵地也由线下转移到线上，线上的交流较之线下缺乏人情和温暖，更是会产生辅导员一个人高呼的情况，但是否能得到有效反馈，因人而异。

3. 高校辅导员话语体系与受众存在各自为政

高校辅导员工作对象是大学生，绝大部分辅导员没有从受众（学生）的话语体系出发，出现话语体系脱节各自为政的情况。当前大学生所处的时代以及接触的信息使其语言体系走在时代前沿，会出现辅导员使用传统话语与学生喜欢易接受、有趣味的话语的差别。其次，没有拓宽话语的场域，随着虚拟性、交互性和多样性的互联网网络兴起，这为思想政治教育提供了新的场域，而目前还存在话语体系停留在陈旧的表述层面，学生关注的已经转移至线上甚至其他新兴平台，因此无法拉近与学生情感共鸣。要多用学生的语言即接地气的语言开展学生的思想政治教育工作，这样更具亲和力。

三、习近平语言艺术对高校辅导员话语体系建构的启示

高校辅导员要认真学习中国特色社会主义理论，学习习近平新时代中国特色社会主义思想，学习习近平总书记语言艺术的精髓，讲大白话、打比方、善讲故事，善用典籍，将其运用到工作实际当中，讲老话、说情话、讲趣话、说故事，构建具有中国特色、中国情怀、中国风格、中国气派的高校辅导员思想政治教育话语体系，提升辅导员思想政治教育话语权，实现“立德树人”的教

育使命。

(一) 讲老话，培根固本，增强高校辅导员话语的渗透力

“不忘本来才能开辟未来、善于继承才能更好地创新。”[1]习近平总书记善于运用古代典籍、经典名句，这对高校辅导员构建话语体系时产生启发，高校辅导员要对学生做正确的价值引领，不能忘本，培养能担当民族大任的时代新人，首先要不忘历史，不忘本来，因此，辅导员要讲老话，说有“根”有“魂”的话，在思想政治教育中，不论是思想引领、主题教育的政治话语，还是日常学生事务的工作话语，善于引经据典，以文培元，善于推进中华优秀传统文化创造性转化、创新性发展，构建具有中国特色的话语体系，以古代典籍、经典名句等，古为今用、推陈出新，不断激活优秀传统文化，赋予其鲜活的当代价值与意义，让语言更具深度和高度，以此增强高校辅导员话语的渗透力。

(二) 说情话，动之以情，增强高校辅导员话语的感染力

习近平总书记善于用可亲可敬、平易和蔼又从容淡定、沉稳大气的肢体语言和语态眉宇传神、灵动善融，这对高校辅导员的话语体系构建具有启发。辅导员要善于说“情”话，用直击心灵的话语拉近与学生的距离，走近学生，肢体语言、语态等展现真性情，高校辅导员工作中特别是生活用语，在与学生谈心谈话中，通过“共情”的方法，以情动人、以情感人，使得学生敢与辅导员交流、愿与辅导员说真话。在主题教育、思想引领中，将家国情怀等教育寓情于教之中，构建具有中国情怀的话语体系，增强辅导员工作中话语的感染力，以此收获学生的认同感，增加语言的生动力和感染力。

(三) 用实话，以生为本，增强高校辅导员话语的亲和力

习近平总书记善于用俗文俚语，总能深入浅出、解惑释疑，善于用接地气的大白话、大实话和群众语言，善于以现象为思路，从问题入手，开诚布公、振奋人心，这对高校辅导员话语体系的形成具有指导意义。高校辅导员要了解当前学生的话语体系，要扭转辅导员的思政语言与学生语言之间的语境差，要将思政语言与学生语言进行无缝对接，说大白话，接地气的话，说有趣的话，

这对辅导员在日常工作中的话语具有借鉴意义，不论是政治用语、学术用语还是生活用语、日常工作用语等语言，将其转化成大白话、接地气的话，构建具有中国风格的思政语言，以此增强高校辅导员话语的亲和力。

（四）讲故事，晓之以理，增强高校辅导员话语的说服力

习近平总书记善于讲故事，他用举事例、摆事实的方式增强语言说服力。讲故事的方式是习近平总书记语言魅力中最显著的特征，汲取古今故事之精华，将深奥的道理用平实质朴的大道理来表达。辅导员在开展思政工作过程中，要善于讲故事，摆事实、讲道理，在学生工作中做到情理交融，用理服人、以理动人，构建具有中国气派的辅导员话语体系，习近平总书记的“真理的味道”“半条被子”等故事讲信仰、奉献极具说服力，此对辅导员话语体系值得借鉴，比如在挫折教育中，通过《在路边鼓掌的人》故事作为开场，比如榜样的故事等，更能吸引学生的眼球，更加击中心理，达到教育的效果，以此增强高校辅导员的说服力。

习近平的语言极具魅力，妙语连珠，给人如沐春风、真实悦耳的感觉，有利于辅导员良好话语体系的形成，也有利于增加高校辅导员的专业化和工作魅力。高校辅导员作为社会主义建设者接班人的引路人，要坚持用马克思主义，学习习近平新时代中国特色社会主义思想，不断提升，完善话语体系，为学生解读时代、引领思想、助力成长，为实现中华民族伟大复兴尽绵薄之力。

参考文献

[1]中共中央宣传部.习近平新时代中国特色社会主义思想三十讲[M].北京：学习出版社，2018：199—200.

[2]吴琼.思想政治教育话语发展研究[M].北京：中国社会科学出版社，2017：1—2.

[3]陈锡喜.平易近人：习近平的语言力量[M].上海：上海交通大学出版社，2018.

[4] 刘志辉.平易近人：习近平的语言力量(军事卷)[M].上海：上海交通大学出版社，2017.

[5]胡银银.习近平新时代中国特色社会主义思想话语特色探析[J].思想理

论教育导刊.2019(01).

[6]何理.思想政治理论课话语体系生成和发展研究.北京:人民出版社,2015.

[7]徐文秀.走在学习路上[M].北京:中共中央党校出版社,2014.

[8]谢金晶.习近平语言艺术及其当代启示[J].时事报告,2020(03).

[9]习近平谈治国理政.第三卷[M].北京:外文出版社,2020.

[10] 刘娅,刘晓丽.习近平语言艺术对高校辅导员工作的启示[J].高校辅导员,2018(08).

[11] 李伟.高校辅导员语言艺术魅力提升策略研究——基于毛泽东思想政治理论教育语言艺术视角分析[J].辽宁医学院学报,2015(11).

[12]郝頔.讲好中国故事:习近平语言艺术给高校辅导员的启发[J].教育现代化,2018.

[13]孙晓琳,庞立生.思想政治教育话语逻辑的内涵本质、发展趋向和优化路径[J].思想教育研究,2019(01).

[14]人民日报评论部.习近平用典[M].北京:人民出版社,2015.

[15]李宝贵.习近平关于语言传播的重要论述及其对汉语国际传播的启示研究[J].东北师大学报,2019(04).

[16]刘晓哲,高聪聪.习近平语言艺术对新时代思想政治理论课话语体系转换的启示[J].思想理论教育.2019(02).

[17]郝连儒.习近平讲话的风格对高校思想政治理论课话语体系建设的启示[J].思想教育研究.2017(09).

[18]郑琼梅.习近平总书记语言风格对思想政治理论课教学的启示[J].学校党建与思想教育.2015(15).

[19]赵伟.习近平总书记的语言风格及其启示[J].中国特色社会主义研究.2014(03).

[20]魏银立.信息化时代高校思政课教师权威角色嬗变和重构[J].社科纵横,2016(11).

[21]黄玥.习近平的大白话 [N/OL].学习时报.2016-04-18.[2019-04-26].http://www.xinhuanet.com//politics/2016-04/18/c_128899662.html.

“王熙凤协理宁国府”对独立学院思政辅导员工作的借鉴和对策

◎陈　莹

摘　要：《红楼梦》作为四大名著之首，素有“百科全书”之称。王熙凤在协理宁国府事务中体现出的管理才能和管理智慧古往今来受到无数人的赞颂和借鉴。宁国府人员结构的复杂性、家境优越等情况与当前独立学院学生群体有相似的地方，针对当前独立学院学生现状的分析，以王熙凤协理宁国府中的管理经验为蓝本，对独立学院思政辅导员工作引发的启示并产生借鉴和对策，以此助力独立学院向培养复合型和应用型人才的院校转型。

关键词：王熙凤协理宁国府；独立学院；思政工作；借鉴

在《红楼梦》第十三回《王熙凤协理宁国府》中“这里凤姐来至三间一所抱厦内坐了，因想：头一件是人口混杂，遗失东西；二件，事无专管，临期推诿；三件，需要过费，滥支冒领；四件，任无大小，苦乐不均；五件，家人豪纵，有脸者不能服钤束，无脸者不能上进。此五件实是宁府中风俗”。王熙凤所想，基本上包揽了其管理才能的全部。通过分析，我们了解到，凤姐在管理中，通过摸底队伍现状及结构、分工明确、责任到人、以身作则、言传身教并施、对症下药、因材施教、事无大小苦乐不均、建立新规、一视同仁等，在协理宁国府事务中完美地完成任务，而这些管理经验对当前独立学院思政辅导员工作有着借鉴意义。

一、当前独立学院学生现状

独立学院实质上是2003年经教育部规范后的公有民办二级学院。作为新型办学模式，由于其领导机制、管理模式、生源结构等方面的特殊性，使其有别于普通本科。当前独立学院的学生的主流思想是积极向上、思维活跃、自主性以及动手能力强、青春昂扬的，也有家境较好、个性强、学习基础薄弱、思想状况不稳定等方面的问题，现将对当前独立学院学生思想状况现状作如下分析：

（一）思想状况

1. 综合素质较高，兴趣多元

独立学院的学生综合素质较高，学习和个人兴趣特长同时发展。大部分学生兴趣爱好广泛，独立学院在2003年开始招生，刚好这一代大学生自小受素质教育，在文娱、绘画、体育等方面特长突出，有自我表现的意向。

2. 思维活跃，创新意识强

独立学院的学生思维活跃，易接受新鲜事物，学习能力强，对多元文化的包容度大，有创新意识，并能通过创业等渠道来实现诸多不可能。

（二）存在的主要问题

1. 政治意识淡薄，价值观多元

独立学院多数学生多来自环境优越的家庭，普遍要求上进，但因为原生家庭多为从事商人等环境，多数学生政治意识淡薄，缺少集体荣誉感，不关心国家大事等，个人价值观也受到社会多元文化的影响，在学生入党动机的调查中，75%左右存在功利动机。

2. 学习基础薄弱，学习自主性普遍不高

独立学院学生学习基础薄弱缘起其录取时分数较之其母体学校低，在全国普通高校录取情况可以看出，独立学院录取分数基本被定位在三批本科的段次上（部分省市取消“三本”的情况，基本分数在二本边缘），这部分学生基本上学习基础薄弱，存在严重偏科的现象。在独立学院学生中，能够自主学习的

学生仅占极少一部分，很大一部分学生，学习自主性不高，缺乏学习热情，在中学阶段没有养成好的习惯，缺乏良好的学习方法和学习习惯，这对于在大学阶段需要自我规划、自主学习、自我约束的情况很难落到实处。

3. 对学校的认同感弱

由于独立学院是依托母体学校办学的，属于公有民办二级学院，带有私立学校的性质，根据教育部于 2008 年 4 月颁发的《独立学院设置与管理办法》中“高校独立学院自授学士学位”的规定，其学位证的“含金量”大打折扣，学生担心受到社会以及用人单位的歧视，甚至在被问到毕业院校时，基本只告知母体校名，对学校的认同感不高。

4. 缺乏自信心，心理状况不稳定

独立学院的学生多数是由于中学阶段严重偏科的情况导致无法上更好的学校，在自信心上受到冲击。在中国人的传统观念里，子女的学习关系到父母的颜面，父母一味地要求孩子的成绩，却把孩子心理健康成长忽视了，进入大学之后，因为大学的课程知识容量大、课程进展快，再加上学生需要自主学习的缘故，引起多门挂科的现象，从一定程度上打击学生的自信心，导致心理状况不稳定。

5. 家庭条件优越，个性突出，依赖性强

独立学院的学费较之普通本科高出 2—3 倍，选择独立学院的学生大多数家境条件优越，而这些家境优越的学生，从小在父母溺爱和庇护中成长，任何要求大都能得以满足，而独立自理的能力逐渐被弱化，也就渐渐养成依赖性。正是因为自身有特长、家境优越，独立学院的学生多数个性突出，自我意识强。

二、王熙凤协理宁国府对独立学院辅导员工作的借鉴及对策

（一）分析独立学院学生思想现状，因材施教，完善独立学院思政管理体系

在第十四回中“凤姐即命彩明定造册簿；即时传了来升媳妇，要家口花名册查看”。了解队伍现状和结构，利于任务的分摊和安排。分析和了解当前独立学院学生的思想现状，当前的学生多为“95 后”甚至“00 后”，思想特征也处于不断变化的过程，要走近学生，发现学生特点，针对当下学生的特征，完善独立学院思政

管理的体系，不能用墨守成规的管理模式对待学生，要因材施教，对症下药，培养学生正确的世界观、人生观、价值观，促使学生能够德智体美劳全面发展。

（二）明确职责，以团建促党建，发挥学生干部队伍作用

在独立学院思政工作中，学生干部队伍的素质高低直接影响到学生的日常管理、党建、团学活动、学风建设等，也影响到整个学生团队的提升。在《红楼梦》第十四回中王熙凤吩咐道："这二十个分作两班，一班十个，每日在内单管人客来往倒茶，别事不用他们管……"在摸清队伍结构之后，进行具体的分工，职责到人，这在独立学院辅导员工作中值得借鉴。加强学生干部队伍建设，职责明确，具体到人，从而能充分发挥学生干部队伍的作用，学生干部的职能得以全面的发挥，通过学生干部的模范带头和组织作用，辅导员在日常思政工作中事半功倍。其次，在学生政治觉悟较为淡薄的现状下，要通过多开展团学活动，通过丰富多彩的团学活动丰富学生第二课堂，提升集体荣誉感，端正入党动机等，从而促进党建。

（三）思政工作者以身作则，有时间观念及时间管理意识，激发学生学习兴趣

王熙凤在协理宁国府的日子里，第十四回中写："卯正二刻我来点卯，巳正吃早饭，凡有领牌回事的，只在午初二刻……"体现了她在时间管理上特有的管理才能，在时间观念上，凤姐也能以身作则，自己提出卯时二刻点卯，自己也能按时，并对迟到的给予严厉的处分。师者，传道授业解惑，作为独立学院的思政教育工作者，要言传和身教并施，在一对多的管理模式中，学生的目光只盯着辅导员的一言一行，要坚持以身作则，要求学生做到的自己首先要带头做到。其次，由于辅导员日常工作繁琐，所以学会时间管理，把手上的各项工作分解，做好计划安排。有计划按步骤进行，辅导员身上的品质对学生有着潜移默化的影响，从而规范学生的时间观念和时间管理意识，激发学生的学习兴趣。

（四）一视同仁，赏罚分明，加强学生思想及心理健康教育

俗话说："无规矩不成方圆"。王熙凤在协理宁国府中对迟到的初犯，直接处罚，文中提到："凤姐便说道：'明儿他也来迟了，后儿我也来迟了，将来都没有人了，本来要饶你，只是我头一次宽了，下次就难管别人了，不如开发的好。’登时放下脸来，命带出去打二十板子”。独立学生存在着个性突出、缺乏自信心等问题，作为思政辅导员在工作中更需要一视同仁，赏罚分明，建立具体的赏罚制度，按章办事，让学生形成规矩意识。其次，思政辅导员需做到有赏有罚，奖赏激励学生进步，惩罚警醒学生何所为何所不为，从而在学生群体中树立威信，便于管理。

（五）家校分工明确，建立家校联动机制，培养学生健全人格

独立学院学生多数是家境优越的独生子女，更要加强家校联动机制。家庭中父母的引导教育职能有别于学校。所以家校各自承担的职能需分工明确，各司其职，从而培养学生独立自主的健全人格。

通过对独立学院学生现状的分析，以王熙凤协理宁国府中的管理经验为指导，对独立学院思政辅导员工作引发的启示并产生借鉴和对策，对独立学院向培养复合型和应用型人才的院校转型具有一定的意义。面对日趋竞争激烈的社会形势，高校要充分发挥“立德树人”的职能，提升思政辅导员工作，促进大学生全面、协调、可持续发展！

参考文献

[1]曹雪芹.红楼梦[M]中华书局. 1998.

[2]李海龙，孙丽秀.独立学院学生思想现状特征及对策[J].产业与科学论坛，2011，10(19).

[3]程雪妮.独立学院学生思想政治教育现状及对策研究[J]. 高教研究，2013，2(352).

[4]朱卫平.浅析独立学院学生工作现状及问题 [J]. 湖北函授大学学报，2011(24)：5.

[5]张琦，黎俊初，杨志明. 由独立学院的学生现状浅谈辅导员队伍建设[J]. 南昌航空工业学院学报(社会科学版)，2004，7(6)：3.

[6]韩红杰.从协理宁国府看王熙凤的管理才能 [J]. 喀什师范学院学报，1997，4(18)：4.

心理契约视角下的高校学生社团建设实证研究
——以福建师范大学为例

◎余　旋* 　蔡聪裕

摘　要：本文采用自编的心理契约问卷，对福建师范大学248名社团成员心理契约的责任义务履行情况及相互影响关系进行了实证研究。研究发现：(1) 社员心理契约的效能整体呈中等以上水平，社团分量表得分低于社员分量表，这两份量表中的人际维度得分均高于其他维度。(2) 社团责任义务与社员责任义务之间存在着显著的正相关，同时年级、担任职务、社团性质在心理契约量表的不同维度上也存在着显著性差异。(3) 心理契约的社团分量表和社员分量表中四个维度之间既存在平行关系，也存在交叉影响。

关键词：高校学生社团；心理契约；社团建设与管理

高校学生社团是学生根据自己的兴趣爱好和要求，按照一定的组织程序和章程，自发组织起来的松散型群众性组织[1]。在高等教育改革不断深入的过程中，尤其是学分制的施行，打破了班级建制，必然增加学生思想教育和管理的难度，对学生思想政治工作提出了新的要求[2]。而学生社团凭借其群体目标的一致性、成员组成的广泛性、活动方式的灵活性、活动内容的多样性、组织发展的动态性、人际交往的直接性以及价值追求的独立性[3]，不仅成为培养学生各方面能力素质的重要组织载体，更是发挥着繁荣大学校园文化、孕育大学新思想的重要作用。为此，学生社团在高校已不再处于边缘化的组织形态，越来

---

* 余旋（1987—），男，助教，硕士，主要从事思想政治教育研究。

越成为高等教育发展的主要抓手及校园文化的重要组成部分，承担着大学生自我管理、自我教育和思想政治教育工作的组织角色。然而，现行学生社团存在着价值目标模糊、管理机构涣散、活动随意性大、计划实效性差、组织承诺感低等问题，学生社团在可为与作为之间还存在一定的差距，这严重影响了其“第二课堂”作用的发挥[4]。加之，社团的各项硬性规章制度无法满足大学生教育消费性和情感依靠性的需求，学生社团的建设和管理日益成为大学教育管理中不可忽视的一个问题。

学生社团作为一种组织形态，以往的研究多是从制度化文本契约的管理视角来探讨学生社团的建设和发展的。另外，心理契约理论应用研究更多地集中于雇佣关系下的“组织－成员”关系，以非经济雇佣导向下的学生社团建设和管理研究在国内少之又少。笔者认为，自觉的、个体化的、动态性的心理预期以及双边的责任义务承诺与社团组织管理、建设与发展的各个方面都存在着千丝万缕的联系，通过引入一种具有柔性的情感管理方式，与“有为”的硬性管理相辅相成的心理契约，对社团和社员的一些态度和行为施加积极的影响，可以促进高校学生社团的建设与发展。因此，通过开展针对高校学生社团与社员之间心理契约的实证研究，掌握福建师范大学社团与社员之间的心理契约现状，不仅可以加强心理契约在社团与社员之间的双向互动与影响分析，并且能够进一步为高校学生社团建设与发展提供可以借鉴的第一手资料，为高校学生社团的健康、全面、和谐发展提供全新的思路与支撑。

一、研究设计

1. 概念界定

关于心理契约的概念和结构维度，目前学术界各学派之间仍然存在着较大争议，加之国内学者对高校学生社团、社员心理契约的研究较少，也就造成了高校学生社团、社员心理契约的内容和维度尚没有一个权威的定义。笔者认为，心理契约作为反映组织和成员间双边关系的一种特殊契约关系，应该由组织和成员双方相互作用而共同构成。因此，本研究采用谢菊兰对高校学生社团会员心理契约的定义和四因素结构模型来研究。学生社团心理契约指的是在双向视角下，大学生社员在与社团的关系中，对社团及其自身应承担责任义务的一系列主观认知，主要包括社团责任义务和社员责任义务两个方面[5]。由此定义我们可以看出，高校学生社团、社员心理契约按照认知角度的不同把高校学生社团心理契约分为“社员责任义务”和“社团责任义务”两个分量表，每一分量表又都包含“规范型责任”“人际型维度”“发展型维度”和“理念型维度”四个维度。

2. 研究对象与方法

福建师范大学学生社团联合会是直属于校团委领导下的引导全校学生社团行使管理、协调、指导、监督等重要职能的群众性组织。其下共设53个校级学生社团，其中有11个体育运动类社团、15个文化艺术类社团、12个实践服务类社团及15个学术科技类社团，总人数已达几千人。鉴于调查对象（社员）总体范围大、区域的分散性、类别层次明显等原因，因此，本研究采用的是多段抽样方法。首先，以福建师范大学社团联合会所有社团为抽样框，分层随机抽样抽取18个社团，按照样本容量与样本抽样框的比例随机抽出4个体育运动类社团、5个文化艺术类社团、4个实践服务类社团及5个学术科技类社团。然后，在抽中的社团里，以社团成员花名册为抽样框随机抽取15名社员进行问卷调查。最后，共发放问卷270份，有效问卷248份，问卷有效率91.85%。其中男生109人、女生139人；大一社员180人、大二社员48人、大三社员20人；文科类学生140人、理工科类学生108人；担任协会（副）会长、社团（副）团长的社员13人，协会、社团各部门负责人37人，没有担任管理职务的干事198人；体育运动类社员56人、文化艺术类社员68人、实践服务类社员58人、学术科技类社员66人。样本分布如表1：

表1　样本分布情况

特征变量	类别	人数	百分比（%）
性别	男	109	43.95
	女	139	56.05
年级	2014	180	72.58
	2013	48	19.36
	2012	20	8.06
专业性质	文科类	140	56.45
	理工科类	108	43.55

续表

特征变量	类别	人数	百分比（％）
担任职务	（副）会长、（副）团长	13	5.24
	各部门（副）部长	37	14.92
	干事	198	79.84
社团性质	体育运动类	56	22.58
	文化艺术类	68	27.41
	实践服务类	58	23.39
	学术科技类	66	26.62

3. 测试工具

本研究采用的测试工具是高校学生社团、社员心理契约问卷。该问卷由两个部分组成：（1）被测对象的基本情况信息，包括性别、年龄、年级、专业、担任职务及其加入社团性质；（2）学生社团、社员心理契约调查量表。该量表是在参考谢菊兰编制的高校学生社团会员心理契约问卷的基础上结合笔者自己的访谈编制而成。量表采用 LIKERT 五点等级评分法，共有 40 个项目，包括社团责任义务和社员责任义务两个分量表，每个分界面各 20 道题项，均包含规范型（6 题）、人际型（6 题）、发展型（4 题）和理念型（4 题）四个维度。规范型维度是基础，以利益交换为基础，明确、具体、基本的相互责任义务；人际型维度指的是社会情感需求，以创造良好人际交往环境为基础的责任义务；发展型维度是以目的为导向指向未来，以相互促进彼此发展为基础的责任义务；理念型维度是一种具有双向性和自发抉择性，以追求共同兴趣爱好为基础的可信承诺和共赢行为。

表 2　高校学生社团、社员心理契约克伦巴赫（Cronbach's Alpha）系数

Cronbach's Alpha		Cronbach's Alpha Based on Standardized Items	N of Items
社团责任义务量表	0.940	0.940	20
社员责任义务量表	0.965	0.965	20

由表 2 可知，社团责任义务分量表和社员责任义务分量表的克隆巴赫系数（Cronbach's alpha）为 0.940、0.965，均大于 0.80，这说明该问卷具有较好的信度。

表 3 高校学生社团、社员心理契约 KMO and Bartlett's Test

	Kaiser-Meyer-Olkin Measure of Sampling Adequacy	Bartlett's Test of Sphericity		
		Approx Chi-square	Df	Sig
社团责任义务量表	0.915	1324.326	119	0.000
社员责任义务量表	0.937	1284.293	104	0.000

表 4 高校学生社团、社员心理契约的探索性因素分析

项目	社团责任义务					项目	社员责任义务				
	规范维度	人际维度	发展维度	理念维度	方差解释率		规范维度	人际维度	发展维度	理念维度	方差解释率
a1	0.799				31.651%	b1	0.786				32.013
a3	0.751					b2	0.773				
a8	0.707					b6	0.702				
a10	0.681					b7	0.693				
a12	0.586					b8	0.667				
a14	0.527					b12	0.623				
a2		0.759			26.463%	b3		0.802			27.346
a4		0.743				b4		0.772			
a5		0.718				b9		0.635			
a11		0.616				b11		0.607			
a13		0.591				b13		0.606			
a15		0.552				b16		0.581			

续表

项目	社团责任义务					项目	社员责任义务				
	规范维度	人际维度	发展维度	理念维度	方差解释率		规范维度	人际维度	发展维度	理念维度	方差解释率
a6			0.720		16.578%	b5			0.716		16.013
a7			0.679			b10			0.689		
a16			0.673			b1			0.672		
a18			0.664			b17			0.653		
a9				0.683	13.715%	b15				0.703	14.121
a17				0.679		b18				0.675	
a19				0.651		b19				0.674	
a20				0.625		b20				0.612	

在表 3 中，心理契约的 KMO 和 Bartlett 球形检验的结果显示：“社团责任义务”分量表中，KMO 统计量为 0.915，Bartlett's Test 中卡方近似值为 1324.326，自由度为 119，显著性概率为 0.000；“社员责任义务”分量表的 KMO 统计量为 0.937，Bartlett's Test 中卡方近似值为 1284.293，自由度为 104，显著性概率为 0.000（少于 0.05），可以看出两个分量表的 KMO 值均适合作因素分析。同时，两个分量表的 Bartlett 球形检验结果也都拒绝了相关系数矩阵为单位矩阵的原假设，各变量并非各自独立。这就表明，问卷的两个分量表都非常适合作因素分析。

在运用主成分分析法进行探索性因素分析时，提取特征值大于 1 的因素进行方差最大化正交旋转，如表 4 所示，两个分量表的所有项目在其对应因素上的负荷均大于 0.50，且均呈现比较清晰且易于解释的四因素结构。其中，“社团责任义务”量表中的四因素累计方差解释率为 88.407%，“社员责任义务”量表中的四因素累计方差解释率为 89.493%。这些表明，高校学生社团、社员心理契约的四因素结构稳定，信度、效度指标均符合大规模实证调查研究的要求。

4. 测试与统计方法

为尽量控制测量误差，保证测试的客观性与科学性，测试实行个体施测、匿名评分、当场回收，并在施测前对被测对象进行讲解测试的目的和方法，要求根据自己的实际情况对每一项内容作出独立的评定。然后，剔除无效问卷，校对无误后，统一采用 SPSS13.0 对收集的数据进行基本的描述统计分析、独立样本 T 检验、相关分析及回归分析。

二、结果

1. 描述性统计分析

从表 5 中可以看出，高校学生社团、社员心理契约的均值为 3.1193，这表明社员的心理契约效能整体呈现中等以上水平。一方面，从分量表来看，高校学生社团的责任义务得分低于社员的责任义务，其均值分别为 2.9930 和 3.2457。另一方面，从测量维度分值来看，社团人际维度和社员人际维度的均值分别为 3.0502 和 3.3367，均高于其分量表中三个维度的分值。

表 5　高校学生社团、社员心理契约及分量表各维度的平均值及标准差

	N	均值	标准差
社团、社员心理契约	248	3.1193	0.79203
社团责任义务	248	2.9930	0.78403
规范型	248	3.0458	0.79016
人际型	248	3.0502	0.81312
发展型	248	2.9427	0.70924
理念型	248	2.9336	0.71023
社员责任义务	248	3.2457	0.76854
规范型	248	3.2486	0.76842
人际型	248	3.3367	0.77268
发展型	248	3.2152	0.78214
理念型	248	3.1824	0.77658

2. 人口统计变量的差异性分析

对于学生社团、社员心理契约及各维度在人口统计变量上的差异性，本研究运用独立样本 T 检验对性别进行分析，以单因素方差分析对年级、专业性质、担任职务、社团性质进行考察，并采用 LSD 显著性检验法对具有显著性差异的因素进行多重比较分析。分析结果如表 6：

表 6　高校学生社团、社员心理契约人口统计变量的差异性分析

	性别		年级		专业性质		担任职务		社团性质	
	T	Sig.	F	Sig.	F	Sig.	F	Sig.	F	Sig.
社团、社员心理契约	0.015	0.908	5.168	0.002*	1.464	0.279	4.921	0.003*	4.287	0.005*
社团责任义务	1.659	0.199	3.295	0.039*	1.525	0.231	3.045	0.030*	5.093	0.002*
规范维度	0.002	0.981	3.346	0.031*	1.208	0.308	1.523	0.231	4.928	0.001*
人际维度	1.023	0.313	3.498	0.029*	0.899	0.499	1.240	0.335	1.316	0.266
发展维度	0.051	0.821	0.689	0.505	1.316	0.266	2.824	0.039*	5.205	0.000*
理念维度	0.055	0.762	0.561	0.693	1.114	0.301	2.673	0.044*	1.208	0.308
社员责任义务	1.239	0.268	3.278	0.037*	2.191	0.188	4.198	0.006*	2.191	0.088
规范维度	1.788	0.184	3.803	0.022*	1.346	0.256	0.865	0.459	1.346	0.256
人际维度	2.910	0.091	3.748	0.025*	1.382	0.248	2.892	0.091	1.382	0.248
发展维度	0.038	0.849	3.305	0.037*	1.884	0.163	5.147	0.002*	1.884	0.133
理念维度	0.697	0.553	3.2014	0.039*	2.359	0.101	4.895	0.003*	2.359	0.218

注：* 表示 Sig<0.05。

首先，性别和社团成员的专业性质在学生社团、社员心理契约及各维度上 Sig 值均大于 0.05，所以，它们之间不存在着显著性差异。其次，年级在社团、社员心理契约、社团责任义务分量表及其规范维度、人际维度上的 Sig 值分别为 0.002、0.039、0.031 和 0.029，均小于 0.05；同时，社员责任义务分量表及其四个维度在年级的 Sig 值分别为 0.037、0.022、0.025、0.037 和 0.039，也都小于 0.05，这表明它们之间存在着显著性差异。最后，社员担任职务在社团、社员心理契约、社团责任义务分量表、社员责任义务分量表及两分量表的发展维度、理念维度上的 Sig 值均小于 0.05，这表明它们之间存在显著性差异。而社团性质在社团、社员心理契约、社团责任义务分量表及其规范维度、发展维度上也存在显著性差异。

3. 相关分析

高校学生社团与社员两者之间的责任义务关系是高校学生社团、社员心理契约的最核心内容，由于互惠原则，社员认知到的社团组织为自己承担的责任义务，会影响到他们作为社员一方对社团所承担的责任义务。本研究运用 Pearson 相关分析来研究高校学生社团、社员心理契约中社团责任义务与社员责任义务之间的相关性。由表 7 中的结果显示，社团责任义务分量表与社员责任义务分量表的相关系数为 0.567，表明两者之间存在显著正相关关系，并且社团责任义务分量表四个维度与社员责任义务分量表四个维度之间的相关系数介于 0.298 和 0.695 之间，显著性概率 P 均小于 0.01，这说明它们之间存在显著的正相关关系。

表 7　高校学生社团、社员心理契约社团责任义务与社员责任义务的 Pearson 相关分析

社员责任义务	规范维度	人际维度	发展维度	理念维度	
社团责任义务	0.567**(0.000)	0.424*(0.019)	0.494*(0.001)	0.519**(0.000)	0.546**(0.000)
规范维度	0.515**(0.000)	0.403*(0.015)	0.475*(0.059)	0.343*(0.054)	0.519**(0.000)
人际维度	0.557**(0.000)	0.298*(0.039)	0.695**(0.000)	0.498*(0.036)	0.551**(0.000)
发展维度	0.543**(0.000)	0.513**(0.000)	0.512**(0.000)	0.592**(0.000)	0.508**(0.000)
理念维度	0.527**(0.000)	0.598**(0.000)	0.497*(0.036)	0.576**(0.000)	0.532**(0.000)

注：**和 * 分别在 0.01 和 0.05 水平（双测）上显著相关。

4. 回归分析

对“社团责任义务”与“社员责任义务”之间的因果关系进行考察，以社团承担的四种维度作为自变量、社员承担的四种维度作为因变量进行回归分析，结果如表 8 所示，对于“社员规范维度”而言，社团责任义务的四种维度共同解释变异量的 16.2%，其中社团的规范维度和发展维度的预测力达到显著性水平；对于“社员人际维度”而言，社团责任义务的四种维度共同解释变异量的 16.5%，其中社团的规范维度和人际维度的预测力达到显著性水平；对于“社员发展维度”而言，社团责任义务的四种维度共同解释变异量的

16.7%，其中社团的发展维度和理念维度的预测力达到显著性水平；对于“社员理念维度”而言，社团责任义务的四种维度共同解释变异量的16.4%，其中社团的人际维度和发展维度的预测力达到显著性水平。由此可见，社团责任义务的四个维度对社员责任义务四个维度的影响是既有平行也有交叉的交互作用。

表8　高校学生社团责任义务对社员责任义务的回归分析

因变量 变异源	社员规范维度			社员人际维度			社员发展维度			社员理念维度		
	Beta	t	Sig.	Beta	t	Sig.	Beta	t	Sig.	Beta	t	Sig.
社团规范维度	0.135	2.078	0.039	0.165	2.469	0.013	0.046	0.624	0.506	0.043	0.618	0.537
社团人际维度	0.022	0.298	0.766	0.297	4.642	0.000	0.039	0.721	0.569	0.195	3.086	0.002
社团发展维度	0.293	4.631	0.000	0.019	0.230	0.796	0.201	3.287	0.001	0.199	3.185	0.001
社团理念维度	0.023	0.305	0.764	0.016	0.211	0.858	0.194	3.083	0.002	0.054	0.593	0.566
F	28.768			29.071			29.997			28.973		
R^2	0.162			0.165			0.167			0.164		

三、结论与讨论

通过对福建师范大学大学生社团、社员心理契约进行实证研究，得出以下结论：(1) 社员心理契约的效能整体呈现中等以上水平，但社团分量表得分低于社员分量表。社员愿意参加一个社团很大程度上是出于兴趣、爱好的志同道合，源于兴趣的同一性，社员往往对社团的规范、文化有着基本的认同感，能够主动遵守社团的各项规章制度，配合上级完成工作任务，维护好社团形象。但由于社团价值目标模糊、管理机构涣散、组织活动缺乏延续性和计划实效性、资源错位性、成长性低等诸多原因减弱了社员的组织承诺感和归属感，导致社员分量表得分要高于社团分量表得分。两分量表中的人际维度得分均高于其他维度，这主要是由于社团在满足社员人际需求方面，能够搭建一个具有协作精神的团队，让社员不断结识新的朋友，扩大自己的人际交往圈，提高社团的认可度。因此，加强社员的组织承诺感和归属感并有针对性地进行团队建设，注重社团价值目标与文化的构建，是十分有必要的。

(2) 社团责任义务与社员责任义务之间存在着显著的正相关，同时年级、担任职务、社团性质在心理契约量表的不同维度上也存在着显著性差异。低年级或者没有担任职务的社员由于融入社团时间有限，其对社团文化的认可度有待进一步提高，年级的增长或职务的提升会促使社员对社团所应承担责任的期望趋于理性和实际，对社团文化及其价值目标也会有更进一步的认识，造成其对社团的认知程度会变得更加客观、理性和成熟，增强社员对社团的归属感和组织承诺感，更能将自己的发展与社团的发展、壮大紧密联系起来，这使得他们努力从各方面维护社团的建设与发展，尽可能多地对社团承担起责任义务。同时，实践服务类社团、学术类社团社员的得分低于文化类和体育运动类社团社员。其原因：一方面可能是实践服务类社团和学术类社团的社团文化比较单一，社团活动缺乏创新。另一方面，文化类社团文化往往呈现多样化，社团品牌活动也在不断摸索与创新，这样社员可以更好地认同社团精神，将自身的发展与社团的发展联系起来，从而提升归属感和组织承诺感。

（3）心理契约两分量表中四个维度之间既存在平行关系，也存在交叉影响。社团承担的发展维度对于社员的规范维度、发展维度和理念维度均有显著预测力，这表明倘若社团提供良好的社团环境、发展平台和晋升空间，不仅会促使社员遵守社团的各项规章制度，按期完成基本的工作任务，还会促进他们不断学习，提高自身的能力与素养，积极关注社团的生存与发展，愿意与社团共同成长、壮大，努力与社团之间建立稳定和谐的长期关系。

四、建议

（1）拓展社团纳新宣传途径，共建发展前景，提高其对社团的归属感和认同感。社团纳新是形成良好心理契约的开始。当前各高校学生社团纳新模式更多的是在社团管理机构审批下的集中式全校性纳新或者社团自发组织的“扫楼式”纳新，这种传统、单一的纳新模式并不能使学生及时、有效地了解社团的内部文化、价值目标，以致影响学生的社团认知图式及其选择，也无法适应新媒体形势下的社团建设与管理工作需求。作为高校学生社团建设的重要补充，网络纳新阵地的建设就显得十分必要。为此，建立起各高校社团微博工作网络平台，利用网络开展社团纳新工作，形成“校团委——校社团管理机构（校学生会、社团联合会）——院级学生会——班级团支部——普通学生”联系网，通过社团网页、微博宣传让更多的学生了解社团情况，初步建立学生对社团的认知图式和价值选择。其次，申请入社成员必须通过严格规范的入社考核、庄严肃穆的入社仪式、丰富生动的入社教育来加强自身对社团文化和宗旨的理解、领会和认同。与此同时，社团管理者需及时掌握社员对社团的期望系统，建立社团社员个人电子档案，为每名新社员指定社团成长计划，加强社团成员与社团之间的沟通，将社团成员的个人发展目标与社团组织的发展目标联系起来，帮助学生成才发展，进一步建立社团成员与社团之间的心理契约，提高其对社团的归属感和认同感。

（2）把握社员角色心理，进行差异化激励，搭建合理学生骨干梯队，努力完善社团组织结构和环境。社员加入社团的目的各有不同，便造成不同社员在参与社团文化建设和社团活动时表现出来的角色心理是不尽相同的。而社团的发展、稳定无形之中又受到社员价值取向、情感态势的影响。在社团的日常活动及事务性工作中，少部分社员相比其他社员会表现得更为积极主动，对社团的投入程度、热情程度明显也更高，他们加入社团的动机更多的是为了获得成长和自我价值的实现，能体现出较强的组织能力、实干精神和作为意识；而大部分社员属于社团普通成员群体，他们参与社团活动的随意性较大，对社团的热情也不高，常常表现出一种若即若离的边缘状态。为此，我们应把握社团角色心理的多样性和差异性，让不同社团角色心理的社员有机会获得不一样的发展。可以让具备领袖心理、组织能力特质的社员担任学生社团的社长、会长等决策者角色；具有实干精神、作为意识特质的社员可以让其在社团中担任某一部门的负责人，具体负责某一部门的工作；与此同时，对于普通社团成员，我们也要善于运用其积极因素，规避消极作用，发挥和开发他们的潜力，通过参与和承担社团活动来增强他们的团队归属感和自我成就感，从而搭建起合理的学生骨干梯队，最终实现社团组织结构和环境的最优化。

（3）依托自身优势，创新社团活动模式，激发社团活力，增强社员的心理契约感。社团活动是社团强化内部凝聚力、扩大外部吸引力的重要载体[2]。社团活动开展的成功与否直接关系到社团价值目标的实现和社团文化的彰显。在新媒体时代下，大学生作为使用网络最多的人群之一，如何正确地引导高校学生社团利用新媒体创新活动模式，挖掘活动内涵，拓展活动领域，成为各高校社团发展与建设的新挑战。为此，单一地依靠传统的社团活动模式并不能满足社团建设的新需求，高校社团管理者应主动出击，顺应社团发展的新形势，充分依托自身的优势，不断调整、适应新媒体环境下社团建设的思路，把社团网站、社团贴吧、微信讨论区、微博平台等新媒体手段纳入社团活动的模式中来，积极拓展社团活动的新阵地，与传统活动模式相辅相成，共同增加社员兴趣，吸引社员积极参与到社团活动来，激发社团新的活力。

参考文献

[1]张文学.高校学生社团发展现状及其指导[J]. 中国青年研究,2006,6:84—86.

[2]陈雁.对学分制下学生思想政治工作的思考[J]. 西华大学学报(哲学社会科学版),2004,10(5):87—89.

[3]周先进.高校学生社团的思想政治教育功能及其优化对策[J]. 当代教育论坛,2009,1:63—65.

[4]周志辉.论组织形态下的高校学生社团建设与管理[J]. 扬州大学学报(高教研究版),2009,12(13):32—46.

[5]谢菊兰,马红宇.高校学生社团会员心理契约问卷的编制[J]. 中国健康心理学杂志,2013,21(9):1329—1332.

高校艺术类学生干部日常工作中自我效能感研究

◎余　旋

摘　要：艺术类学生的教育管理工作一直以来都是全国高校学生工作中具有共性的难点。而学生干部作为辅导员日常学生工作的得力助手，其队伍的建设对有效开展学生工作具有重要的意义。通过对艺术类学生干部日常工作中自我效能感的现状进行实证研究，剖析成因，提出培养艺术类学生干部工作自我效能感的三大策略。

关键词：艺术类学生干部；学生工作；自我效能感

引　言

1977年，美国著名心理学家阿伯特·班杜拉（Albert Bandura）首次提出有关心理成长的自我效能感（senseof self-effcacy）概念[1]：“自我效能感，是一个人对自己在达到预定目的过程中所进行的活动的组织和完成能力的信任和期望。”简单说来，自我效能作为自我意识的一部分，就是在特定的时间和情境下，个体对自己是否有能力去完成特定领域行为目标所需要的信念与期望，即“我能行”。

作为高校艺术类专业辅导员，笔者在学生干部建设、指导学生干部开展日常工作的过程中发现，艺术类学生干部在开展和执行日常的学生工作中自我角色定位有偏差、应挫能力弱、无奈与无力感明显、情绪波动大。追根溯源，这主要是因为艺术类学生个性的艺术追求、过于注重的自我发展与集体观念、团体协作精神相冲突所形成的“隐形”障碍——学生对集体概念心理上的“抗拒”。学生对学生干部工作的不理解和不肯定，会严重减弱学生干部在同学中的影响力和号召力，从而影响学生干部自我价值和个人成就感的实现，进一步导致他们感觉到身心疲惫，严重降低了自我效能感。而自我效能感的下降又会使学生干部失去工作热情和兴趣，加剧日常工作中的工作倦怠感，更加降低其自我效能感，以致形成恶性循环。这样不仅直接影响到学生干部的培养，也会影响到学校的长远发展与和谐建设。

关于大学生自我效能感的研究，当前学术界主要集中在学习行为和学习动机领域，而从学生工作管理角度研究学生干部日常工作的实证研究并不多见。尤其是艺术类学生这一特殊群体的自我效能感研究更是少之又少。笔者拟以福建师范大学协和学院为例，通过开展针对艺术类专业学生干部日常工作中的自我效能感研究，掌握艺术类专业学生干部在日常工作开展的自我效能感现状，并对其进行成因分析，最后提出培养学生干部自我效能感的三大策略，为高校艺术类专业学生干部队伍建设提供可以借鉴的第一手资料，为加强高校艺术类学生干部队伍建设和促进学生干部健康、全面、和谐发展提供有益的参考。

一、研究过程

（一）研究对象

以福建师范大学协和学院艺术类在校学生干部为研究对象，样本容量 N 为 160，4 个不同年段的调查子样本各为 40 人。

（二）研究方法

采用问卷调查法和面谈法相结合的方式来进行研究。为尽量控制测量误差，确保定量调查数据的科学、客观，问卷调查部分得到各年级辅导员的协助，以个体施测、匿名答卷、当场回收的方式来完成。面谈法则按照 1∶7 分层抽样对 4 个不同年段的学生干部进行面谈，了解在日常工作中降低其自我效能感的原因。

问卷主要分两个部分，总共 25 个项目。第 1 部分采用的是王才康修订的一般自我效能感量表（GSES）。

该量表由10个项目组成，采用4点自评方式计分，10个子项目的得分加起来除以10即为量表的最后得分，总得分越高，表明被测对象的自我效能感越高。第2部分15个项目主要从工作倦怠的情绪衰竭、去个性化、成就感低落3个维度来分析与自我效能感之间的关系。

（三）数据收集与分析

研究总共发放问卷160份问卷，剔除无效问卷，回收有效问卷148份，有效问卷回收率为92.5%。其中大一到大四回收的有效问卷各为39份、37份、36份和36份。校对无误后，统一采用SPSS 13.0软件对收集的数据进行分析。

二、调查结果

（一）艺术类专业学生干部的自我效能感现状

自我效能感是指个体实现特定领域行为目标所需能力的信心和信念[2]。根据表1显示，艺术类学生干部自我效能感的最高分数为3.78，最低分数为1.62，平均得分为2.48±0.65，低于GSES全国常模水平2.86，这说明艺术类专业学生干部自我效能感普遍较低。在进一步对自我效能感与工作倦怠、个人成就感、去个性化、情绪衰竭的相关性分析会发现，工作倦怠、去个性化、情绪衰竭与自我效能感呈显著的负相关，而个人成就感与自我效能感有着明显的正相关，详见表2。

表1　艺术类学生干部自我效能感与工作倦怠总体状况（$N=148$）

自我效能感总分	工作倦怠	个人成就感	去个性化	情绪衰竭
2.48±0.65	2.53±0.53	1.64±0.65	2.34±0.33	2.37±0.72

表2　艺术类学生干部自我效能感与工作倦怠各维度的相关分析（r）

维度	工作倦怠	个人成就感	去个性化	情绪衰竭
自我效能感总分	-0.379^{**}	0.356^{**}	$-0.4.06^{**}$	-0.524^{**}

注：$^{**}P<0.01$。

综上结果显示，艺术类学生干部工作倦怠状况处于中等偏高水平，并存在中等程度的情绪衰竭，去个性化程度和个人成就感均较低，这些都是影响自我效能感的因素。

（二）艺术类专业学生干部的自我效能感变量差异分析

通过对艺术类学生干部自我效能感与人口统计学变量之间的方差齐性（F）检验和t检验可以发现，他们的自我效能感水平在性别、出生地、政治面貌三方面不存在显著性差异；而是否独生、就读年级、担任职务和辅导员的管理方式则对学生干部的自我效能感水平存在一定程度的差异显著，具体表现为独生子女、就读年级越低、担任职务越低和宽松型的辅导员管理方式水平越明显，自我效能感水平就有所降低；反之，则自我效能感水平就有所提高，详见表3。

表3　艺术类学生干部自我效能感的变量差异

变量	性别	出生地（农村/城镇）	是否独生	就读年级	教养方式	政治面貌	职务（年级两委、基层班委）	辅导员的管理方式
F	0.062	0.054	4.672*	2.987*	5.976*	1.026	3.368*	5.536*
P	>0.05	<0.05	<0.05	<0.05	<0.05	>0.05	<0.05	<0.05

注：* $P<0.05$。

三、讨论

艺术类学生干部在日常工作中自我效能感水平不高，主要有以下3个原因。

（一）艺术教育体制缺陷

独特的艺术教育办学模式，专业本身的特殊性往往注重和强调艺术类学生的个性化发展。再加之艺术教学方式乃至于教授的思维方式要求学生最大化地表现自己，释放自己，表达出自己个性的一面。因为只有在个性化得到充分发扬的前提下，才有可能谈及艺术的创新和突破，也才有可能培养和造就出一大批适合社会需要的艺术精英[3]。正因为如此，常年接受艺术教育的艺术类学生多以个人的感受、角度、爱好、立场为出发点，以自我为中心，崇尚、喜欢自由，集体意识淡薄，组织归属感较差，对集体性活动的参与度不高或者限制过多会引发他们的不满情绪，以致学生干部在开展日常工作中无形之中会遭到他们的抵触或抗拒，日常学生工作无法达到预期目标。长此以往，就会导致学生干部对工作的无奈感与无力感，逐渐对学生工作失去热情和兴趣，最终影响学生干部的自我效能感。

（二）个性发展特征

艺术类学生个性发展主要从两个方面来影响学生干部日常工作的开展，进而降低他们的自我效能感。首先，个体与集体矛盾。艺术类学生有着十分突出的个性，其个性意识远比其他专业学生要强烈，喜好我行我素，过于注重自我和标榜个性，沉浸于自我主观世界，团队精神差、集体观念淡薄和集体荣誉感不强，对集体活动缺乏热情，这极易导致他们缺乏在集体中学习和交往的体验。第二，自由与纪律的冲突。艺术类学生容易将艺术世界中的看法和感受，比如自由、解放、随意等观念不加区分地转移到现实生活中来，追求绝对的自由与解放，造成他们认为大学完全是自由的地方，个人不需要过多地受到集体观念和纪律的约束。这两者都严重影响了艺术类学生干部日常工作的开展，降低学生干部的自我效能感，从而不利于他们的成长、成材。

（三）能力结构特征

艺术类专业的特性决定了他们的能力结构与其他专业的同学存在较大差异。他们更注重专业技能的学习，轻视文化知识、道德修养、为人处世、综合素质等方面的发展。很多学生认为这些并不重要，认为上不上课无关紧要，学这些课程只是为了应付考试，从而造成其人文知识和理论素养不高，没有积淀良好的文化底蕴，某种程度上影响着他们心理素质的提高和遇到挫折后的自我调节能力的增强。加之，艺术类学生的家庭大多比较殷实，成长的过程中并不缺乏物质条件，从而造就他们缺乏挫折锻炼，理想化成分较重，情绪容易受外界环境的干扰和影响，在考虑问题时也容易脱离现实基础。

四、结论

研究发现，福建师范大学协和学院艺术类学生干部的自我效能感总体处于中等水平，低于全国常模水平。这主要是由艺术教育体制自身缺陷、个性发展特征和能力结构特征所造成的，再加上学校在办学层次、师资队伍、教学水平和政工干部队伍配备等方面，与其他重点本科院校相比还存在着一定差距，艺术类学生干部在总体上明显不够自信，具有在意别人的评价、渴望得到他人认可等特点，因此艺术类学生干部也更容易出现自我效能感下降的现象。

研究的一个新发现是，辅导员管理方式可能是影响艺术类学生干部自我效能感的因素之一。方差分析和 t 检验表明，性别、出生地、政治面貌等人口学统计变量在自我效能感上不存在显著性差异；而是否独生、就读年级、担任职务和辅导员的管理方式则对学生干部的自我效能感水平存在不同程度的影响。尤其是辅导员管理方式的 F 值达到了 5.536，这表明学生干部的自我效能感水平与辅导员日常的管理方式有着显著地相关。

五、建议与对策

班杜拉从信息加工的角度对自我效能的形成做了大量的研究后提出，自我效能信念主要影响自我效能感的形成和发展。他认为人们对自己的才智和能力的自我效能信念主要是通过亲历的掌握性经验、替代经验、言语说服、生理和情绪状态这 4 种信息源提供的效能信息而建立的[4]。为此，作为辅导员左膀右臂的学生干部，尤其是有着特殊性的艺术类学生群体，仅依靠学校各项规章制度和规则难以提高自身的效能感水平，我们应当根据管理对象的需要，以与时俱进的培养策略创新学生管理工作的方式方法，通过以下 3 种途径来增强艺术类学生干部的自我效能感水平。

（一）运用“金字塔”式体验成功策略，增加学生在日常工作中的成功体验

班杜拉认为，成功的体验会使主体实施个体行为充满自信心。该策略的提出也是根据艺术类学生干部的目标定向混乱、抗挫能力弱的特点，针对艺术类学生干部日常工作成功体验与成就感较低的现状，摒弃传统直接导入式的培养方式，运用渐进式培养策略，让学生认识到自己的能力，培养他们的自我效能感。具体实施过程中，辅导员需要设计简单、适中、困难不同等级的目标，让学生按金字塔层次、有深度地体验自我成长，增强自信心和对自我能力的肯定

（金字塔渐进模型见图1）。首先，在学生干部培养初期阶段，辅导员与学生干部的角色定位更多的是教学关系。学生干部在开展日常活动中尚未形成明确的角色期待，辅导员需要手把手地传授学生干部工作方法和技能，全面指导其工作，告知工作环节和应注意事项，挖掘其内在潜力。期间，辅导员可以运用两种方法。一种做法是，辅导员把一个总的活动或者一个更大、更复杂的任务详细分解成若干个步骤和组成部分，与学生干部进行交流和探讨，让学生干部熟悉所有流程与程序；其次，在学生开展日常工作和组织活动的每一个环节中对学生进行教授和指导，使学生在这些简单的子任务或分解步骤中达到预期目标，获取技能和方法的同时也让学生体验成功。这种频繁地让学生干部体验“小成功”，能够使学生干部在每一个步骤、子任务都有练习、学习技巧、掌握方法的机会，进而可以帮助他们提高处理问题的能力，增强其面对日常工作的自信心，从而提升其自我效能感水平。另一种做法，辅导员应该在了解学生干部的特点、兴趣及擅长的项目等方面的基础上，充分给学生创造机会，让学生每天去做自己最擅长做的事情，为学生干部创造“能够熟练掌握”的情境，有意把他们放在成功可能性很大的情境中，这样他们就会有更多机会来体验成功。

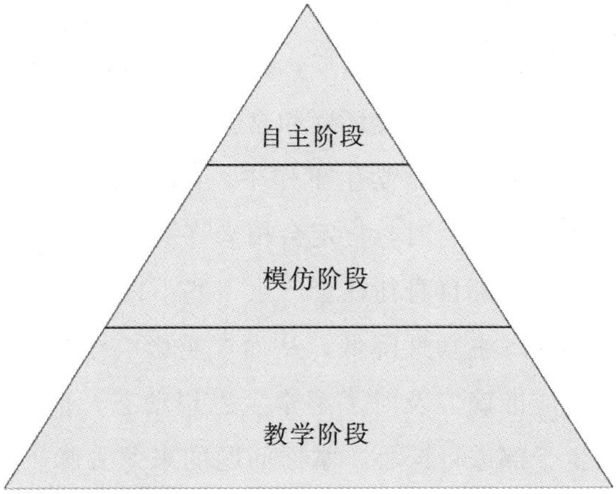

图1 金字塔渐进式成功体验模式

第二步，这一阶段内，学生干部主要是巩固自己在前一阶段学到的技能，学生干部开展日常工作一般是进入前一阶段的模仿阶段，他们在这一阶段内不会添加自己的思考与想法，而是特定情境下的简单模仿。

最后阶段，学生干部会逐渐突显出自己的创造性、主体性和思考性，辅导员担任的是导航者的角色，只需要把握根本性的原则和方向即可，在合作交往中发展学生的主体性，帮助学生干部建立和掌握科学的管理思想和方法，使其不断提升管理水平，促进学生干部的成就感，实现学生的成功体验。

（二）发挥间接性的榜样示范策略，充分调动学生的主动性和上进心

替代性经验对自我效能感的形成非常重要。当一个人看到与自己水平差不多的人获得成功时，能够提高其自我效能判断，增强自信心，确信自己有能力完成相似的行为操作[5]。为此，辅导员可以运用榜样示范策略，树立学生干部榜样。而选择这些榜样应在经验、能力结构、努力等方面体现出更高的相似度和匹配度，当其他学生干部看到与自己水平相当的榜样获得成功时，往往更具有参照性，就会受到鼓舞，不断通过参照学生干部榜样来判断自己的效能期待以及解决问题的策略和方法，进而不断激发自信心。

（三）及时排解、合理疏通情绪状态策略，增强学生的情绪调节能力

个体的情绪状态也会影响自我能力的判断，从而降低自我效能感。积极的情绪状态能激发个体的观察、自我调节、自我反思等认知加工过程，这些加工可以增强个体的控制感和自信心；相反，消极、不良的情绪反应往往让人感到无奈、无助和悲观，进而导致自我怀疑和自我效能降低。艺术类学生是个特殊的学生群体，其学生干部在日常学生工作中，时常会遇到棘手、难办的问题，当由于认识不到位或处理不当时，肯定会招来许多不同的怨言和不理解，甚至无中生有的诽谤，学生干部自身往往会产生一些不良的情绪反应，比如：精神状态恶化、积极性减弱、主动性降低，从而严重影响学生干部的自我效能感。这种情况下，辅导员应准确、及时了解学生思想动态，把握学生的情绪变化，并在合适时机与学生干部进行谈心，掌握问题的来龙去脉。然后分析问题，找出问题的症结所在，帮助学生干部解决问题。与此同时，辅导员应运用心理学相关知识或学生工作技巧，恰当、合理、有效地排解学生干部的消极、不良情绪，调整学生干部的情绪状态和身心状态，促进学生干部的自我效能感的发展。

参考文献

[1]〔美〕阿尔伯特·班杜拉. 自我效能:控制的实施[M]. 上海:华东师范大学出版社,2003.

[2]张鼎昆,方俐洛,凌文辁. 自我效能感的理论及现状研究[J]. 心理学动态,1999,7(1):39—43.

[3]欧阳俊虎. 新时期艺术类学生的特点及教育管理对策[J]. 云南师范大学学报,2001,4(2):19—22.

[4]郭蕾. 自我效能感理论在大学生职业生涯规划中的应用研究[D]. 郑州:郑州大学,2005.

[5]刘海燕. 健美操教学中对女大学生自我效能感的培养[J]. 湖北体育科技,2005(2):214—216.